高校辅导员工作课程化建设的
实践与研究

魏俊玲 刘 佳 杨静菲 著

中国纺织出版社

内容简介

在新型的教育理念与教学目标的指引下，我们有必要把辅导员的工作分门别类整理成多门课程，这种做法是可行的，也是十分有必要的，这种新型的辅导员工作模式不仅能够更加高效的培养学生的文化"软实力"，而且也有利于培养学生的专业"硬实力"。本书首先介绍了传统意义上辅导员工作岗位的一些概况（历史沿革、工作定位、素质要求），然后从辅导员工作的思想政治建设、心理辅导、日常管理、社会实践以及职业规划等方面进行课程化研究，最后对新形势下辅导员的未来发展路径进行探析。本书的主要适用人群为高校辅导员，或可作为教育部门进行辅导员工作研究的指导用书。

图书在版编目（CIP）数据

高校辅导员工作课程化建设的实践与研究 / 魏俊玲，刘佳，杨静菲著. -- 北京：中国纺织出版社，2019.4
 ISBN 978-7-5180-4279-1

Ⅰ.①高… Ⅱ.①魏… ②刘… ③杨… Ⅲ.①高等学校—辅导员—工作—研究 Ⅳ.①G645.1

中国版本图书馆 CIP 数据核字(2017)第 272887 号

责任编辑：武洋洋　　责任印制：储志伟

中国纺织出版社出版发行
地址：北京市朝阳区百子湾东里 A407 号楼　邮政编码：100124
销售电话：010-67004422　传真：010-87155801
http://www.c-textilep.com
E-mail: faxing@c-textilep.com
中国纺织出版社天猫旗舰店
官方微博 http://www.weibo.com/2119887771
北京虎彩文化传播有限公司印制　各地新华书店经销
2019 年 4 月第 1 版第 1 次印刷
开本：710×1000　1/16　印张：16.5
字数：260 千字　定价：76.00 元

凡购本书，如有缺页、倒页、脱页，由本社图书营销中心调换

前　言

高校辅导员是在高校中的老师。1952年，国家提出要在高校设立政治辅导员，高校辅导员制度得以不断完善。辅导员作为高校从事思想政治教育工作的骨干力量，逐渐演化成了学生人生发展的导航者、心理辅导者以及成长的指导者。党和国家历来特别重视对辅导员们队伍的建设，并出台了很多政策，采取了多项措施，进一步明确辅导员的角色定位、工作职责以及要求，不断推进辅导员队伍的专业化、职业化进程，辅导员工作也取得了显著的成效。

本书共分十章，魏俊玲15万字，刘佳10万字，杨静菲5万字。对高校辅导员工作课程化建设进行深入研究。其中第一章主要阐述高校辅导员工作溯源，包括中华人民共和国成立前高校学生的学习与教育、高校辅导员制度的建立与形成、高校辅导员工作的发展与创新；第二章阐述高校辅导员岗位与队伍建设，包括高校辅导员岗位职责、高校辅导员角色定位、高校辅导员的专业化与职业化、我国高校辅导员队伍建设的特点；第三章为高校辅导员工作课程化模式，包括高校辅导员工作课程化模式理论与实践基础、高校辅导员工作课程化模式的课程体系、高校辅导员工作课程化模式的教学运行；第四章论述党建与思想政治教育课程化研究，包括党建与思想政治教育的意义、党建与思想政治教育之理论基础、党建与思想政治教育内容课程化的做法、形式、途径；第五章阐述心理健康教育课程化研究，包括心理健康教育概述、心理健康教育课程化之团体辅导、心理健康教育课程化之深度辅导、心理健康教育课程化之心理危机；第六章为大学生日常事务管理课程化研究，包括大学生日常事务管理概述、大学生日常事务管理的主要内容、大学生日常事务管理课程化之班级建设；第七章是大学生职业教育与就业指导课程化研究，包括大学生职业教育课程化之生涯规划教育、大学生职业教育课程化之就业指导、大学生职业教育课程化之创业指导；第八章是大学生社会实践课程化研究，包括社会实践概述、社会实践课程化的做法、形式、途径；第九章为新形势下高校辅导员职业化、专业化发展研究，包括辅导员职业化、专业化的目标诉求，辅导员职业化、专业化发展的路径选择，辅导员自我发展与提升课程化研究；第十章阐述高校辅导员工作课程化模式下绩效考核与创新。

  本书在撰写过程中，对前人有关高校辅导员工作的资料进行了借鉴和吸收，在此对其作者表示诚挚的谢意。由于时间仓促，水平有限，书中难免会有遗漏不妥之处，恳请广大读者朋友批评指正。

作者

2018 年 4 月

目 录

第一章 高校辅导员工作溯源 1
第一节 中华人民共和国成立前高校学生的学习与教育 1
第二节 高校辅导员制度的建立与形成 11
第三节 高校辅导员工作的发展与创新 15

第二章 高校辅导员岗位与队伍建设 24
第一节 高校辅导员的岗位职责 24
第二节 高校辅导员的角色定位 34
第三节 高校辅导员的专业化与职业化 40
第四节 我国高校辅导员队伍建设的特点 48

第三章 高校辅导员工作课程化模式 51
第一节 高校辅导员工作课程化模式理论与实践基础 51
第二节 高校辅导员工作课程化模式的课程体系 66
第三节 高校辅导员工作课程化模式的教学运行 69

第四章 党建与思想政治教育课程化研究 75
第一节 党建与思想政治教育的意义 75
第二节 党建与思想政治教育的理论基础 79
第三节 党建与思想政治教育内容课程化的做法、形式、途径 ... 84

第五章 心理健康教育课程化研究 100
第一节 心理健康教育概述 100
第二节 心理健康教育课程化之团体辅导 106
第三节 心理健康教育课程化之深度辅导 110
第四节 心理健康教育课程化之心理危机 115

第六章　大学生日常事务管理课程化研究 …………………………… 123
第一节　大学生日常事务管理概述 ………………………………… 123
第二节　大学生日常事务管理的主要内容 ………………………… 128
第三节　大学生日常事务管理课程化之班级建设 ………………… 146

第七章　大学生职业教育与就业指导课程化研究 …………………… 156
第一节　大学生职业教育课程化之生涯规划教育 ………………… 156
第二节　大学生职业教育课程化之就业指导 ……………………… 169
第三节　大学生职业教育课程化之创业指导 ……………………… 176

第八章　大学生社会实践课程化研究 ………………………………… 184
第一节　社会实践概述 ……………………………………………… 184
第二节　社会实践课程化的做法、形式、途径 …………………… 202

第九章　新形势下高校辅导员职业化、专业化发展研究 …………… 214
第一节　辅导员职业化、专业化的目标诉求 ……………………… 214
第二节　辅导员职业化、专业化发展的路径选择 ………………… 219
第三节　辅导员自我发展与提升课程化研究 ……………………… 222

第十章　高校辅导员工作课程化模式下的绩效考核与创新 ………… 227
第一节　高校辅导员工作课程化模式下的绩效考核 ……………… 227
第二节　高校辅导员工作课程化模式下的工作创新 ……………… 237

参考文献 ………………………………………………………………… 252
后记 ……………………………………………………………………… 255

第一章　高校辅导员工作溯源

高校辅导员工作课程化建设的实践与研究工作需要了解高校辅导员的工作溯源，对高校辅导员工作溯源的了解对高校辅导员工作课程化建设的实践与研究也可起到一定的促进作用。

本章主要介绍了中华人民共和国成立前高校学生的学习与教育、高校辅导员制度的建立与形成、高校辅导员工作的发展与创新三方面内容，具体如下。

第一节　中华人民共和国成立前高校学生的学习与教育

一、晚清时期学堂学生的学习与教育

中日甲午战争后，中国半殖民地半封建化的程度一天天加深，民族危机更是有逐步而来的趋势，资产阶级维新派想要救亡图存，发动了变法维新运动，推动新式学堂的产生和近代教育的出现。这时候，晚清新式学堂向西方学校学习怎样开展教学活动也有了一定程度的效果，从而为近代学校教育管理制度的最初形态奠定了基础。

为了读者能够更好地认识这一段历史，我们以晚清时期的京师大学堂为例展开说明。

京师大学堂是从1896年刑部左侍郎开始提出设立并推迟到1989年8月9日才确定成立的我国第一所官办大学。

（一）京师大学堂的学生招收

京师大学堂的学生招收，因各期状况不同而不断发生变化。1898年初建的京师大学堂，1909年开始筹建经科和文科大学，并着手进行正式招生。不过学堂刚建立一年，就接连发生义和团运动和八国联军侵华，学

生走散的特别多，又因没有适宜的生源，就停办了。其开办一直推迟到1902年谕派管学大臣。癸卯学制公示后，清廷提出每个省府州县都要建立各级别学堂，大学堂生员不够，京师大学堂于是立刻设预备科与速成科，为将来的大学培育生源。

下面对其部分内容作解释。

速成科包括两个馆，分别为仕学馆与师范馆，1902年9月13日开始招收学生。仕学馆生源的招收，由每个衙门选送去参加考试，录取学生36位。师范馆生员由每个省选送，比较大的省的名额有7个，相对中的省的名额有5个，比较小的省的名额有3个，录取学生56位。其考试范围和内容非常注重近代科学知识，至少比洋务派学堂与维新派学堂要重视。1904年预科招收生员计划采用每个省推荐与京城就近招考搭配的方式。预科与速成科的开设为大学培育了很多达标生员。

（二）京师大学堂的教育宗旨

以中学为主、西学为辅，中学为体、西学为用，培养通材，以忠君、尊孔、尚公、尚武、尚实诸端定其趋向是京师大学堂的教育宗旨。其不仅对教育的发展方向有一定影响，还对中国文化的发展方向有一定影响。它拥有文、理、农、工、商、医、法、语言等科目，科目完备，对中国学术发展起着引领功能。还汇聚了不少学术精英，使之成为以后我国新文化运动的中心。

（三）京师大学堂学生的学习环境

学堂学生的学习一直都有不同规章制度的约束，如《京师大学堂条例》的规定：每日的闲暇时间必须有体操活动以养身，《京师大学堂禁约》对学生的规定：每月给学生假三日，平常请假，不能口说无凭，须由家长声明事由或由同斋生作保。此外，大学堂还公示了其他不同规制，如《京师大学堂堂舍条规》《听讲员条规》等[1]。

除此之外，京师大学堂的创办影响很大，它是我们国家近代第一所新型的综合性大学，它参考了西方资本主义教育制度，是中国近代学制产生的基础模板，一直到新文化运动兴盛之前，其办学状况并没有出现过本质性的变化。

---

[1] 这一系列规章制度的制定和应用，给了学堂教学活动的良好进行一个保证

二、北洋时期学校学生的学习与教育

我们国家的临时政府在 1912 年初组建后,资产阶级革命派一方面在政治、经济等领域进行改革,另一方面对中国的高校教育进行了资产阶级模式的变革。

在这期间,高校教育一方面受到辛亥革命和"五四"运动的冲击,另一方面在教育及学生管理上有了一定的进步,彰显了时代的特点,我们国家近代大学制度也得以初步确立。我们以北洋时期的清华大学为例展开说明。

清华大学是我国历史悠久的高校之一。它的过去——清华学堂开始建造于 1911 年,是用退还的些许庚子赔款建造而成的留美预备学校,后为"清华学堂"。1911 年 4 月底,清华学堂正式开学,一切教学模式都从外国学堂中学过来。学生完成学业之后,都会资送留学,并进入大学二年级学习。1912 年,其更名为"清华学校"。

(一)学生学习课程

学生在清华的学程为八年,刚开始接受的全部是通识教育,学生学的全都是"通修"课程。如果学生有兴趣且能力足够的话,可以在高等科最后两年依照学分制选择专修课程进行学习。

专修课程共分十类,其具体内容如下。

(1)动植生理类。
(2)史学政治类。
(3)美术音乐类。
(4)地文地质类。
(5)体育手工类。
(6)哲学教育类。
(7)本国文学类。
(8)数学天文类。
(9)物理化学类。
(10)世界文学类。

当时临时政府设立后,清华于 1912 年 5 月重新开学,但学生学习的课程内容没有什么变化,只是将所有的学科又一次分类——西文、中文,但不管是在形式还是实质上,还是以西文为主要课程。

（二）清华学堂的教育理念

清华学堂从本质上而言是不在中国教育制度系统里的，它是一所留美预备学校，它的学制是八年一贯制，目的是让学生完成学业后可以直接跨入大学二、三年级。同时鼓励留美学生最好可以先学习经济实业课程（经济实业课程在当时确实是中国的实际需要），后学习人文、社会科学等课程。

（三）教学方法

清华的教学手段有自身的特色。清华除了体育采用强迫式教学法外，还会以启发式和自由的态度对待知识类课程。

教员和学生可以不经校方或授课教员允许，直接进入课堂听讲，只是需要学生在修所选读学科的时候，必须阅读教员指定的课外参考资料；清华在课堂里经常以自由讨论的方式展开教学活动，提倡学生积极发表自己见解，培养学生的独立思考等方面能力，且课堂里的民主参与活动也利用到极致，让学生一方面可扩大知识面和扩展思考空间，另一方面还能获取民主风度与主持会议的相关宝贵经验；理工课程，除演讲和讨论外，尤其重视实验和实习，让学生可以理论结合实践，手脑一起发挥作用。1925年，随着课程改革，书院制或学徒制之精神被采纳，更重视教师和学生双方的交流和学术关系重视，避免落入学究们的狭隘思维里，引导了社会风气。

校园里的学术自由活动，除了学生在课室内可以自由发表自身意见外，学生读哪些课外读物也不受约束，图书馆拥有不同学派的书，学生完全可以以自身兴趣为导向自由阅览；在社团活动中，可用口头提出不同的建议；在校园的刊物上，也可自由地发表见解，不设立思想检查制度。在"五四"运动以前，学生思想已经开放。"五四"之后，学生思想愈显活泼，研究社会主义的文章更多。

同时，学校也有严格的品质管制（公开招考，全国取材，且辅以每个省咨送，并对每个省咨送的选材多加严核）与生活管理（禁止学生烟酒、嫖赌等恶习；如对教职员失礼或咒骂喧哗要受到处罚；学生请假须斋务处批准，病假须校医批准，礼拜例假也须有保证人证明，方可离校等）。

清华的淘汰率非常高。在如此严格的监督下，学生多好好学习，认真刻苦。而管理严格，也对校园安宁与和平有利，使教学与学术活动可顺利进行，为清华的发展奠定了良好基础。

三、国民党统治区高校学生的学习与教育

1927年4月18日,国民党集团抢走了国民革命的成果,建立了"国民政府",开始了在中国22年的统治。在这一时间段内,新三民主义被抛掉,厉行"以党建国,以党治国"的所谓"党化教育",把学校当成是最好的可以利用的政治工具,并依据他国的办学情况进行了教育立法与制度建设,把教育纳入了国民党的政策中。另外,在国民党统治时期的高等教育管辖范围里,一直就存在中国共产党的爱国民主进步力量和中华民族崇尚教育、尊师重教的优良传统,推动中国近代高等教育快速发展,高等教育体制也日益健全。

下面以北洋时期国民党统治区的国立中央大学为例展开说明。

中央大学是国民党统治时期规模最大、系科门类最多的综合性大学。

(一)教学管理工作

中央大学组建前期用的是"学分制"的教学制度。1929年1月,中央大学校务会议决定:从1929年11月起,学年制和学分制一起使用;学院学制均为4年(不包括医学院学制,其为7年),在修业时间之内每个学生最少要修满128个学分才能完成学业并得到学士学位。

课程设置上,除医学院全部是必修课外,每个学院都分必修与选修两种。其中必修课有全校公共必修课、分组必修课、全院共同必修课与主系必修课4种。

对于外文学校也尤为重视。将它和党义、国文一起作为三大必修课。英文即第一外国文是最被重视的,第二外国文的法文、德文、日文,都是全校学生的必修课。第二外国文不及格的学生(以可阅读为及格),不可能让其完成学业顺利毕业;有的学院,如理学院还得进行口试——第二外国文口试不及格者(以可会话为及格)不可完成学业;文学院外文系还把第三外国文定为必修课,需要学2个学期的课程,学分达12个。

除安排不同必修课程外,学校还实行"主辅系制",目的就是希望学生既可拥有牢固的专业基础,又有较宽的知识面与较强的适应性。

"主辅系制"即学生除以其前期读的系当成是"主系"外,还要在本院与外院认定一个与主系相近的系为"辅系"。

实际上,从中央大学入学考试的科目上也可看出学校重视基础,旨在引导学生全科发展的教育思想。那时候没有全国统一的大学入学考试,全是各校单独或几所学校联合招生。中央大学建立前期,考试科目分通试与

选试两项。

关于通试科目,是每类考生都必须通过的考试,共有 6 门,具体科目名称如下。

(1) 三民主义。

(2) 国文。

(3) 外国文。

(4) 算学。

(5) 常识。

(6) 口试。

关于选试科目,是从 8 门科目中任选 4 门测试,这 8 门科目的名称如下。

(1) 中国文学史。

(2) 论理学。

(3) 世界史地。

(4) 算学。

(5) 物理。

(6) 化学。

(7) 生物学。

(8) 第二外国文。

后来,中央大学考试科目有所变动,不再分通试与选试,而是改为不管是报考哪个学院,所有的考生都必须参加 9 门科目的考试。这 9 门科目的具体内容如下。

(1) 军事活动。其包含以下几个内容:军队内务,野外勤务,步兵操练。

(2) 党义,其内容主要为三民主义。

(3) 物理,分别是声学、电学、光学三科的计算题,每科一个。

(4) 历史地理。

(5) 英文,即语法、翻译、作文三方面。

(6) 国文,是一篇作文和一段翻译——文言文与白话文互译。

(7) 生物,考查知识点主要在于:遗传、世代交替、名词解释三方面。

(8) 算学,考查知识点主要包含:代数、几何、三角三方面,选择工学院及数理化三系的人还得要加试大代数与解析几何。

(9) 化学(注重理论,计算题二道)。

这与改革前的通试加选试相比,除添入军训科目外,更添进了"通才"教育理念，考生已不可按照自身情况在选试时自由选择文科类或理科类了，考生只有对每个科都掌握了，才可能得到好成绩。

有学者建议，大学教育最好能够"重质不重量"。虽然投考人数和录取总人数为数倍之差，但是学校在录取时一直坚持保证质量的原则，还始终在提高入学考试标准，并延聘每个院系的所有教授担任考试委员，以避免一切请托弊端。

中央大学的新生录取名单一般会在《申报》《新闻报》与《民国日报》等报刊连登三天。通过这样的选拔考试，中央大学学生的质量日渐提高，也为以后的教学打下了牢固的基础。而进入学校之后的各样考试同样十分严格，由各主讲教授全权负责。同时毕业会考还得延聘校外专家单独组织委员会进行考、教分离式的考试。

另外，学校设立了多种奖学金，目的就是希望勤奋学习的学生没有后顾之忧。该时期每学期奖学金名额是 250 名，大概是学生总数的 14%。

奖学金分院奖学金和系奖学金，院奖学金每名每学期 70 元，系奖学金每学期 50 元。由教授组织委员会公开评核，奖励给勤奋学习、成绩优秀的学生。

（二）学生校园学习文化生活

中央大学于 1929 年 11 月正式组建学生会。包括全校学生会与每个院系学生会。

校学生会包括三个部，具体如下。

（1）总务部，主要包括四个分支。

①庶务。

②交际。

③会计。

④文书。

（2）学术部，主要包括四个分支。

①体育。

②游艺。

③研究。

④编辑。

（3）社会部，主要包括六个分支。

①卫生。

②组织。

③斋务。

④贩卖。
⑤平教。
⑥宣传。

在学生会的组织与推动下,学生的课外活动丰富多彩,校园生活更是多样。其具体学会情况如下。

(1) 每个系科都会有的同学会,如艺术科同学会,历史地理科同学会等。

(2) 带有学术性质的学会,如生物学会、园艺学会、心理学会、物理学会等。

(3) 各样的同乡会暨同学会,如北大同学会等。

(4) 除了这些,音乐、戏剧、文学、体育、摄影等全都有自己的学会、协会、研究会等,如京剧研究会、樱花剧社、新月社、幽默社、小小足球队、开心小球队、武术队等。

(5) 各学会都是以"研究科学、发挥艺术、发展技能、联络感情"为宗旨展开的。有的还出版刊物,如《野火》半月刊、《幽默社丛书》《薇娜丝》等。还有一些带有非常明显的政治色彩,如"不用日货协会""学生救国会""消费合作社"等。

学校内的各种社团,经过训导处批准,建社宗旨明确的不下七八十个,有文艺习作性的、学术研究性的,有联络感情、砥砺学行的,有宗教研究性的,也有宣扬三民主义、研究战后建设的等。

其中最活跃最有影响的是"中苏问题研究会""中大文学会""女同学会",他们的活动常在校园里引起轰动,给师生留下深刻的印象,如"中大文学会"举办的作品研究会被认为是一次最高水平的无产阶级革命文艺理论的探讨,让青年学生受益匪浅。"女同学会"在1939年"三八"妇女节时,邀请杰出爱国人士为中央大学女同学作了题为"抗战形势与妇女解放运动"的报告,给女大学生留下难忘的印象。

中央大学师生在学习之余丰富校园文化生活。尤其是在八年抗战时期,师生们经由艰难的磨炼,更增强了民族意识与不畏艰苦的精神。

四、中国共产党领导下高校学生的学习与教育

中华人民共和国成立前,有一种与国民党统治区不同、由中国共产党在革命根据地与解放区施行的新型高等教育。

中国共产党建立后,尤其是1927年大革命失败以后,中国历史进入十年内战时期,在中国大地上出现两个对立的政权,两种不同的教育。

中国共产党人在土地革命战争、抗日战争与解放战争时期先后建立根据地，在依托农村持续开展革命的特定情况下，经过反复实践，形成了新民主主义的教育理论、学校制度、办学特点与学生管理方式。

下面以两个不同高校（基本代表两个不同时期）为例对其展开说明。

（一）中国人民抗日军政大学

中国人民抗日军政大学是在抗日根据地建立最早的学校，在中国现代教育史上的地位很高，其给无产阶级教育事业的发展提供了很多教育方面的经验。

在抗战八年中，抗日军政大学培育了20余万名革命干部，对党与军队的建设及民族解放事业有很大贡献。

1. 课程

抗日军政大学的课程主要有两大类：政治课、军事课、文化课和生产劳动。

（1）政治课程，其内容有很多，主要有社会科学概论、哲学、政治工作、三国问题等。

（2）军事课程，主要包括以下内容。

①测绘。

②地形。

③射击。

④救护。

⑤炮兵。

⑥战略战术。

⑦游击战争。

（3）文化课程，其主要是按照学员需要而设置的，有自然知识、算术、日文。

另外，生产劳动在教育计划中也十分重要，具有很高地位。

2. 教学方法

抗日军政大学的教学方面有两条最基本的：一条是理论联系实际，一条是少而精。

理论联系实际的原则是在反对教条主义的斗争中定的。该大学副校长关于理论联系实际的观点是：既要求原则化，又得要通俗化，还得具体化，也要中国化。

少而精原则主要是依照那时候的实际条件（战争，教学紧张，干部缺乏，学员学习时间短）定的，课程的设置要尽量设置一些最必需与最不可缺的。

抗日军政大学还很重视启发式教学法的运用。他们提出启发式教学前期是用各种方法去培育学生的注意力、思维力与理解力，充分利用学生学习的主动性与创造性，尽最大努力使学生独立思考、独立分析问题与独立工作的能力得到锻炼，让学生从自己所了解的事物中找问题并予以解决，以此获取可用的知识。

3. 学员的学习作风

抗日军政大学学员的学习作风，主要是个人主动性与自觉性、集体性学习精神的结合。

学员学习的主动性与自觉性，主要表现在读书的态度上。他们坚持阅读经典名作，但不迷信，而是对书本有分析有观点地读。

小组研究会在集体学习中的地位很高。小组研究通常是教师带出问题，小组学员分工做准备，找寻资料，撰写发言提纲。在准备过程中，交换意见，学习干事与组长预先对发言进行一定安排。研究中，小组长可根据情况指名发言，把问题带到原则性方面，最后合理地予以概括。

小组研究会的利处是：汇合全组学习的心得，在比较少的时间里，能够让每个人对问题得到较广泛与全面的了解；水平低的学员经研究更可从中得到点化，把过去不清楚的搞清楚，使学习兴趣上升；研究还可以练习表达能力，简洁且流畅的表达对将来要做干部的学员来说确实十分重要。

研究的问题，是组长确定材料，分别阅读，并凑在一起研究。这可以被认为是一种带有自学性质的活动。

集体学习的活动除小组研究外，还包括读书会与座谈会。其中，座谈会比小组研究会更为广泛且灵活，参加人数的数量，开会的时间，都没有约束，一般是只要定好中心问题，就可以开始进行。

（二）华北大学农学院

华北大学农学院是在1948年组建的，其过去是自然科学院生物系，农学院"教育、研究、生产"结合的教育方针与艰苦创业、自力更生的办学理念在过去的自然科学院时已有并延袭下来，农学院有非常浓郁的旧体制特点。

1. 学院政治教育

学院需要学生入校后，先花 8 个月时间进行政治方面的教育。

学院使用华北大学一部政治学习方法和所得的经验，带领学生进行《中国革命和中国共产党》《中国共产党党史》的学习，并和讲课同时进行。主要介绍中国共产党的性质和历史，中国社会性质与革命性质，帝国主义与封建主义的压迫等一些需要学生知道的、必要的中国革命基本问题。

政治学习以自学为主，学习文件，边读边议。提出问题组织讨论，同时配合组织展开专题辩论，以帮助学生进一步弄清楚问题根本。

学校曾组织过"科学有没有阶级性"为主题的大辩论。持"有"与"没有"两种观点的同学认真读书，查找论据，选择实例，阐述观点，双方推选主辩人发言，相互补充或反驳。这种方式不仅调动了学生积极学习的主动性，还有助于提升学生在政治方面的悟性。

2. 业务教学

学校搬去石家庄之后，学习环境有所改善。大学本科与预科班同学继续留在院部学习基础学科。基础课，如化学、微积分等为听大课形式，学生拿着马扎、书夹，用自制的蓝墨水记笔记。

专业课方面，以下课程很有名。

（1）无机化学课。
（2）微积分课。
（3）遗传学课。
（4）植物生理学课。

第二节　高校辅导员制度的建立与形成

政治辅导员制度，是一个在清华大学起源，后扩展到全国的高校德育工作制度。早在 20 世纪 50 年代初，因为想培育一支又红又专的干部队伍以推动学生的思想政治工作，清华大学率先建立了学生辅导员制度。

几十年来，在清华的政治辅导员队伍中，产生了不少共和国建设的专业人才，甚至包括党与国家领导人。正是在清华学习的过程中做过一段时间政治辅导员，让他们得到很大锻炼，为后来的人生道路奠定了坚实的基础。

一、政治辅导员的设立

中华人民共和国建立之初，各高校形成了在党委领导下，以学校行政为主要求，以政治理论课为主渠道，青年团、学生会积极参与、分工配合的高校德育工作体系。

此后，依照不同时期的实际情况与德育实践的需要，高校也慢慢地建立起专门的德育队伍、德育机构与德育制度。

1951年11月30日，教育部长在《关于全国工学院调整方案的报告》中倡议各院校试行政治辅导员制度，专门进行教师与干部选拔，开展对学生的思想教育工作，主动地了解学生的思想状况，管理学生的学习、生活、社会活动以及完成学业之后的分配。后由部分工学院试点，政治辅导员制度被证明有效。

1952年10月28日，教育部在总结上述经验的基础上，公示了《关于高等学校有重点地试行政治工作制度的指示》（以下简称《指示》）。

首先，《指示》对政治辅导处的工作相关目标作出相应要求，具体包括以下几点。

（1）和教务处共同对马克思列宁主义理论课程的教学进行指导和帮助。

（2）管理教职员工与学生的历史、政治资料。

（3）进入完成学业的学生的分配工作中。

（4）帮助引领监管全校教职员工与学生的社会活动。

（5）帮助引领监管全体教职员工的政治理论学习活动。

（6）了解教职员工与学生的政治思想状况。

（7）进入并参与教职员的聘任、升迁、奖惩等。

（8）主持完成学业的学生的评价工作。

其次，《指示》明确了政治辅导员的构成，具体如下。

（1）政治辅导处的正副主任最好可以参加校务委员会及教务会议，并担当教师政治理论学习组织的领导职务。

（2）政治辅导处设辅导员若干人，最好可以在教师与学生中选取具有一定理论水平与政治品质优良者充任。

（3）政治辅导处设主任一人，必要时设副主任一人，在校长领导下进行工作。主任由政治理论水平较高，斗争经验丰富的干部担任。

（4）政治辅导员中最好选择一部分人同时当政治理论课助教，以便慢慢地培育成为政治课教员。

同时,《指示》提出政治辅导员的主要任务是以下两点。

(1) 组织推动教职员的政治理论学习与社会活动。

(2) 在政治辅导处主任领导下辅导一系或几系学生的政治学习与社会活动。

最后,《指示》还倡议每个大行政区在当年下半年先选择几所拥有资格的学校进行重点试验,无资格者暂缓实行,不要马上全面铺开,这样会有些形式主义。

同时,这是新中国组建后在高校建立常设性德育管理机构的第一个重要尝试,它为后来我国对高校德育机构与制度建设的探究奠定了基础。

按照上述指示精神,清华大学于1953年建立了政治辅导员制度。

二、辅导员工作制度的形成

为了弥补反右派斗争以来高校工作中产生的一些严重问题,这时各级别的教育部门及各高校党委也在总结历史经验的基础上主动进行高校学生工作新途径的研究,于是清华的学生辅导员制度又一次被提起,并在新的历史形势下有了新的突破。

(一)"清华模式"推广

清华大学在1953年开设了学生政治辅导员制度,即从高年级优秀党员学生中挑出骨干,并依靠他们进行一、二年级学生的思想政治工作。

"清华模式"具体是怎么做的呢?即从学习成绩优良、思想觉悟高的学生里面挑出半脱产的政治辅导员,半脱产期间,课程减少大约1/3,每周专业学习24到28小时,每周工作16到20小时,学习的时间延长一年,上完所没有上的课程,考试达标,按原班次发给完成学业证书。这一方式和学校办学实际与学生思想实际很相符,实施后立刻在学生思想政治工作方面产生了很好的效果。

"清华模式"能够让高校建设一支稳定的学生工作队伍,以推动学校的思想政治工作。这其中的奥妙不仅是产生了一支稳定的工作队伍,更关键的是可提高学生工作的针对性、深刻性与实效性。基于此,这一模式确立后便引起了党与政府的高度重视,一些学校也开始观察是怎么做的并学着做。

1957年反右斗争后,考虑到国内的政治各种状况,不少高校都开始建立政治辅导处。1958年公布的《中共中央、国务院关于教育工作的指示》也表示:"学校党委最好可以配备党员去领导级与班的工作,配备党员去做政治思想工作。"

自此，全国高校都开始着手建设学生专职政治辅导员，如1959年，河北师范大学正式设置专职辅导员，对学生进行管理，辅导员工作直接受党委宣传部领导。

1961年，教育部颁布"高教六十条"，表明"为推动思想政治工作，要在大学一、二年级设政治辅导员或班主任"。这是对"清华模式"的肯定。

（二）政治辅导员的制度化

即便是辅导员的工作对推动学校的思想政治教育很有帮助，可当时对于要不要设置专职的学生政治辅导员还没有统一的看法。清华的经验也只是挑出高年级学生与青年教师兼任辅导员工作。但是到了1961年有了新的情况：1961年1月，中共八届九中全会通过了"调整、巩固、充实、提高"八字方针。为落实八字方针，同时也是想要概括新中国组建十几年来高等教育事业的经验，中共中央在1961年9月试行《中华人民共和国教育部直属高等学校暂行工作条例》，也就是前文提到的"高教六十条"。

"高教六十条"的公示可以说是学生政治辅导员专职化的真正开端。

"高教六十条"对高校学生思想政治工作做了细说。其一开始就表示：想要推动思想政治工作，需要在一、二年级设政治辅导员或者班主任，从专职的党政干部、政治理论课教师与其他青年教师中找到有一定政治工作经验的人担任。同时，要慢慢地培育与配备比较专职的政治辅导员。

1964年6月10日，中共中央公示了高等教育部党组《关于加强高等学校政治工作和建立政治工作机构试点问题的报告》，这个报告在倡议高校建立政治部的基础上，进一步明确倡议班级要配备学生政治辅导员，以推动学校的思想政治工作，还对政治辅导员的来源与编制等问题提出了详细的要求。

1964年6月24日，中共中央又发布高等教育部党组《关于高等教育部直属高等学校（扩大）领导干部会议的报告》。报告表示"高等学校思想政治工作必须和教学、科学研究等业务工作紧密地结合起来……"。按照这一倡议，教育部在1965年8月20日发布了《中华人民共和国高等教育政治工作条例（草案）》。其中，《高等学校学生班级政治辅导员工作条例（草案）》是新中国第一个专门研究高等学校学生班级政治辅导员工作的文件，该文件对"政治辅导员"的含义，对政治辅导员的任职资格与具体工作开展都有明确说明，代表我国高校的学生政治辅导员工作从此迈入制度化的新方向。

第三节 高校辅导员工作的发展与创新

一、高校辅导员工作的曲折发展

经过全党全国各族人民的携手奋斗,1965年年底,我国国民经济调整工作几乎结束。通过贯彻落实"高等教育六十条",高等教育事业的发展也迈进相对健康的路途。

1966年开始的"文化大革命"的十年是共和国历史发展非常曲折的十年。同党和国家的其他方面相同,"文革"期间,高等学校辅导员工作也艰难发展。

从军队对高等学校进行军管起,高等学校的政治辅导被军队的政治指导员替代。高等学校的革命委员会由革命的领导干部、军队代表等组成。从中华人民共和国成立初期起试行、1965年形成体制的高等学校政治辅导员制度已基本不复存在。

二、高校辅导员工作的恢复与调整

(一) 辅导员制度的再次确立

教育是"文化大革命"中被重点破坏的领域。"文革"后,高等学校辅导员制度在改革开放与现代化阶段得到了恢复,并有了初步的发展。

不过,由于新的状况,高等学校思想政治教育工作即便是通过努力有了部分成绩,也还不能很好地适应新的状况,不能很好地应对新的挑战,不能很好地达到党与政府的新要求。

高等学校思想政治工作的推动与发展需要有一支有用的思想政治工作队伍。辅导员队伍是这支队伍的重要构成之一。新的状况与任务需要高校辅导员制度再次出现,高校辅导员队伍重建。

1980年4月,教育部与共青团中央共同颁布了《关于加强高等学校学生思想政治工作的意见》。《意见》的主要内容如下。

1. 政治工作队伍建设

推动学生的思想政治工作,必须构筑一支有力量的政治工作队伍,每个学校要依照具体状况构筑政治辅导员制度或班主任制度。

2. 政治辅导员选择

政治辅导员最好可以从政治、业务都不错的完成学业的学生里找或从教师里找。

3. 政治辅导员职责

（1）做学生思想政治工作。

（2）始终进行业务学习。

（3）承担一些教学任务。

4. 政治工作队伍的价值

高等学校的学生政治工作干部队伍，一方面是党的政治工作队伍的一部分，另一方面还是师资队伍的一部分，承担着全面培育学生的工作任务。他们与教学人员相同，都是办好高等学校必要的生力军。学校党委尽量在看文件、听报告等地方给予优惠条件，给他们建构做好工作的环境。

依照实际情况与文件的精神，各高等学校先后恢复建立了辅导员制度：一般是以系为单位，一个年级设一名辅导员；辅导员通常为专职的，每个班级再配一名班主任；班主任通常是由在该班任课的某一位教师兼任的。

1981年8月，教育部召开了全国学校思想政治教育工作会议，研究了《高等学校学生守则》（试行草案）等会议文件（该守则于1982年2月颁发）。

1981年12月，安徽省省委文教部制定并公示了《关于加强高等学校政治辅导员工作的暂行办法》（以下简称《暂行办法》）。

《暂行办法》指出：想要推动高等学校学生的思想政治工作，在高等学校必须构筑一支学生政治辅导员队伍。"该办法是依照教育部召开的学校思想政治教育工作会议精神，结合该省高等学校的实际状况制定的。

《暂行办法》对政治辅导员的职责、队伍建设、待遇、工作概括等问题提出了具体的要求。

《暂行办法》倡议学校每个级别的领导都尽量对政治辅导员队伍的建设工作重视一些。要找寻政治觉悟高的、有一定的思想理论水平与政治工作能力、达到大学文化程度的干部、教师担任。

教育部与共青团中央一起颁布的《关于推动高等学校学生思想政治工作的意见》与某省《关于加强高等学校政治辅导员工作的暂行办法》的公示，可以证明高等学校辅导员制度基本恢复。

（二）高校辅导员工作中的状况与问题

高等学校辅导员制度重新确立之后，辅导员们在开展思想政治工作的过程中面临着新的状况与新的问题。

总结起来为以下几点。

1. 体制转换

新旧体制持续进行转换，市场取向的经济体制慢慢地取代计划经济体制，与此有关，在政治体制、文化体制与社会体制等领域也在发生着变革。

2. 外来思潮

对外开放持续扩大，各种外来的思想文化进入大学校园。在这一系列外来思想文化冲击下，国内产生"资产阶级自由化思潮"。这股思潮对高校辅导员所并开展的思想政治工作产生了很大的冲击与影响。

3. 组织调整

高等学校领导体制持续开展调整与改革，在部分高校开始进行校长负责制试点。

综上，在这一时期的高校辅导员发展可概括为以下三点。

（1）这一时期是传统辅导员工作思路转轨期，新的建设思路探索期。

（2）该阶段的辅导员工作及队伍建设的缺憾和经验将为下一阶段高校辅导员工作及建设探索给了很好的参考。

（3）高等学校辅导员的工作很不容易，这一系列工作为高等教育的改革与发展做出了贡献。

三、高校辅导员工作的新探索

高校辅导员工作并非单独的社会现象，其还是一个开放性的历史进程。在这个历史进程中，它不仅要符合中国及其发展的实际；还要和世界历史进程彼此相连。

20世纪90年代到21世纪初，世界出现了前所未有的变化。从世界历史进程看——世界处于大变动的历史时期；从中国实际及其进程看，中国特色社会主义事业进入了新时期。新时期，党与国家高度重视思想政治教育工作面临的新状况，对辅导员工作提出了新的倡议。全国高校依照新状况，按照中共中央的精神对辅导员工作提出了新的发展道路。

(一) 新时代对高校辅导员工作的新探索

20世纪90年代后,"世界处于大变动的历史时期"。全球化已是世界发展的几乎最重要的特征了。

不过,以邓小平南巡讲话与党的十四大为标志,中国特色社会主义事业迈向了新道路,这也对高校辅导员工作提出了新的挑战与新的要求。

1. 全球化对辅导员工作的新挑战

20世纪80年代末90年代初,全球化的第三次浪潮向全世界发展。就在经济方面而言,全球化是世界每个国家经济活动从互相封闭迈进互相依赖、由机械组合变为有机整体的阶段。

这个阶段既是生产力超越国界向全世界拓展的阶段,有高度的开放性;又是不同思想文化思潮在彼此对碰中对话与交流的阶段,强烈的渗透性;同时又与资本主义生产方式相连,到现在还是由西方发达国家主导的阶段,有很强的排斥性。

在这样的情况下,发展中国家一方面会排斥全球化,另一方面又不可不融入全球化。全球化在剧烈地改变着全球交往实践结构与人们的物质生存方式的同时,也急切地改变着全球文化,变革着人类的思想交往关系,并促使大学生的思想认识、价值取向与道德观念不断发生改变和进化,这是对高校辅导员工作的新挑战。

2. 中国社会的深刻改变与高校辅导员工作的价值诉求

计划经济体制向社会主义市场经济体制的转变,不仅是社会生活方式与社会结构的深刻改动,也还急切地改变着人们,尤其是大学生的思考结构与思维方式。

新变化要求高校辅导员工作可以科学地应对。

(二) 要以改革创新的精神推进辅导员工作

以改革的精神深化高校辅导员工作,前期得正确测评辅导员工作的状况,肯定成绩,找出差距,推动建设,提升工作质量。

1. 准确了解高校辅导员工作的基本状况

在党中央统率下,高校辅导员工作在总结经验的基础上连续发展。

面对世界局势的变化,基本每位辅导员都有不可动摇的社会主义信念,明确且相信国家领导人建设有中国特色社会主义理论与党的路线的正确性。他们通过思想政治工作与管理工作，确保了党的教育方针的全面落实。他们在转变大学生思想，引导与帮助他们形成与确立科学的世界观、人生观、价值观的过程中充分发挥主动性，并有一些很好的成果。

2. 构筑与健全规章制度，科学规范辅导员工作

科学的规章制度是有效开展高校辅导员工作的首要前提与根本保证。全国每个高校都按照本校辅导员工作的实际状况，按照《中共中央国务院关于进一步加强和改进大学生思想政治教育的意见》的精神，一方面建制立章，一方面修订辅导员制度，形成了包括岗位职责、人员激励、工作交流与考评等在内的制度化的工作要求与管理。

3. 促使高校辅导员工作素养提高

辅导员的语言素养很大程度上对其工作的成果能否取得与说服力都有很大影响，关系着教育是否有实际效果。因此，很多高校都非常重视辅导员语言素养的提高。

四、高校辅导员工作的最新进展——课程化

（一）课程化概念

广义的课程：课程是指所有学科（教学科目）的总和以及学生在教师指导下各种活动的总和。

狭义的课程：一门学科和一类活动。[①]

（二）高校辅导员工作课程化教学模式的发展实例

2009 年，在进行实践科学发展观时，教育部《普通高校辅导员队伍建设规定》提出高校辅导员的八项工作职责。以此为基础，国内某高校开始进行辅导员工作课程化的探索。

1. 课程化教学方法正式提出

首先，在参考了国内高校辅导员队伍建设的很多成功经验的基础上，该校党委学生工作部部长最初提出的是辅导员工作"教分化"。

其次，因对教学的认识不断深入和很多"教分化"过程中新问题，比

---

① 《中国大百科全书（教育卷）》

"教分"概念更宏观的"课程"概念被提出来。最后经校内很多学生工作专家、学者和基层院系的讨论,大家都认为"辅导员工作课程化"最为科学、最为准确。

2009年12月,作为学校学生工作学习实践科学发展观的创新性成果,辅导员工作课程化正式提出。

2. 高校辅导员工作课程化模式的推进

该大学辅导员工作课程化模式的推进基本上为三个阶段。

(1) 理论研究阶段。2009年,该大学提出辅导员工作课程化模式后,为了明确辅导员工作课程化的相关理论问题,在国家教育部、省委高校工委、省教育厅的积极支持下积极进行辅导员工作课程化模式理论研究,取得了丰厚的成果。共立项了6项省部级课题,在省级及以上刊物上发表论文7篇。

(2) 课程体系构建阶段。2010年,该大学组织相关部门和人员,根据教育部规定的辅导员工作职责,构建辅导员工作课程化体系。

这一阶段的成果主要体现在以下几个方面。

①明确了课程构成。即将辅导员工作课程化模式的课程分为两大模块,即基础指导课模块和专项指导课模块。

其中,基础指导课模块分为6个单元,每个单元设置若干子课程。

专项指导课分为9个单元,每单元也设置若干子课程。例如,在基础指导课模块中设置的思想政治教育单元,包括"三观"教育、"主旋律"教育、形势与政策教育、道德修养教育、安全法制教育5个子课程,5个子课程每学期授课共计40学时。

②编制了教学大纲。即制订辅导员工作课程化模式教学大纲,包括《基础指导课教学大纲》《专项指导课教学大纲》。

对课程的每一单元都规定了具体的教学内容、教学要求、教学学时、教学重点、教学目标、教学形式、教学考核等内容。

③构建了推进机制。即构建辅导员工作课程化模式的推进机制。

④制定了考核办法。即辅导员工作课程化模式采取绩效考核办法,学校量化了专兼职辅导员的教学工作量及教分,制定了《院系学生工作书记、副书记履行辅导员工作职责绩效考核主要观测点及考核方式》《专职辅导员履行工作职责绩效考核主要观测点及考核方式》。

同时,学校严格了考核程序,专兼职辅导员考核分为个人总结、学生评议、院系考核、校党委审核4个步骤进行。

(3) 实验推广阶段。

2011年，在完成辅导员工作课程化模式相关理论研究和课程体系构建的基础上，该大学辅导员工作课程化模式进入到试验推广阶段。

2011年3月，学校下发相关文件并确定两个院系作为试点单位，进行辅导员工作课程化模式实验。

2011年10月，学校总结试点单位的经验，编印了校本教材，分层次举办辅导员工作课程化模式专题辅导，并增加了试点单位。

2012年3月，学校编印了辅导员工作课程化模式教案模板和教学计划进度表，全面推进辅导员工作课程化模式。

（三）高校辅导员工作课程化教学模式的教学实例

1. 贯彻课程化教学原则

（1）以人为本的原则。人是高校辅导员工作课程化的初衷和归宿。因此在进行课程化教学的过程中，要尽可能地将以大学生和辅导员发展为本的原则体现出来。

（2）导向性原则。对辅导员工作课程化的评价，一定要对基本的方向有所了解。即通过对辅导员工作的客观的评价，使辅导员的工作积极性得以充分调动，并在此基础之上对辅导员产生相应的激励效果。

2. 把握课程化教学特点

（1）发展性。实践—认识—再实践—再认识，这是先进认识论的基本原理，高校辅导员工作课程化教学是新生事物，需要遵循先进认识论的基本原理，需要反复实践，不断认识，不断发展。

推出高校辅导员工作课程化模式，实现辅导员管理工作科学化、规范化、制度化，很多问题需要在发展中解决，最终才能有助于辅导员队伍的进一步建设。

（2）科学性。实施高校辅导员工作课程化模式，用课程的形式规划辅导员的工作内容，用教学的标准要求辅导员的工作行为，用科学的方式评价辅导员的工作效果，促进辅导员履行教师的角色，这是国内辅导员队伍建设的一个创举。

同时，辅导员工作过程就是教学过程，从理论上解决了辅导员无时间上课的问题，把辅导员履行教师角色真正落到实处，其科学性是不言而喻的。

（3）普适性。高校辅导员工作课程化模式具有普遍适用性，主要在于它是高校辅导员工作方式、工作途径的创新，适用于不同层次学校辅导的需要，无论是高职高专学校的辅导员，还是本科院校的辅导员都可借鉴。

同时，各个学校还可根据本校实际情况，对课程体系进行整合。即使原封不动地复制，也可起到事半功倍的效果。从国内推行辅导员工作课程化模式协作学校的应用效果看，辅导员工作课程化模式的普适性是很强的。

3. 清楚课程化教学的意义

（1）是贯彻落实教育部〔2017〕43号令，明确辅导员自身定位的需要。2017年，教育部修订《普通高等学校辅导员队伍建设规定》，第六条明确指出："辅导员具有教师和管理人员双重身份。"这就十分清晰地对辅导员的角色和工作定位作了相应规定。不过呢，如果我们对高校辅导员的队伍建设的全国状况加以考察的话，还是会发现很多问题，如辅导员对自身的角色定位不是很清楚、或者定位不当等。

而对辅导员工作课程化予以规划、进行实施时，把辅导员要开展的实际工作以课程形式为基础予以一定程度上的整合，依靠课程化中必不可少的课程和教分要素，以考核专业课教师的标准来对辅导员具体工作予以考核，能够促进辅导员对自身"双重身份"的意识强化，提升学校和学院相关部门对辅导员工作的"双重领导"，将辅导员教师、管理人员"双重待遇"予以落实，推动全员、全程、全方位育人格局的形成。

（2）是具体落实新课程观的需要。21世纪以来，由于课程改革的进一步深化，课程理念的进一步更新，课程观方面出现了一些改变。

第一，原来的课程即学科的课程观已经被突破。

第二，新的课程观即课程除了是知识、是经验之外，课程还是学校有组织、有计划的所有教育、教学活动。

第三，以学生发展为本成为课程改革的新的方向，课程改革朝着综合化、社会化、生活化的道路前进。

总的来看，辅导员工作课程化与课程改革和发展的目标和方向相一致，是对课程观的新的认识和实践。它把按照课程理念辅导员所从事的实际工作进行一定程度的整合，让辅导员工作课程成为跨多个领域、跨多个学科的多模块课程，变成更为有效、更易实施的课程。

（3）是提高大学生思想政治教育工作实际效用的需要。开展辅导员工作课程化建设，依靠课程化中必不可少的课程和教分要素，以考核专业课教师的标准来对辅导员具体工作予以考核，不仅有益于促进辅导员队伍职业地位和整体素质的进一步提升，还对形成思想政治教育的长效机制、提高思想政治工作的实效性有很大帮助。

（4）是高校辅导员职业化、专业化建设的需要。站在职业发展上来看，如果想让一份职业可以稳定、持续（对高校辅导员工作课程化来说，就是要让辅导员从工作中得到事业感，并很主动地把它作为奋斗一生的一项事业），就一定要创造条件。而辅导员工作课程化是辅导员获得职业声望、专业地位的方式之一，是辅导员安心做好本职工作的前提。所以，课程化是高校辅导员职业化、专业化、建设的迫切需要。

第二章 高校辅导员岗位与队伍建设

随着社会的不断进步，我国也越来越意识到教育的重要性，为此创办了很多的高等院校，让更多的学生享受到高等教育的权利，高校大学生是我们祖国的未来，民族的希望，因此与高校大学生朝夕相处的辅导员就显得非常重要了。本章将要论述的是高校辅导员岗位与队伍建设，为此把它分成高校辅导员岗位职责、高校辅导员角色定位、高校辅导员的专业化与职业化、高校辅导员队伍建设的特点这四个模块，接下来围绕这几个模块展开详细的论述。

第一节 高校辅导员的岗位职责

近年来，辅导员岗位职责发生了很大变化。之前辅导员的工作内容就只有一种，只需要对大学生的思想政治进行教育就可以了，而现在的工作内容很多，不光负责大学生的政治教育，还要负责学生心理健康，负责学生日常工作管理和建设班风、学风等多种工作。明确了辅导员的岗位职责，可以让辅导员知道自己工作内容。对于西方国家的高校辅导员教育经验，我们可以借鉴其成功的地方，这样可以帮助辅导员把工作做得更好，为国家培养更多更全面的社会所需人才。因此对高校辅导员的要求为：忠诚党的教育事业，遵纪守法，为人师表，教书育人，恪守职业道德，维护学校荣誉，勇于创新，能够承担并完成受聘岗位条件。

一、高校辅导员工作职责课程化的主要内容

贯彻落实教育部〔2017〕43号令，明确辅导员职责所在，将高校辅导员的主要职责分为九个部分：

（1）思想理论教育和价值引领。引导学生深入学习研究习近平总书记系列重要讲话精神和治国理政新理念、新思想、新战略，深入开展中国特殊社会主义、中国梦宣传教育和社会主义核心价值观教育，帮助学生不断

坚定中国特色社会主义道路自信、理论自信、制度自信、文化自信。牢固树立正确的世界观、人生观、价值观。

（2）党团和班级建设。开展学生骨干的筛选、培养、激励工作，开展学生入党积极分子培养教育工作，开展学生党员发展和教育管理服务工作，指导学生党支部和班级组织建设。

（3）学风建设。熟悉了解学生所学专业的基本情况，激发学生学习兴趣，引导学生养成良好的学习习惯，并掌握正确的学习方法。指导学生开展课外科技学术实践活动，营造浓厚学习氛围。

（4）学生日常事务管理。开展入学教育、毕业生教育及相关管理和服务工作。组织开展学生军事训练。组织评选各类奖、助学金。指导学生办理助学贷款。为学生提供生活指导，促进学生和谐相处。

（5）心理健康教育与咨询工作。协助学校心理健康机构开展心理健康教育，对学生心理健康问题进行初步排查和疏导，做好学生的思想工作。培养学生理性和平、乐观向上的健康心态。

（6）网络思想政治教育。运用新媒体技术，推动思想政治教育工作。加强学生网络素养教育，引导学生创作网络文化作品，传播正能量，创新工作路径，运用新媒体对学生开展思想引领、学习指导、生活辅导、心理咨询等。

（7）校园危机事件应对。组织开展基本安全教育。参与学校、院（系）危机事件工作预定方案制定和执行。对校园危机事件进行初步处理，稳定局面控制事态发展，及时掌握危机事件信息并按程序上报。参与危机事件后期处理应对及总结研究分析。

（8）职业规划与就业创业指导。为学生提供学科的职业生涯规划和就业指导以及相关的服务，帮助学生树立正确的就业指导，引导学生到基层、到祖国最需要的地方去建功立业。

（9）理论实践研究。努力学习思想政治教育的基本理论和相关的学科知识，参与相关学科领域学术交流活动，参与校内外思想政治教育或项目研究。

二、高校辅导员工作职责的具体范围

关于哪些具体的范围属于高校辅导员工作职责，针对这个问题，本部分内容主要有四个部分，即对大学生进行课程化的思想政治教育、高校辅导员课程化地对学生进行各方面的发展辅导、高校辅导员课程化地对学生进行有效的生活指导和高校辅导员课程化地对学生进行关于组织管理的教育。接下来将围绕这四个部分展开具体的论述。

（一）对大学生进行课程化的思想政治教育教学实例

1. 思想政治教育的教学理念

对大学生进行思想政治教育是让在校大学生的思想、行为及社会方面达到一定的要求的有效途径。因此，辅导员在制定思想政治教育教学课程教案时，要着重体现思想政治教育教学的计划性、组织性和创新性，进而实现课程教学的有效性与针对性。在教学中，既要尊重思想政治教育教学课程特有的理论体系、教学规律和教学方法，又要优化教学理念与教学方式，将理论教学与实践教学环节充分结合，将辅导员对学生的生涯指导与学生的职业发展兴趣和职业发展愿景相结合。

只有"思想政治教育的具体目的"和"思想政治教育的根本目的"相结合才能构成"思想政治教育的目的"。接下来关于"思想政治教育的具体目的"和"思想政治教育的根本目的"展开详细的论述。

（1）思想政治教育的根本目的。思想政治教育的根本目的是通过不断把高校大学生的思想道德素质提高，从而可以把高校大学生了解世界及改造世界的能力同步提高，为建设中国特色社会主义社会和实现共产主义添砖加瓦。思想政治教育的根本目的为思想政治教育活动提出了根本性的方向要求，关于思想政治教育的一切活动都必须对实现思想政治教育的根本目的是有益的，都必须把思想政治教育根本目的作为行动方向的标准，始终坚持思想政治教育根本目的而不能把思想政治教育根本目的给抛弃，时时刻刻指向思想政治教育根本目的而不能偏离思想政治教育根本目的。

（2）思想政治教育的具体目的。为了实现思想政治教育的根本目的，还要有一个具体的实践目的，即思想政治教育的具体目的。在不同阶段，思想政治教育的具体目的不同；在不同历史时期，思想政治教育的具体目的不同；在不同领域，思想政治教育的具体目的不同。换句话说就是，随着时间在不断地变化，思想政治教育的具体目的也要随着变化。

2. 思想政治教育的教学方法

高校辅导员将社会主义要求的思想观念（包括政治观念、思想方法、道德规范等）转化为大学生自己的思想品德的过程，这就是所谓的思想方法引导的过程。确定具体目标，制订工作计划；实施工作影响，促成思想转化，信息反馈，评估控制，这就是思想引导过程的大致环节。思想引导的过程还提出：教书与育人之间、教育与自我教育之间、政治理论教育与社会实践之间、解决思想问题与解决实际问题之间、教育与管理之间、继承优良传统与改进创新之间都要相结合。

高校辅导员将社会主义要求的思想观念转化为大学生自己的思想品德使用的技巧，就是所谓的思想引导的方法。思想引导的方法是非常重要的，它关系到高校辅导员能否顺利、高效地将社会主义要求的思想观念转化为大学生自己的思想品德。因此，辅导员在进行思想政治教育课程教学时，要进一步完善和改进传统教学方法，实现教学形式和手段的多样化创新。在教学过程中，辅导员要探索一种适于学生、贴近学生、触动学生的体验式教学方法。针对这一问题，高校辅导员创造了很多有用的方法如实践锻炼法、比较鉴别法、典型示范法、说理引导法、熏陶感染法、自我教育法等比较原始的方法。随着时间的推移，在原始方法基础上又创造了符合时代特征的新方法，如心理咨询、网络互动等。相信过不了多久，高校辅导员又要根据时代发展的特征和高校学生的思想特点创造出符合时代发展和高校学生思想特点的方法。在创造新方法的同时，对老方法也不要完全抛弃。在原始方法的基础上不断创新，同时借鉴国际上的优秀成果、吸收科技上的最新成果来创造与时俱进的教学方法。

3. 思想政治教育的教学内容

为了加强和改进高校大学生思想政治教育，当前时代关于高校思想政治教育的主要内容包含以下四个方面。

（1）把高校大学生的全面发展作为其根本目标，为高校大学生的素质培养进行更深入的教育。辅导员工作的课程化必须时时刻刻把思想政治教育的目的作为课程化工作进行下去的参考标准，帮助高校大学生树立正确的三观（人生观、世界观、价值观）。帮助高校大学生在中国共产党领导下，走中国特色社会主义道路，实现中华民族伟大复兴的共同理想和坚定信念。

（2）把基本道德规范作为高校思想政治教育的具体目的和基础，进一步进行关于公民道德的教育。

（3）把理想信念教育作为高校思想政治教育的具体目的和核心，进一步进行关于树立正确的三观（人生观、世界观、价值观）的教育。

（4）把爱国主义教育作为高校思想政治教育的具体目的和重点，进一步进行关于弘扬和培育民族精神的教育。

帮助大学生养成良好的道德品质，增强大学生克服困难、经受考验、承受挫折能力，提高大学生的思想认识和精神境界。由于高校大学生是国家的希望、民族的未来，因此加强思想政治教育，提高学生的思想素质，把他们培养成为祖国未来的接班人是重要任务。

（二）高校辅导员课程化地对学生进行各方面的发展辅导

1. 辅导员课程化地进行关于学生全面发展的辅导

高校学生在德、智、体、美等方面的发展，就是所谓的全面发展。"全面贯彻党的教育方针，坚持教育为社会主义现代化建设服务，为人民服务，与生产劳动和社会实践相结合，培养德智体美全面发展的社会主义建设者和接班人"。这是《国家中长期教育改革和发展规划纲要（2010—2020年）》指出的。辅导员要深入理解这一教育方针，并按照党的政策落实这一方针。坚持以社会主义核心价值教育学生，培养高校学生热爱党、热爱祖国、热爱全国人民的情怀，逐步树立中国特色社会主义的理想信念和正确的三观。要坚持以改革创新为动力，遵循教育、教学、人才成长的规律，贴近学生的学习和学生的生活，根据不同学生的特点创新不同的方法，挖掘每一个大学生的无限潜能，全面提高高校大学生综合素质促进大学生全面发展。要按照社会主义培养新一代人才的要求，依照基本途径体验式教育，经过精心的设计和组织，开展具有鲜明的主题、鲜活的内容、新颖的形式和吸引力强的教育活动来提高学生的社会责任感、创新精神和实践能力。

2. 辅导员课程化地进行关于学生个性发展的辅导

高校学生在需求、生活习惯、性格、能力、兴趣、价值观念等方面形成稳定的心理特征，就是所谓的个性发展。高校辅导员应该遵循"保持个性，彰显本色"的原则，重视大学生的个性发展，使每个学生的个性得到充分的展示。要发展每个学生的个性，首先要承认每个学生的个性都是不一样的，都是有差异的。针对不同学生的个性，要区别对待，不能用一种方法来发展所有学生的个性。发展学生的特长，特别是有特殊的技能和特长的大学生，应该想尽一切办法，创造一切条件，搭建适合的平台，使那些有着特殊技能的大学生的特长得到充分的发展。针对"保持个性、彰显本色"这一问题，辅导员要引导大学生正确处理全面发展与个性发展的关系和正确处理个人、集体、社会的关系。对于全面发展与个性发展的关系，我们应该清楚全面支持学生的个性发展并不是意味着放弃学生的全面发展。一旦放弃学生的全面发展，让学生盲目追求其个性的发展，就可能造成无法想象的后果。对于个人、集体、社会的关系，我们应该积极的引导高校学生与其他人很好地相处，很好地融入集体和社会中去。

3. 辅导员课程化地进行关于学生可持续发展的辅导

高校大学生作为一个个体在大学几年的生涯及毕业后走向社会漫长的职业生涯中不断地发展改变，其目的是使学生的个体素质得到不断地完善，这就是所谓的可持续发展。高校辅导员要积极引导大学生树立可持续发展的理念，把职业生涯规划与发展作为着手点，协助大学生制定科学合理的人生规划。把大学生可持续发展的能力作为重点，把第二课堂的作用充分发挥起来，培养大学生的创新、实践及社会适应的能力。只有不断地进行挫折教育和心理健康教育，才能培养出大学生健康的心理和健全的人格，养成大学生顽强的意志和百折不挠的精神。

（三）高校辅导员课程化地对学生进行有效的生活指导

1. 辅导员课程化地对学生进行关于权益与安全教育

权益指的是在校大学生理应享受到的权益；安全是指大学生自身及其他人的人身安全。

（1）权益。权益是一种受法律保护的权力和利益。是大学生在上大学的过程中应享有的权利，就是所谓的大学生权益。大学生的权益主要有七种，它们分别是使用权、知情权、选择权、监督权、奖贷权、就业权、申诉权。

①使用权是指大学生在受教育的过程中使用学校的教室、教学设施、教学设备、图书馆的电脑，图书，报刊等权利。

②知情权是指大学生对学校的前身及以后的发展、学校的师资力量、在校生人数、自己所在专业的发展方向等情况都有知悉的权利。

③选择权是指按照学校招生简章和学校有相关规定，大学生可以任意选择自己喜欢的专业、任意选择自己喜欢的课程等权利。

④监督权是指大学生学校教师的教学质量、对学生的负责任的程度等情况进行监督的权利。

⑤奖贷权是指大学生符合国家规定而获得的奖学金、助学金等的权利。

⑥就业权是指修完学业、修满学分，不违反学校规章制度，允许毕业，应当享有大学生该有的就业权利。

⑦申诉权是指因违反学校规章制度，对学校给予的处决有异议，可以向学校提出申诉，这是每个犯过错误的大学生该享有的权利。

为了让大学生能够正确认识权益和使用权益，高校辅导员应该让大学生意识到：权益和义务是相对应的；必须在社会和所在学校的制约下才可以享用权益；当权益受到冲突时，权益的享受是相对的。

（2）安全。通过安全教育课让大学生意识到"安全"的重要性。让学生掌握一些基本的安全常识和基本的防身技能，在关键时刻起到拯救自己及拯救他人的作用。让学生了解基本的法律常识，帮助学生在面临突发事件时可以临危不惧，以正确的心态去处理突发事件，以减少对自身和对他人的伤害。

2. 辅导员课程化地对学生进行关于合理的消费与正确理财的教育

合理的消费与正确的理财对大学生健康的成长起着至关重要的作用。因此，辅导员现在的工作重点是帮助大学生进行合理的消费和正确的理财使其健康成长。

（1）合理消费。大学生的消费心理及消费观念随着社会经济的发展和所处的社会环境的变化而不断地发生变化。尽管大部分学生的消费心理及消费观念都是合情合理的，但仍存在一部分的大学生为了满足其"好面子"的虚荣心、攀比的心理、炫富的心理、提前消费的心理而进行一些不合理性的消费行为。因此为了杜绝上述那些不合理性消费行为的发生，辅导员应帮助学生树立正确的消费观。到底怎样帮助学生树立正确的消费观呢？要从以下几个方面做起。

①加强在校大学生关于消费心理上的教育，使他们拥有健康的消费心理。

②对大学生进行合理的引导，帮助他们制订合理的，适合他们自身的消费原则。

③通过相关的教育，引导大学生树立正确的消费观，帮助大学生进行合理的消费。

（2）正确理财

对于大学生扣除本月的基本生活消费以后所剩余的钱该怎样的处理呢？有的大学生进行过度的消费，把这一学期家里父母给的生活费在本月一下子挥霍完，造成后面的几个月没有基本生活费。为了防止上述现象的发生，辅导员应引导大学生要有正确的理财观念，帮助大学生进行正确的理财。在校大学生一般的理财方式是把钱存进银行。

3. 辅导员课程化地对学生进行关于学会独立与融入社会的教育

（1）学会独立。当大学生度过大学生涯踏入社会时，社会不会像父母和老师一样处处包容着他们。大学生踏入了社会就意味着作为一个全方面的人才来为社会服务，来回报社会。人才就意味着拥有独立的思想，独立的人格，独立的个体。对于刚踏入社会的大学生，一下子失去了大家的呵护，短时间之内会很不习惯，出现各种各样的问题，严重者也许会有可能影响人的性格。造成这一系列的问题都是由于大学生的独立性不够引起的。为了让大学生更快更好地适应社会、融入社会，更好地为社会服务，大学生在校期间，辅导员就应该帮助大学生培养其独立性。

针对怎样培养在校大学生的独立性这个问题，辅导员应该对于不同的学生进行不同的教育，对于缺乏自信的学生，辅导员应该帮助他们在与老师、同学相处过程中感受到真挚的感情，感受到被尊重，从而慢慢地建立起自信，这样有益于接下来培养其独立性；对于太自信的以至于自负的学生，帮助他们认清自己，认清别人眼中的自己，不可盲目的太过自信，不可目中无人。能够更好地认识自己，才能与他人更好地相处，才能更好地培养其独立的能力。

（2）提高社交能力。不要以为踏入社会以后才需要提高其社交能力，学校也是个"社交圈"。在大学时期，学生与学生之间、学生与老师之间都构成了不同的社交圈。

在刚踏入社会时，之前是被社会"保护"的对象，现在变成是"保护"社会了，这一身份的大转变，让他们很不习惯、很难适应，这个时候就渴望被一起工作的同事和领导接纳。对于刚踏入社会的他们怎样才能更快的被接纳，更好地融入社会这个大集体中呢？这个时候就需要很好的社交能力了。对于社交能力好的人能够使一些难办的事情事半功倍，而社交不好的人就有可能事倍功半了，可见社交能力的重要性。那么对于在校大学生到底怎样培养其社交能力呢？首先帮助大学生树立良好的形象，引导他们穿适合他们的衣服和适合的发型来增加个人的魅力；然后辅导员模拟一定的环境，培养学生的说话技巧来提高他们的社交能力。

（四）高校辅导员课程化地对学生进行关于组织管理的教育

组织管理分为学习方面（适应学习、指导选课、制定人生规划）的管理、日常方面（班级干部、奖助贷）的管理和活动方面（社团活动、生活园区活动、勤工助学活动、社会实践活动）的管理。

1. 辅导员课程化地对学生进行关于学习方面的教育

学习管理指的是对于刚进入大学校门的大一学生，辅导员帮助他们更快地适应新的学习环境、新的学习方法、新的学习目标。针对这个问题，辅导员应从以下几个方面着手。

（1）适应学习。在大一新生刚进入学校后，辅导员应该立即引导大学生把学习作为他们大学期间的最重要的任务。对此可从以下方面做准备，首先辅导员应该帮助大一新生熟悉大学的学习环境和氛围，让他们尽快适应新的学习方式，制定新的学习计划；然后，辅导员帮助他们尽快找到适合自己学习方法，提高学习效率，树立更大更远的学习目标。

（2）指导选课。对于那些在进入大学之前的大学生在面对选修课时也许会手足无措，不知道如何选择，这个时候辅导员就发挥了极大的作用。这个时候辅导员要担任他们的人生导师了，辅导员首先让每位大一新生根据自己的学习目标先圈出自己应该选择的课，然后再根据自己的兴趣爱好再一次进行筛选，最后选出来的课既是自己喜欢的又是学习任务上所必需的。这样的话学生就会对这些课更加的感兴趣。

（3）制订人生规划。未来想成为什么样的人，想从事什么样的工作。大学生的人生规划就是为了实现人生的目标而制定的计划。目标的实现是与大学生在学校期间所修的课程、所制定的学习目标以及自己的兴趣爱好、性格等有着紧密的关系。因此，辅导员在帮助大学生制定他们的人生规划时，一定要根据他们学习的专业课的情况，人生的目标及对自身的认识来制定属于他们个人的未来的人生规划。

2. 辅导员课程化地对学生进行关于日常事务方面的教育

辅导员既要帮助学校搞好关于学校教育等一切相关的大小事务，还要做好自己所在班级关于学生档案、宿舍、健康、干部等日常事务的相关事件。尽管辅导员的工作非常繁忙，但对大学生日常方面的管理不可小觑。本内容对大学生日常方面的管理从对班级干部的管理和对奖学金助学贷的管理这两方面展开具体的论述。

（1）对班级干部的管理。班级干部的作用是帮助辅导员管理班级和组织班级活动，班级干部关系着班级的未来。因此，班级干部的选取不容小觑。班级干部并不是先天就具有这种管理能力的，这就需要我们在学生中挑选一些先进分子作为班干部，然后再进行专门的培养和加强管理。

①精心选拔。班级干部是为他人服务的，是为大集体服务的，因此要选取那些不仅管理能力强、领导能力强、凝聚力强的，还要能吃苦耐劳、有责任心、有奉献精神、能为他人着想的学生才可以当选为班干部。

②注重培养。班干部经过层层筛选之后，为了更好地协助辅导员的工作，为了更好地为班级服务，开始进行一些技能学习、方法学习、强化学习、实践锻炼等措施来提升班级干部的综合素质，培养使用好学生干部。

通过强化学习、技能培训、方法指导、实践锻炼等措施提升学生干部的综合素质，培养使用好学生干部。

③加强管理。辅导员可以通过制定"班级干部培训手册""班级干部职责手册""班级干部管理条例"等手段，给班级干部提供一个可以锻炼的平台，让他们有一个施展自己能力的空间，打造出凝聚力更强、战斗力更强的班级干部队伍。

（2）对奖助贷的管理。奖助贷指的是国家奖学金、专项奖学金、三好学生、优秀学生干部、和助学金、助学贷款、勤工助学、困难补助。前四个的对象是对所有优秀大学生的奖励，后四个的对象是家庭经济困难的大学生。

①评优评先。国家奖学金、专项奖学金、三好学生、优秀学生干部的评优评先直接与大学生的个人利益有着紧密的关联，对培养大学生学习的激情有着不可小看的作用。辅导员在进行评优评先工作时要秉着公平公正的原则，否则后果不堪设想。

②贫困生补助。助学金、助学贷款、勤工助学、困难补助是对家庭经济困难学生的奖励和鼓励，对帮助贫困大学生能够顺利地完成学业起着十分重要的作用。辅导员在进行贫困生工作时，要按照国家规定的相关条例严格做好贫困生的筛选工作，要做到公平公正。

3. 辅导员课程化地对学生进行关于课外活动方面的教育

除去大学生在教室里进行的课堂学习活动以外，剩下的也就是我们所说的课外活动了，课堂以外的活动均称为课外活动。课外活动有着促进学生健康成长、锻炼交往水平、培养组织能力、提高综合素质、丰富大学生的课余生活的优点。接下来要说的课外活动包含：社团活动、生活区活动、文体活动、勤工助学活动以及社会实践活动。对于上述那些有益身心健康的活动，既要鼓励大学生参加，又要有一定的管理。

（1）对于社团活动的管理。学校的社团活动虽然是由学校各个团组织和社团联合主办的，对于社团活动的管理，辅导员也发挥着十分重要的作用。辅导员对于学生社团活动的方向是不是积极的，程序是不是齐全的，质量是不是过关的这些一定要进行严格的把关。

（2）对于生活园区活动的管理。生活园区活动指的是除了在学校里面进行班级活动之外，仍在学校里举行的活动。生活园区活动也是由辅导员组织管理的。辅导员通过组织积极向上的各种各样的生活园区活动，为大家塑造一个良好的生活环境，为大家提供更优质的服务。

（3）对于文体活动的管理。文体活动分为文娱活动和体育活动两种。文娱活动指的是为了丰富学生的业余生活而举行的活动，体育活动指的是为了使学生劳逸结合而开的一门正式的运动课。

①对于文娱活动的管理。

首先,加强文娱活动的组织、策划和指导等方面的工作,开展丰富多彩、积极向上、健康的文娱活动。

其次,让大学生通过参加文娱活动来帮助他们提高陶冶情操的能力、培养健康情趣、树立正确的观念。

最后,要坚决抵制各种低级无趣、不健康有害大学生身心健康的活动。

②对于体育活动的管理。

其一,为了增强大学生身体体质,为每一位大学生建立起属于他们自己的健康档案,应有针对性地对每一位大学生进行不同的健康教育,使每一位大学生都能成长的很健康。

其二,对于体育课和课外活动的管理,通过每次体育课都要进行签到、对体育课也进行考试等方式来增强管理,使体育课和课外活动发挥到它们应有的作用。

(4) 对勤工助学活动的管理。针对大学生勤工助学活动中遇到的问题,辅导员要及时地给予解决。这样更有利于大学生勤工助学活动的顺利进行,从而有利于大学生的健康成长。

(5) 对于社会实践活动的管理。社会实践活动指的是大学生利用节假日进行的作为志愿者为他人服务的活动、到校外进行的专业实习、为训练学生的某项机能而举行的校外实践活动。对于社会实践活动的管理要从以下几个方面做起。

①全方位地开展,人人参加。

②周密地计划,用心地组织。

③目标明了,原则的坚持。

④认真地总结,加强交流。

第二节 高校辅导员的角色定位

随着大学生思想变化的多样性,高校辅导员的角色定位由原来的大学生思想教育工作,逐步发展成对大学生管理、教育、服务等多项工作。

一、推动者、指挥者和促进者

（一）推动者

针对全国高校学生思想政治教育这个问题，习近平（2016年12月）在会议上特别提到："我国高等教育肩负着培养德智体美全面发展的社会主义事业建设者和接班人的重大任务，必须坚持正确政治方向。高校立身之本在于立德树人。只有培养出一流人才的高校，才能够成为世界一流大学。办好我国高校，办出世界一流大学，必须牢牢抓住全面提高人才培养能力这个核心点。"这是告诉我国的高校学生的思想政治教育和高校的根本任务发生变化。也就是说，之前我国的高校注重人才的培养，培养高技能的人才。而现在我国高校注重学生的全面发展，注重培养全面发展的高素质人才，更加注重对人身心的培养。随着社会的不断发展变化，对我国的高等教育也提出了人的任务，对我国高校学生的思想政治教育也有了新的要求。

作为高校学生思想政治教育的辅导员必须做好我国文化的传承工作，为传承我国的文化起到一个带头的作用。例如，让大学生定期的走向街头宣传我国的传统文化，为我国文化的宣传起到一个带头作用，让我国的传统文化深入人心。抓住大学生的思想倾向性，让大学生对于参加到我国文化的传承工作感到荣幸和开心。辅导员要善于利用学生这个大群体，通过各种的方式让学生主动地去学习和传承我国的文化。

（二）指挥者

由于高校学生的思想政治教育工作具有涉及各方各面、烦琐性等的特点。因此，可以把思想政治教育比作一项庞大的工程。辅导员作为高校学生的思想政治教育工作的直接实施者，由于他们既要带领班主任从不同方面对大学生展开日常思想政治教育，具体到与大学生思想政治教育有关联的每一个具体的工作事项，还要领导学生建设党支部和班委会等其他的工作。假如关于上述的每项工作，辅导员都要亲自参与恐怕是不可能的。这个时候辅导员不能对任何事都要亲力亲为，而是要作为一个指挥者，指挥大家做事，这样才能提高做事的效率。例如，为了传承我国某一传统文化而需要举行一个活动，这个时候，辅导员就可以发挥其指挥者的作用，给学生提供一些指导性的建议，然后让各班学生自己组织材料和布置活动场地，让每个学生亲力亲为的参与其中。对学生进行积极的引导，调动大家的积极性使每个学生都参与到其中，这样开展的思想政治教育工作才更有效果。

（三）促进者

现如今，我国高等院校相对来说比较安定，这为我国高等教育事业的顺利创造了有利条件，也为和谐社会的稳定发展做出了贡献。但是，我们也应该看到，当前高校还存在很多不稳定的因素。辅导员工作的对象是高校学生，为他们随时掌握学生的信息提供了方便，在知道了学生的情况之后，可以第一时间对学生进行心理上的疏导，从而让学生不带任何心理负担地去学习和生活，促进校园的和谐。辅导员对于日常的工作要加强管理，让学生干部充分发挥他们的作用并与专业教师时刻保持紧密的联系，通过各种方式与渠道掌握学生信息和动态。例如，在每个寝室里挑选出一个责任心比较强的同学作为一个负责人，观察自己寝室同学的日常行为，尤其是异常的举动，然后汇报给班长，班长再汇总给辅导员，最后辅导员找人给这些有异常举动的同学进行心理上的疏导，以防一些危险的事情发生。对危机和问题做到早发现、早解决，防患于未然。辅导员为了提高自身的各方面协调运用的能力、遇到突发事件随机应变的能力，需要掌握一些基础的心理学常识、关于日常生活的法律常识、关于日常人身安全的常识。只有这样才能在遇到突发事件时临危不乱，同时正确的处理问题。

二、人生导师

接下来论述的是辅导员作为政治引路人、文明引导者、灵魂工程师的身份来引导高校大学生开展思想政治、倡导高校大学生讲文明、培养高校大学生正确三观的工作。

（一）政治引路人

大学生是国家的希望，民族的未来，所以对于国家和民族来说大学生是特殊的人，最重要的人。为此要对他们进行思想政治教育来把他们的思想政治素质给提高，从而把他们培养成国家和民族需要的人才，用来建设祖国的未来和引导国家未来发展的领导人。在那个国际竞争进行得如火如荼的时代，我国为了不落后其他国家，开始采取了一系列的措施，其中包括科教兴国和人才强国战略在全国各个范围内的实行。到目前为止，我国不管是经济体制还是政治体制都在不断地发展，社会生活也因此发生了很大的变化，同时也出现了很多突发情况和很多新的现象，特别是思想文化这一块也发生了很大的变化。大学生的思想也多多少少的受到了影响。为了防止对大学生造成过多的影响，我们必须采取一定的措施。例如，让一个班级的学生为自己组织关于学生思想政治教育的活动，让学生轮流主持这样的活动。辅导员要及时了解和掌握学生思想政治状况，运用习近平新时代中国特色社会主义思想、"三个代表"重要思想和科学发展观、邓小平理论及马克思主义的基本原理来提高大学生认识全新的世界能力、全面了解社会的能力、辨别是非的能力，从而提高大学生的政治鉴别能力和语言敏感性能力。让大学生知道中国特色社会主义是在中国共产党领导下实现的，中华民族伟大复兴也需要中国共产党领导，实现共同理想。

（二）文明引导者

在当今社会，精神、政治、生态、物质这几方面的文明的发展是相互影响的，大学生的一举一动都代表着国家的形象，因此要求作为国家形象的代表人——大学生比之前更要注意自己形象和提高文明素质。总体上看，当代大学具有较强的社会公德意识和社会责任感，能够遵守公共秩序，爱护公共财产，讲究公共卫生，尊重他人。但发生在大学校园和大学生身上的一些不文明现象却令人担忧。例如，部分大学生对教室里的桌子不爱惜，在座位下随意丢垃圾，在图书馆藏书上为了便于作记录而进行的随意折叠、乱涂乱写，上课用手机听歌、看视频、聊天，在公共场合大声喧哗，还有极少数大学生整天沉迷网络游戏导致白天没有精神上课，考试挂科，久而久之的荒废学业，观看不健康的书籍，浏览不文明、不健康的网页，观看和传播黄色视频，谣传一些与社会相违背的信息与随意捏造的言论，等等。为了减少上述事件的发生，甚至是不发生，在每周一次的班会上，着重讲述上面的那些不好的事例。情况严重者适当扣学分。大学生作为国家形象的代表，文明的引导者、传播者，辅导员要亲自教导他们不但要有鲜明的政治立场、正确的政治方向、坚定的信念、敏锐的政治眼光，以及正确的三观（世界观、人生观和价值观），还要以身作则、坚持原则、品行端正、言行一致。通过不断地开展文明修身、精神文明创建、法治教育、安全纪律教育等活动来对大学生社会主义荣辱观教育进行加强，规范大学生的一言一行，让他们成为国家文明的传导者。让大学生知道有了品行才有了德行，有了德行才能够成为对国家有用的人才。

（三）灵魂工程师

大学生在大学的这段时间里有着比较敏感、好奇心比较重，也比较容易冲动的特点，这个时期可塑造比较大。因此大学期间是大学生的三观

（世界观、人生观、价值观）形成和变化的重要阶段。实践证明，大学生思想政治教育工作支配和引导着他们的理想和信念，会帮助他们形成坚定的信念对他们今后的人生奋斗和不懈追求产生深远的影响。辅导员在这一时期的角色是非常重要的，充当的是教育者和引导者。在学生的专业课上，辅导员虽然没有其他专业老师发挥的作用大。但在学生的德智体美全面发展上担任着重要的角色，有着培养学生正确的三观（世界观、人生观、价值观）的重任。辅导员充当塑造学生灵魂的工程师，这就暗示着辅导员必须用自己现有的知识，丰富的生活经验以及人生的感想感悟来引导学生学会做人做事，做一个符合国家要求的社会主义的接班人。例如，让学生每隔一段时间集体观看一些培养正确的三观（世界观、人生观、价值观）的影片。

三、知心朋友

接下来论述的是辅导员充当指导师、培育者、人生导师的身份来为高校大学生的职业发展、心理健康、健康成长道路服务的内容。

（一）大学生职业发展的指导师

辅导员积极地做好关于大学生步入社会时所从事工作的发展教育。这既是大学生全面发展的必要需求也是大学生健康成长的必要需求；高等教育学校为了对人才的培养进行专门化而推行了一种模式，为了让大学生的思想教育跟上时代的步伐，高等教育学校开始了对大学生进行全面素质的教育。为了祖国的发展，民族的未来，辅导员应该努力把自己的专业素质提升上去，把辅导员职业生涯的发展理论掌握牢固，不光要对大学生个体的辅导要熟悉，也要对大学生群体的辅导熟悉，掌握一些关于咨询的技能，从而对大学生的心理等有关问题进行测评和诊断，还要对一些职业道德素养和相关的法律知识熟知，最终在大学生进行职业规划的时候能够为他们指导一些方向。辅导员要坚持以学生为中心，树立一切为了学生成才与发展的工作理念，提高职业指导的专业化水平；始终把市场要求方面作为人才指向，随着社会不断的发展变化，政治经济和现在的社会对人才类型的需要也在不断地发展变化，现在社会需要什么样的人才，就进行现代社会所需类型的职业引导；始终本着为学生服务的目的，通过为学生找工作和引导工作做服务，为学生踏入社会想要从事的工作类型的规划提前做好充分的准备；坚持以教育为目标，将职业发展教育作为人生指导的一部分，贯穿大学教育的始终。在刚开始的时候，要帮助学生更进一步的自我了解，从而找到适合自己学习的方法和技巧；在对自我有了一定了解的时候，要开始帮助学生自我延伸，培养学生强烈责任感和对自我天生属性的寻找与实现，做对社会有用、对家庭有用的人才，能有正确解决社会和家庭问题的观念和对事业正确的看法与对工作良好的态度；在最后的时候，要帮助学生不断地发展，根据社会对人才需求的实际情况拥有正确的择业观、职业观、创业观。

（二）大学生心理健康的培育者

随着社会的不断发展，大学生的心理也在不断地发展变化，因此大学生心理健康教育也应该不断的发展变化。要想大学生健康的成长为整体性非常高的高素质的人才，对大学生进行适合当前大学生心理健康的教育是大学生思想政治教育的一项非常重要的任务。这项工作是辅导员执行的，因此辅导员具有十分重要的作用。要努力成为大学生心理健康的培育者，加强对大学生心理健康教育的研究，增强心理健康教育工作的科学性、针对性和实效性。主动接受心理健康教育的专业培训，掌握与学生沟通、疏导学生心理问题的心理辅导理论和有效方法。注重工作方法和工作艺术，遵循思想政治教育和大学生心理发展规律。辅导员要想做好这个工作，必须从以下几个方面做起。

（1）要始终把关于心理的一些健康的教育和关于思想的一些积极的教育紧密的关联到一起，帮助大学生提高他们心理素质问题，也可以帮助他们培养乐观向上的人生态度。

（2）始终把关于所有学生坐在一起进行的教育和单独的对个别学生的教育紧密的关联到一起。对全体大学生作为对象的教育要开展，对个别特殊情况的学生也要进行个别的心理教育和询问的教育。

（3）始终把在上课时间进行的教育和课外时间举行的活动紧密联系在一起，既要通过课堂时间讲述关于心理健康知识的教育，又要让大学生参加那些有助于锻炼人的意志的课外的文娱和体育活动，不断地提高大学生的心理健康。

（4）要始终把辅导员对自己的教育和自我教育紧密联系在一起，这样辅导员的引导作用被充分地发挥出来了，学生的积极性和主动性也被调动了，为培养大学生的心理适应能力起到了一定的作用。

（5）要始终把解决心理问题和解决实际问题紧密联系在到一起，这样对大学生的心理健康教育有一定的加强作用，又对大学生办有益的事、办实实在在的事提供了一定的帮助。

（6）要始终把发展性和防止学生出现心理健康而进行的心理健康教育

紧密联系在一起，主要采用的都是正面的教育，运用各种各样的教育方式，进行行之有效的教育。

（三）大学生健康成长道路的人生导师

辅导员比大学生早踏入社会，所以拥有的人生经历比在校大学生更加的丰富多彩。由于辅导员比在校大学生大不了很多，加上对大学生的心理特征又是比较的理解，所以他们在一起能够更好地谈心，更好的称为朋友。成了朋友，和他们一起成长，才能更好地知道他们成长的道路上会遇到哪些难题和疑虑以及他们当时心里的想法，当时的做法。只有认真全面地了解了那些问题，才能正确地引导大学生解决成长过程中遇到的难题，以防他们走向弯路。辅导员想要更好地做好大学生的人生导师，就应该注意下面的几点。

（1）变换身份。辅导员应该摒弃之前作为教育者的身份，这个时候化身为服务者，关心学生，爱护学生，如朋友般的进行地位平等的沟通。

（2）为人师表。要做好老师的样子，有着风趣幽默的谈吐，积极向上的乐观的心态，丰富多彩的人生阅历。

（3）拥有爱心。辅导员所要从事的工作对象是当代大学生，是有感情的生物，因此时刻需要关爱。辅导员应该把这份爱心在学生中传播开来，使校园里到处充满爱的生机。

（4）要有耐心。学生是发展中的人，是不成熟的，不完美的，不能对他们提出太苛刻的要求。当他们犯错误时，要对他们有耐心说教。

（5）要细心。大学生作为国家的希望，民族的未来，每个人的生长都是相当重要的。因此，辅导员要留心和更细心的观察每个大学生在成长过程中出现的问题，及时地帮助他们解决。

第三节　高校辅导员的专业化与职业化

一、高校辅导员的专业化

高校辅导员专业化指的是通过一些特意做培训的公司，给辅导员专门制定一系列的课程为他们做一些专业知识和专业技能的培训，使他们的专业知识和专业技能得到一定的提高和升华，从而可以把他们的专业道德给表现出来，学术地位也能够得到一定的提高，让社会对他们更加认可从而可以提高他们的社会地位。高校辅导员的专业化主要体现在以下几个方面：辅导员队伍在发展的过程中能够学习到比较强的专业素养，拥有一些对大学生进行专门培养的制度和对大学生怎样管理的一些制度，让辅导员的特色专门凸显出来，给其他的职业比起来明显得不一样，在社会上有着特别平稳和固定的地位；对高校辅导员进行专门培训的目的是为了发挥辅导员专业特色能够更好地为以后的工作服务，到最后能够把辅导员的学术和在社会上的威望给提高到一定的水平。

因为辅导员这个称呼既可以说是一个辅导员，也可以说是关于辅导员的整个群体，因此高校辅导员专业化既说的是辅导员作为辅导员整个群体的个体拥有的专业特色不断升高的过程，也指辅导员作为一个群体为了辅导员这个群体在社会上的地位有一定的提高而进行努力的过程。

辅导员作为个体指的是辅导员个人的专业特色，辅导员作为一个群体是指辅导员对工作的称呼专业化。辅导员个体专业化指辅导员在整个专业生涯中，通过成为辅导员之前、开始打算成为辅导员、在成为辅导员之后进行一系列的关于高校辅导员职业的一些专门训练，要想从一个职场小白到一个各项技能都具备的合格的辅导员，就要经历这一系列的过程。所谓的辅导员职业专业化，指的就是辅导员的这个群体的专业化必须得到一定的发展，也必须做出一些成绩让社会对他们认可。国际上有名的教育社会学者霍伊尔（E. Hoyle）曾经说过，"职业专业化是指一个职业（群体）经过一段时间后成功地满足某一专业职业标准过程"；"它涉及两个一般是同时进行并可独立变化的过程，也就是作为地位改善的专业化和作为专业发展、专业知识提高以及专业时间中技术改进的专业化"。因而，辅导员作为一个群体随着专业化不断地发展，不断地进步，最后一定会迈进辅导员职业专业化。"辅导员专业化"是由"辅导员个体专业化"和"辅导员职业专业化"共同组合而形成的，两者关系也是密切而不可以分割的，两者对辅导员专业化来说都非常重要，缺一不可。也就是说没有辅导员的专业化，辅导员个体的专业化是无论如何也构不成辅导员职业专业化的；没有了辅导员个体的专业化，辅导员专业化也是无论如何都不能构成辅导员职业专业化的。辅导员个体专业化也就是说作为辅导员的个体是一个群体的个体，也就是基础，只有每个个体都具备专业化了才可以形成辅导员这个团体的专业化，再不断地学习，不断地进步，才能够形成辅导员这个职业的专业化。总而言之，辅导员专业化有两层意思。

第一层，辅导员的专业化就是对组成高校辅导员队伍的个体来说的，让个体的专业知识和专业技能得到不断的提高，从而使个体不断地进步，最终使得个体的专业知识和专业技能得到不断地完善。

第二层，高校辅导员作为一个群体，辅导员专业化是指高校辅导员所在的群体所做的工作由普通的工作向具体专业化的工作关于专业知识、专业素养方面的不断发展、不断进步，不断完善的整个过程。

实现辅导员工作的专门化、专家化、科学化是辅导员专业化的最根本性的要求。

辅导员专门化的基本内涵是辅导员这个工作不是任何人都能够胜任的，它有着不同于一般的工作的特殊要求。要想从事这个工作必须有从业资格证，各方面的素质也要合格，还要有一定的经验和人生阅历，还有经过一系列的关于专业知识、专业技能的专门培训才能够走马上任。

辅导员专家化也有两层意思。

第一层，是指辅导员的基本职责客观上需要有一批对高校大学生的工作理论和规律了解的比较熟悉和透彻，还要拥有丰富多彩经验和具有较高教育艺术的像专家一样的辅导员。

第二层，指辅导员能够像其他专业教师一样在高校具有把高校大学生培养成专家，同时为培养成专家提供一定的环境和条件。

辅导员科学化的基本内涵就是辅导员必须承认、认可并尊重辅导员工作及其内在规律，实事求是地办事。

经过上述论述，我们明确了高校辅导员专业化在本质上是一种动态的发展过程，是一个贯穿从业者成为辅导员之前、开始打算成为辅导员、在成为辅导员之后进行一系列的专业培训的连续过程，为此，在教育和社会环境的互动过程中，辅导员时时刻刻需要不断调整并提高自己的专业知识、价值取向、专业思想以及专业技能，从而表现出与特定职业发展阶段相适应的角色行为。

二、高校辅导员的职业化

高校辅导员职业化指的是根据社会分配工作的不同标准和相对应的所从事的工作的不同标准，不断提升辅导员工作的关于职业的品形和职业的地位，把辅导员这份工作变成一种有平稳固定的特点，可以长时间甚至一辈子可以做的工作是辅导员队伍具有广博厚实的职业知识和职业技能。把辅导员职业作为职业生涯、终生人力资本投资的事业来看待，有相应的职业培训机构和职业标准保障制度，有专门的培训机构对从事辅导员这个工作的人员进行审核是否具有胜任这份工作的能力，符合要求给予录用之后，再对其进行一系列的专业的培训，然后国家给予一定的社会地位和经济地位；最终的目标是把辅导员这个大群体塑造成一支具有很强的职业化行为规范、专业化技能、职业化素养辅导员队伍。

辅导员职业化有关于辅导员工作的几方面的本质的要求，主要有稳定性、连续性、职业认同性、长期性和社会化，具体的介绍如下。

辅导员工作的稳定性指辅导员的这份工作被社会上的大部分人承认，接受并给予肯定的态度才能够得到稳定的发展。

辅导员工作的长期性主要是指是不是可以长期的从事这个工作，是否这个职业能够在社会上长期存在，因为有很多的人愿意把这份工作当作终生的事业或者养家糊口的主要经济来源，甚至是唯一来源。因此，他们希望辅导员这个工作能够在社会上一直相安无事地存在着。这也就暗示着辅导员工作不是短期的，不稳定的工作。

所谓辅导员工作的连续性，指的是一方面辅导员这个工作必须积累一些生活经验，另一方面辅导员自己也要有之前对工作的不熟悉不了解，现在也要开始熟悉了解，从而可以对这个工作适应，最终承担辅导员的一切职责开始为国家培养人才的整个过程。

所谓的辅导员工作的职业认同性，指的是先开始适应辅导员这个工作，然后慢慢熟悉整个工作流程，学期结束时对这一学期工作的检查，也就是考核，再过一段时间，开始申请晋级等一系列的过程，这整个过程都要按照辅导员职业资格的标准来执行。

所谓的辅导员工作的社会化，指的是高校辅导员这个身份是社会所授予的。

高校辅导员职业化，也就是说辅导员不像之前那样在高校里面只是一个工作岗位，也不再是一个个体或一个群体了，而是社会上的一个专门的职业，也就是说辅导员队伍要以一种新的形式在社会立足，也就是从事辅导员工作的群体有了荣誉感，受到了社会的认可了。

站在长远的角度来看问题，关于专职辅导员的工作地点和工作对象可能不仅仅是高等院校和在校大学生了，也就是说辅导员不光可以在学校工作对在校大学生进行思想教育、健康指导等，还可以走出校门对做其他工作的员工进行一些培训工作。由于辅导员的工作地点和工作内容得到了不断的变化，从而和学校及社会形成了一个流动性群体，社会对其职业更加认可，最终把辅导员队伍的稳定性问题从根源上解决了。

总的来说，所谓的辅导员职业化，指的是社会对辅导员这个岗位一种认可度，通过采取一系列的措施把辅导员的职业形象提升上去，把职业道德和专业技能提高上去，把从业标准也给固化，为了达到其他的任何一个职业都不能把辅导这个职业给替代的效果，让国家觉得没有辅导员这个行业是万万不行的，从而使辅导员这个职业拥有较高的职业声望。对于每个从事辅导员的个人来说，辅导员的职业化说白了就是：你要担任这个学校的辅导员，首先对这个学校的文化认可和接受，也要求很快地适应这个学校文化，把自己个人未来的关于专业方面的发展和学校以后的发展紧密地结合起来，并把未来学校的发展目标转化为自己作为辅导员这一职业的目标，把它作为自己能够得到不断发展的动力，充分发挥高校辅导员队伍的整体作用效果，把高校学生的工作有安排的开展并且行之有效。

三、高校辅导员专业化与职业化的联系

要想辅导员队伍建设得更好，就需要从两个方面入手，那就是高校辅导员的专业化和高校辅导员的职业化。这两个方面也不是完全不同的，也是有一点相通的地方的。所谓的辅导员职业化，指的是那些想要从事辅导员职业的人群要想很长时间甚至是一辈子能够从事这个工作那么就要求其门槛比较高，并且成为辅导员之后不要认为万事大吉了，还要一直不断地学习把自己的专业知识和专业水平给提高上去以此更好地为这个社会服务。而不断地提高辅导员专业水平，也会让社会认为辅导员这个职业不是谁想从事就从事的，它拥有着很高的门槛，从而使得辅导员这个职业可以长期稳定存在。

随着社会的不断发展，为了跟随社会的步伐，关于我国高校辅导员的专业化和职业化不应该停止不前，应该不断发展和进步，在发展和进步的同时，我国高校辅导员的专业化和职业化都要有自己发展的重点，从而形成自己的特色。高校辅导员工作的专业化重点是把辅导员个体和群体的专业化水平给提高上去，而高校辅导员工作的职业化重点就是把高校辅导员工作的社会独立性做出了强调。通过发展高校辅导员工作的专业化，也就是不断发展辅导员的专业理论、专业知识和专业能力，从而可以把辅导员的专业水平给提高上去；通过发展高校辅导员工作的职业化，把辅导员工作打造成一支队伍其特色就是既和平又稳固，从而可以使辅导员这份职业变得稳定很长时间甚至是一辈子都可以从事的工作，抛弃辅导员行政性和业余等的弊端，使其公平化、专业化，提高辅导员这份工作在社会的认可度和声望度，使其变得更加规范和独立。

辅导员专业化要融入辅导员职业化中，为辅导员职业化服务，辅导员职业经过不断的发展慢慢成熟起来，最终使其符合辅导员的专业标准，使辅导员的工作成为一个专门职业，任何其他行业都替代不了。所以，把辅导员应该具有的专业技能和专业水平的标准来培训他们，直到成为一个合格的辅导员，从而打造出一支合格的辅导员队伍；并且根据职业化的要求

来完成所要完成的任务。

总而言之，辅导员职业的最基础的前提条件和必须的条件是辅导员的专业，辅导员职业化的内在动力和基本保障也是辅导员的专业。首都师范大学王树荫教授这样描述辅导员专业与辅导员职业、辅导员专业化与职业化的关系："专业（即学科）—职业（即工作）—专业化（即工作专门化）—职业化（即事业）—专家队伍（即专家队伍）"。高校辅导员工作不仅专业性和科学性很强，而且其综合性和实践性也很强，只有经过一些专业知识、专业技能的培训（或者胜任辅导员一职之前进行专门的培训）之后，才可以从事辅导员（工作对象是高校大学生）的工作；经过工作实践锻炼和继续教育，辅导员工作业务逐步专门化；随着职业资格的真正具备（内容而不是形式）和职业理想养成，一部分辅导员把辅导员这一职业作为很长时间甚至是一辈子要做的具有专业性要求的事业，逐步走上了职业化道路，并在职业化的基础上进一步专家化。即在全面履行辅导员工职责的基础上，了解现代社会需要什么样的人才，关于高校大学生各个方面的发展，辅导员都要经过具有科学性的考察，合情合理的策划。朝着辅导员专业发展的方向努力，把自己打造成拥有丰富工作理论和实践经验的专家型的辅导员。

四、高校辅导员专业化与职业化的含义与延伸

高校辅导员的专业化与职业化随着社会的不断发展，其含有的文化内涵也发生了变化。高校辅导员的专业化与职业化的实质是：基本的特征是辅导员这一职业的长期性和稳定性；基本要求是教育的专业性、科学性；基本目标是提高辅导员工作效率；使辅导员逐步走向专业化、职业化和特定专业的发展趋向和过程。

关于高校辅导员专业化与职业化的含义与延伸，主要从体系完备的专业知识结构和专业技能、具有专业精神和职业伦理、具有专业职责和权力，形成专业自我、具备健全的法律法规制度、设立专门的培养培训机构、建立专业团体组织、建立专门的职业能力测验和测试机构这七个方面展开具体的工作。

（一）体系完备的专业知识结构和专业技能

高校辅导员工作的专业化与职业化，要求辅导员必须接受专门具有学生工作必需的专业知识和专业技能的专业教育培训，如果不进行培训就不可能形成专业，要有相关学科的建设才能连续发展。

辅导员专业化与职业化的知识基础是全面的专业知识结构。因为辅导员的工作不是一份简单的单一的工作，是一份关联多个方面的复杂性的工作，工作中会涉及许多方面的学科知识在辅导员的工作中都会被牵涉到。辅导员必须通过严格训练和终身学习，不断实践和总结，提升专业理论，具有丰富的社会学、心理学、教育学、组织行为学、管理学等学科的专业知识，为学生提供学习、生活、就业、心理等多方面的帮助和服务。专业技能如演讲沟通能力、调查研究能力、组织协调能力、文字表达能力等都是辅导员工作水平专业化、职业化的直接体现，通过观察辅导员工作水平专业化、职业化就可以看出一个辅导员是不是专业的。

（二）具有专业精神和职业伦理

辅导员在思想上把辅导员工作当作一项专门的事业来对待，树立育人成才的专业理想和专业信念，由此能够引导专业行动，这就是辅导员的专业精神。在学生的人生道路上给予正确的指导，从而使得每名在校大学生都能够健康成长。

不管是对于辅导员队伍的专业化发展来说，还是对于辅导员职业化发展来说，其本质和最明显的表现就是职业伦理，职业伦理的组成部分不光有从事辅导员的职业道德，也有从事辅导员的职业意识，还有从事辅导员的职业心态。在从事辅导员这一行业一定要遵守的道德规范和行为准则就是职业道德。职业道德的组成部分不光有乐于奉献和团结协作及诚实守信，也有爱岗敬业和承担责任，还有公正公平和追求卓越。所谓的职业意识，指的是辅导员对自己从事辅导员一职有何感悟，有没有什么好的关于这一职业的情感，以及一些好的优秀品质。在当今这个社会来说，辅导员的职业意识不光包括奉献意识、敬业意识，也包括实践意识、竞争与合作意识，还包括创新意识、学习意识。

（三）具有专业职责和权力，形成专业自我

辅导员专业化、职业化发展受到重要阻碍的原因是没有明确辅导员各个岗位的职业责任、在用其权力办事时受到阻碍。因此，为了实现辅导员的专业化与职业化的发展，必须把没有明确辅导员各个岗位的职业责任、在用其权利的办事时受到的阻碍这两个问题给解决好。什么是辅导员的专业职责？其实就是指辅导员的工作范围和责任范围。一个专业当具有专门的、其他专业无法替代的服务领域，才是一个专业成熟的标志。辅导员的专业化与职业化标志着辅导员工作是一个独立的、自成体系的职业领域，所以，需要明确辅导员的职能定位、岗位职责以及行为规范准则，这不仅

体现了工作职能的专业化,而且有利于明确辅导员工作的目的性和方向性,为辅导员的专业化发展扫清事务性障碍。到底什么是辅导员的专业权力,其实质就是指辅导员在其所工作的范围内,应该具有相对独立、自主的发言权和处理事务的权力,防止其他不是专门从事辅导员工作的部门和人员对其进行干扰。这样,辅导员就能够在职业生活中创造并体现符合自己志趣、能力与个性的独特的工作方式以及在职业生活中形成知识、观念、价值体系与工作风格,最终树立风格独特、理念清新、行为高效的专业自我的地位。专业自我是辅导员职业走向成熟、最终形成专业化特色的标志。

(四) 具备健全的法律法规制度

社会上任何一个关于行业的发展都有对应的法律法规作制度保护其行业的权益。那么高校辅导员的专业化与职业化发展,也必须有对应的法律法规提供政策和制度保障保护高校辅导员的专业化与职业化发展的权益。制定关于辅导员的考核制度、激励制度、选留制度、保障制度和培训制度等相关的一整套严格规范的制度,才能对辅导员进行规范化管理,进而推动辅导员发展。

(五) 设立专门的培训机构

高校辅导员的专业化中最重要就是专业教育和训练。所以,设立专门的教育培训机构,建立包括胜任辅导员一职前的相关培训、关于辅导员日常工作的培训、关于辅导员专业化培训、关于辅导员某一方面的培训、包含学历学位培养等一整套的教育培训体系,有利于加快辅导员专业化发展。辅导员专业化内容包括心理咨询、就业指导、职业生涯规划、教育管理方法的掌握和运用,还有相关政策的理解和执行能力等,以此体现教育、管理和服务的专业化。

(六) 建立专业团体组织

为了使辅导员队伍从业人员的职业活动更规范,为了协调辅导员职业与社会其他方面的利害关系,更主要的是为了让社会给予维护辅导员职业团体的更高的威望,这个时候就需要建立社会化的专业团体组织,比如辅导员协会。建立辅导员专业团体组织有两大好处。

其一,通过制定职业道德章程、守则、规范乃至职业誓词等,约束、规范和维护辅导员群体行为,强化辅导员个人以及团体的责任感。

其二,可以在辅导员业务工作研究、培训、培养、交流方面发挥重要作用，提升辅导员队伍的专业素养，提高专业地位。

（七）建立专门的职业能力测验和测试机构

辅导员的专业和职业是不是够专业和职业不是由某个人来说的，而是应该进行考核和测定，并且要有严格的认证制度。因此，需要建立专门的职业能力测验和测试机构对辅导员的专业和职业进行考核和测定，研究和分析辅导员职业的基本能力要求，设计能够客观反映这些能力的测验内容的试题和测试手段，对辅导员是否具有专业素质进行专业证明，推行辅导员职业资格制度，对实现职业认定的专业化并实施职业化管理有重要的意义。

第四节 我国高校辅导员队伍建设的特点

我国高校辅导员队伍建设的特点主要体现在：随着国内外政治、经济、文化的发展变化而变化，工作内容不断发展和丰富，待遇和职业形象不断提升这三个方面，接下来对它们展开详细的阐述。

一、随着国内外政治、经济、文化的发展变化而变化

从社会主义建设初期一直到现在，关于社会主义的建设从来没有顺顺利利地进行，高等教育的发展也是一路坎坷。高校辅导员是高等教育的一分子，辅导员制度的发展时时刻刻与我国经济、文化尤其是政治生活的发展有着十分密切的关系，其发展与时代背景息息相关。

在社会主义建设的前几年，国家特别注重政治的重要性是为了稳固国家新出台的政策，使其不被动摇。"文化大革命"时期，为了进行革命而听课，有着过分看重政治化、滥用政治化的趋势。20世纪80年代特别着重提出把经济建设作为社会发展的核心，有着轻视政治化的趋势。20世纪90年代以后，开始出现了各种各样的思想意识形态。一直到了21世纪，国家才提出"和谐发展，全面建设小康社会"的口号。随着时代的不断发展，高校辅导员队伍建设也发生了不断地变化。

二、工作内容不断变化和丰富

新中国成立初期，辅导员的工作基本上是围绕政治进行的工作，是为

国家的政治服务。到了20世纪80年代，辅导员工作由之前的整治工作转变为基本围绕专业知识和基本技能为中心的工作，为学校的科研进步和发展服务的。到了20世纪90年代，随着品德教育这门学科的出现和提出的素质教育，辅导员的工作由专业知识和基本技能为中心的工作转变为学生全面发展服务的工作。直到现在，辅导员的工作内容又发生了变化，为了迎合为国家培育德智体美全面发展的人才这一历史重任，辅导员开始成为全面为学生服务的服务者。

三、辅导员的待遇和职业形象不断提升

在很久之前，辅导员并不叫作"辅导员"，也没有现在所谓的社会待遇和社会地位。一直到20世纪80年代初期，辅导员才有了一个实质性的身份："既是党的政治工作队伍的一部分，又是师资队伍的一部分"，"担任教学的辅导员可以评聘教师职务，享受同等级别教师和干部的工资福利待遇"，并有了历史来的第一次申明"每月发放一定数量的岗位津贴"。80代后期，给了辅导员更加确切的身份"辅导员是教师队伍的组成部分"，"直接列入教师编制，实行教师职务聘任制"。90年代又有新的发展，"在评定专业技术职务、计算工作量和发放奖酬金等方面给予充分考虑"。一直到了21世纪，关于辅导员队伍的建设开始受到国家的重视，辅导员的地位和待遇才有一定的提升。

1. 辅导员的经济待遇与同级职称专业教师相当

某大学认真贯彻落实国家和省委、省政府关于辅导员待遇相关文件精神，在经济收入方面积极为辅导员创造有利条件。自2003年开始，学校制定并实施了《某大学学生思想政治工作人员酬金发放办法》，按照学校同级职称上岗教师平均教学酬金的标准，为辅导员发放思想政治工作酬金。把辅导员工作课程化模式给彻底真正的采用以后，才真正地是实现了与专业老师一样的地位，与自己同一个级别专业老师的待遇也是一样的，实现了辅导员的收入与本校同级职称专任教师的平均收入水平相当，仅此一项，学校每年专项支出200余万元，每名专职辅导员年收入可增加1万多元。

对于国家关于辅导员待遇相关文件精神、省委关于辅导员待遇相关文件精神以及省政府关于辅导员待遇相关文件精神，我们都要认真地接受并把相关文件精神真正的推行开来，为辅导员创造有利的经济收入。给辅导员发放和学校里面同一级别职称的专业教师同样的思想政治工作酬金，从

而真正地实现辅导员的经济待遇与同级职称专业教师相当的这一步的目标。

2. 辅导员的专业技术职务晋升与教师相同

要想实现辅导员的专业技术职务晋升与教师相同，就要做到：一、努力提高辅导员的地位，尤其是在辅导员职称评聘方面；二、要时时刻刻的把对于辅导员的培养纳入到学校师资培训规划和人才培养计划中，把专职辅导员的进修提高与全校教师进修提高放到一起做共同的规划。要想关于专职辅导员的进修提高能够同全校教师一起做规划这一目标得以实现，就要从以下四个方面做起。

（1）要为大量的专业的辅导员提供提高学历的机会，而鼓励他们读更高一级的在职硕士学位或者博士学位。

（2）通过进行社会实践、岗位轮换培训、基地培训、日常培训、挂职锻炼、学习考察等方式的训练，使得辅导员队伍建设的知识结构和能力结构得以提升。

（3）要特别的支持辅导员开展关于科学研究的工作。

（4）努力提高广大辅导员专业化素质。从而更有利于具有专业化素质的辅导员队伍的形成。

3. 辅导员队伍职业形象好，队伍的吸引力增强

实施辅导员工作课程化模式，使辅导员与专业教师"平起平坐"，地位的提高，收入的增加，使大学辅导员队伍在稳定的基础上不断壮大，辅导员岗位在校内已成为最热门的岗位之一。2年来，某大学有12人从管理干部、教师岗位转入专职辅导员岗位，有140余人主动申请担任兼职辅导员。广大辅导员为从事这一职业感到光荣和自豪，辅导员的工作热情和创造力得到了极大的激发。

辅导员待遇得到了提高，使辅导员的地位与其是同一个等级的专业老师也一样了，相当于地位也提升了。待遇和地位得到了改善，让辅导员对现在所从事的工作更有激情了，也感到特别的骄傲，也进一步吸引着更多的人投身于辅导员的事业中去。

第三章 高校辅导员工作课程化模式

本章主要内容是高校辅导员工作课程化模式，分别高校辅导员工作课程化模式理论与实践基础、高校辅导员工作课程化模式的课程体系以及高校辅导员工作课程化模式的教学运行这三个方面进行论述。

第一节 高校辅导员工作课程化模式理论与实践基础

本节主要从高校辅导员工作课程化模式的理论依据、高校辅导员工作课程化模式的政策依据以及高校辅导员工作课程化模式的内部环境条件这三个方面论述高校辅导员工作课程化模式理论与实践基础。

一、高校辅导员工作课程化模式的理论依据

高校辅导员工作课程化模式的理论依据的内容，具体为高校辅导员工作课程化模式的思想政治教育学依据、高校辅导员工作课程化模式的教育学依据、高校辅导员工作课程化模式的心理学依据、高校辅导员工作课程化模式的管理学依据、高校辅导员工作课程化模式的课程观依据。

（一）高校辅导员工作课程化模式的思想政治教育学依据

在研究高校辅导员工作课程化模式之前，我们首先要对思想政治教育学有所了解，它是在长期的实践中形成并逐渐发展，最终成为一门专业的学科，主要的研究内容就是对人的思想品德进行塑造和规范，以及其中的发展规律。思想政治教育学的研究范围相对较广，主要内容为思想政治的战略地位和社会功能研究、思想政治教育的过程及规律的研究、思想政治教育对象研究、目的、任务、内容和原则的研究。

在思想政治教育学中，在高等院校所进行的思想政治教育实践是非常重要的一个研究领域和组成部分。作为这部分的重要研究者，辅导员的职

责非常重要，他们不仅是思想政治教育的主要践行者，也是大学生思想政治水平提高的主要推动者，他们的实践基础推动了思想政治教育学的发展。而在相关的教学实践中，对辅导员工作课程化的理论起支撑作用的就是与思想政治教育相关的目的论、过程论和方法论等。

1. 思想政治教育目的论为辅导员工作课程化模式提出了方向性要求

思想政治教育的目的[①]是开展各项思想政治教育活动的依据和动力，它为思想政治教育活动指明了方向，同时也是辅导员与学生在教学活动过程中的一种精神力量，并且还可以作为一种标准和依据为思想政治教育活动的顺利进展进行检验和框定。

在思想政治教育的过程中，与其他学科的教育相比存在一个根本性的不同，那就是教育目的，其他学科的教育目的可能仅仅是保证学生掌握某种技能或理论，但思想政治教育的目的则不一样，尤其是对于辅导员来说，其目的并不是单一的，由根本目的和具体目的组成。

所谓的根本目的就是以学生的思想为教育根源，在提高学生思想道德素质的同时，让学生对世界也有一种更加正确的看法，能够做到正确认识世界并对世界进行适当程度的改造，确立自己的目标，并最终为了共产主义的尽快实现付出自己的最大努力。思想政治教育的根本目的是为思想政治教育活动提出了根本性的方向要求，一切思想政治教育活动都必须有利于实现这个根本目的，都必须以根本目的为行为指南，坚持它而不能抛弃它，指向它而不能偏离它。

而思想政治教育的具体目的则要细化很多，它与大学生所接触的其他学科一样，以具体的目标为基准并进行相应的教学过程。

对于任何一名辅导员来说，只有始终坚持思想政治教育的目的指向，帮助大学生树立正确的世界观、人生观、价值观，确立在中国共产党领导下，走中国特色社会主义道路，实现中华民族伟大复兴的共同理想和坚定的信念；帮助大学生养成良好的道德品质，增强大学生克服困难、经受考验、承受挫折能力，提高大学生的思想认识和精神境界。

2. 思想政治教育过程论为辅导员工作课程化模式提供了重要的思想指导

思想政治教育的过程论是思想政治教育学理论体系的核心。思想政治教育过程是一个由多重要素构成，由其内在矛盾推动，并按其内在规律辩

[①] 是指通过思想政治教育活动，在教育对象的思想和行为以及社会生活的有关方面所要达到的一种未来状态。

证发展的过程，有其自身的特点和发展规律。人的思想品德形成发展的过程及规律，思想政治教育的过程及规律，构成了思想政治教育的过程理论。

人的思想品德的形成和发展是人的心理、思想和行为3个子系统共同作用的结果，也是知、情、信、意、行五要素均衡发展的过程。它由外化到内化，受物质环境和精神环境的影响。就其规律而言，人的思想品德是在社会实践的基础上，在主客体因素相互作用、相互协调，主体内在的思想矛盾运动转化的过程中产生、发展和变化的。思想政治教育要在遵循思想品德形成和发展规律的基础上，研究有效的教育方法，施加有目的、有计划、有组织的教育影响，促使受教育者产生内在的思想矛盾运动，从而形成一定社会所期望的思想品德。

（二）高校辅导员工作课程化模式的教育学依据

高校辅导员作为高校教师队伍的重要组成部分，是大学生政治上的引导员、学业上的辅导员、生活中的指导员（图3-1）。

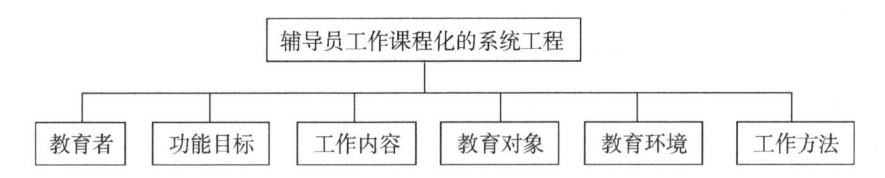

```
            辅导员工作课程化的系统工程
   ┌────┬────┬────┬────┬────┬────┐
  教育者 功能目标 工作内容 教育对象 教育环境 工作方法
```

图3-1　辅导员工作课程化系统工程的组成

在这个过程中，教育学相关理论和原则成为有效指导辅导员工作课程化的重要基石。其核心有以下两个方面。

1. "以人为本，身心全面和谐发展"原则与辅导员工作课程化模式

教育要坚持"以人为本[①]"。人的发展目标一般由以下两部分组成。
（1）就教育所要培养出的人的身心素质做出规定[②]。
（2）就教育所要培养出的人的社会价值做出规定[③]。

因此，以人为本的教育理念，应从自然、社会和人的本质来寻找教育的规律和内容。教育应是顺应人的禀赋，提升人的潜能，完整而全面地关

---

① 就是教育要着眼于人的发展，承认人有巨大的发展潜能，肯定人的价值，确立人的主动性，重视人的能动性、创造性、身心和谐性，并希望通过教育使人得到全面自由的发展。
② 指明受教育者在知识、智力、品德、审美、体质诸方面的发展，以期使受教育者形成某种个性结构。
③ 指明这种人符合什么社会的需要或为什么阶层的立场和利益服务。

照人的发展。随着教育在经济社会发展中的支撑作用日益凸显，教育内容也得以不断扩充。其中，品德高尚应是具有社会主义核心价值观念、道德修养和民主精神，具有高尚精神境界和良好个人品味，具有良好的身体素质、心理素质和社会适应承受能力。学识素养丰富，应该具有广博的、综合性的科学和人文知识技能和文化、思想、活动经验，具有学习能力、解决问题的能力、组织交往协作的能力、自我管理能力等。国际视野是指具有文化自信、平等尊重、差异包容和精神超越的国际理念、国际交往和国际合作能力，具有全球化视野和多元化交流能力。

高校辅导员工作课程化必须坚持以人为本的理念和原则。这既是由大学生发展现状决定的，也是以人为本思想引导的必然结果。

2. 因材施教原则与辅导员工作课程化模式

在所有的教学活动当中，都要遵循一个原则就是因材施教。

因材施教原则是教育中极为重要的原则之一，应该说，没有个性的教育不是真正的教育，因材施教原则要求高校辅导员根据每个学生的个性、特长和发展水平的差异，从学生的实际出发，施以不同的教育内容，使用不同的教育方法，分层次、分个性地教育教学；同时也强调充分发挥学生的主体性和自主性，使每个学生都能得到充分的发展。因材施教原则是实施素质教育、促进学生全面发展的基础。这实际上既是对辅导员的要求，又是辅导员工作课程化的核心特征。

学生在不同的年龄阶段和学习阶段有不同的心理特点，同一年龄段的学生，由于遗传因素、环境条件和所受的教育不同，又会具有不同的个性特点。因此，实施辅导员工作课程化，进行教育教学，首先应该照顾到学生的不同年龄特点和个性特点。

要做到因材施教，开展层次教育，首先要了解学生，研究学生，把对学生的深入了解和研究作为教育学生的前提和手段，使辅导员在今后的教育工作中有的放矢，弥补其薄弱环节，改变其发展不平衡的状况。

综上而言，要促进全体大学生的全面发展，就要坚持因材施教的原则，它既是辅导员工作课程化中的重要的教学原则，又是教育本质的内在规定。

（三）高校辅导员工作课程化模式的心理学依据

心理学是研究人的行为与心理过程的一门学科。它以人为研究对象，既关心人们在各种情境下行为方式的特点与规律，又研究这些外显行为内在的心理过程与规律。因此，它成为所有以人为对象的学科研究与应用的一个重要基础，比如教育、管理、营销等。辅导员作为学生健康成长的知心朋友，要了解学生的心理发展规律和特点，做好学生的心理咨询和辅导工作，其采取课程化形式开展工作必须遵循心理学原理。

1. 掌握学习规律，对学生学习进行正确引导

学习是个体在一定情境下，由于反复的经历而产生的行为或行为潜能的比较持久的变化。

学习的相关理论可分为联结主义的学习理论和认识的学习理论。联结主义的学习理论注重学习中的刺激与行为反应，因此又称为"刺激—反应"理论，而认知的学习理论则注重学习发生的内在机制。

联结主义的学习理论由两个主要的理论构成，即经典性条件作用和操作性条件作用。在操作性条件作用中，行为带来的结果——"强化"是影响学习的主要因素。美国行为主义心理学家斯金纳将强化分为正强化[①]和负强化[②]。除了强化之外，行为还可能带来惩罚，惩罚将降低行为再次出现的概率。大学里设立的各种奖学金，都可视为大学校园里的正强化物，而各种违纪处分都可视为惩罚。操作性条件学习理论为我们提供了一个分析奖罚工作的不同视角，即设立各种奖学金，增加了学生好好学习的行为，对违纪学生施以处分，则有效减少了学生违纪行为。

心理学家班杜拉认为，许多行为是通过观察学习得来的。观察学习是形成社会行为的基础。如用成语来概括，那就是"见贤思齐""言传不如身教"。观察学习是在社会环境中，经过对别人的行为表象及其行为后果的观察而间接学到的。比如，看到别人上课迟到被老师点名很难堪，所以就要求自己不能迟到，这就是观察学习。在观察学习中有两个重要因素，一个是自我规范[③]，另一个是自我增强[④]。辅导员在工作中常常应用这个理论，那就是树立榜样，通过树立各种榜样，让更多的学生了解、观察到优秀者的行为特点而加以学习。

---

① 是指人们的某种行为带来令人愉快的结果，人们通过增加这种行为使得这种令人愉快的结果得到进一步强化。

② 是指人们的某种行为带来令人厌恶的结果，人们通过增加另外某种行为使得这种令人厌恶的结果不再出现。比如"上课点名"可被视为"负强化"：上课迟到会被老师点名，这种点名让迟到者很不舒服，那么迟到者就会增加准时出勤的行为。两种强化都会增加行为再次发生的概率。教师通过对强化方式的不同选择，可以精确地调节学生的行为。

③ 指学习者在模仿别人时，给自己定一个标准，用来自我考量、自我修正。

④ 是指自我规范的结果会让自己很满足，会进一步模仿这种行为，这种心理效应称为自我增强。某个大学生看到其他人每天锻炼很健康，也给自己定下了锻炼计划，这就是自我增强。

2. 了解大学生心理发展规律,对学生进行个性化辅导

人的发展是指人类身心的生长和变化,如同一条蜿蜒的长河,时而激流勇进,时而平静流淌。人的心理发展是人类发展的一个重要部分。研究者们一直在关注:在人的发展的各个阶段,心理是怎么样发展变化的?在社会性方面和认知能力方面各有什么特点?这些发展变化在人的生活、教育和工作中具有怎样的意义?

美国著名心理学家埃里克森将个人的整个发展历程分为八个阶段:婴儿期、儿童早期、学前期、学龄期、青年期、成年早期、成年中期、成年晚期(表 3 – 1)。

表 3 – 1 人发展的八个阶段

阶段	心理危机	发展顺利	发展受阻
婴儿期	对人信赖 VS 不信赖	对人信赖,有安全感	缺乏安全感,焦虑不安
儿童早期	活泼自动 VS 羞怯疑虑	能自我控制,行动有信心	自我怀疑,行动畏首畏尾
学前期	主动自发 VS 退缩内疚	有目的方向,能独立进行	畏惧退缩,无自我价值感
学龄期	勤奋进取 VS 自贬自卑	有求学、做事、待人能力	缺乏生活能力,多失败感
青年期	自我整合 VS 角色混乱	自我概念明确,方向确定	生活缺乏目标,彷徨迷失
成年早期	亲密友爱 VS 孤独疏离	情感满足,奠定事业基础	孤独寂寞,无亲密关系
成年中期	精力充沛 VS 颓废停滞	热爱家庭,培养后代	自我放纵,不顾未来
成年晚期	完美无憾 VS 绝望厌倦	随心所欲,安享天年	悔恨往事,徒然悲叹

埃里克森认为,青年期是发展过程的关键时期。这一时期的青年第一次独立面对人生几乎所有的重大问题:专业学习、职业选择、交友婚姻等,同时还要承载父母高度的期望、同辈的竞争、个人理想的追求等压力,从而表现出多种角色的冲突和不确定性。角色的不确定性导致自我概念和同一性混乱,从而出现埃里克森所说的同一性危机。因此,埃里克森指出,个体进入青年期的发展课题是自我同一性的确立,防止同一性混乱。

对辅导员来说,这个理论给我们的启示是:学生在自我同一性形成的

过程中，由于角色冲突和自我发展的需要，他们在行为和思想上与规则、伦理甚至法律产生不同程度的冲突，对此要有一定的宽容性。最重要的是，辅导员要尽可能地提供丰富多彩的、积极健康的活动，给学生足够的探索空间，让他们在正面探索活动中逐渐形成对自我的整合认识。在这个认识自我的过程中，逐步做到学生制订人生规划，为就业做准备。

（四）高校辅导员工作课程化模式的管理学依据

高校辅导员是高等学校的基层管理者，承担着对高校学生的教育管理任务。面对一群高素质的管理对象，辅导员必须掌握管理学的基本原理，在日常工作中贯彻管理学的思想，坚持管理学的基本原则，运用科学的管理方法和技巧完成对大学生的教育管理工作。

1. 管理者的概念与辅导员工作课程化模式

一个组织的管理者具有极其重要的作用。经典管理学的著作都指出：一个组织的生存发展、兴衰存亡在很大程度上取决于管理者的决策；一个组织的良好发展，有赖于科学、严格的管理，而科学、严格的管理要依靠管理者设计、拟定和实施一整套符合组织所处环境的管理制度；一个组织的业绩在很大程度上依靠组织中各部门之间的协调和配合；一个组织的目标能否实现和其发展好坏，都要依靠组织中广大成员的工作热忱和奉献精神。要充分调动广大员工的积极性和创造性，需要管理者鼓足人们的干劲，开展深入细致的思想政治工作。另外，合格的管理者往往是组织创新者和改革者，带领整个组织开拓创新，指引整个团队的发展方向。

辅导员作为高校学生工作的管理者，对于班级或团队建设，对于大学生教育，对于实现学校教育目标，维持校园和谐稳定等，具有极其重要的作用。做好大学生思想政治教育和管理工作，辅导员要善于发现和总结大学生教育管理工作规律，深入研究大学生思想动态和心理变化特点，明确教育思路和目标，准确把握各种复杂局面和突发事件，灵活提出各种应对措施，成为一名有统筹组织能力，善于协调各种关系，能最大限度地调动各方面的因素，实现管理效益最大化的优秀管理者。而实施和推进高校辅导员工作课程化，能最大限度发挥高校辅导员管理者、教育者的角色，它使高校辅导员行使管理者角色的途径程序化、规范化，使高校辅导员行使教育者角色具体化、科学化。

2. 管理学的思想工作与辅导工作课程化模式

辅导员在确定自身管理者的角色定位后，要按照管理学的思想进行日常管理。所谓管理，就是在特定的环境下对组织拥有的资源进行有效的计划、组织、指挥、协调和控制，以便实现既定的组织目标的过程。对于辅导员而言，就是组织其所辖的班级或者团队，帮助其所管理的学生或团队更好地学习、生活、工作、成长和发展，对他们的日常生活和学习进行规划、组织，协调他们之间的关系和矛盾，指挥他们完成各项活动和任务，并在此过程中进行有效的控制，以实现学校教育的最终目标。为了完成管理者的使命，高校实施辅导员工作课程化模式是最佳途径。

首先，高校辅导员工作课程化模式构建需要充分的准备。既要论证其必要性、可行性，又要制订教学大纲，也要构建课程体系，还要进行绩效评价，是计划、组织、指挥、协调和控制等管理思想的具体再现。

其次，高校辅导员工作课程化模式实施需要精心组织，周密计划。既要考虑社会背景、组织结构、校园文化、学生特点等因素，又要考虑因时、因地、因人、因事而异的管理方式、方法，把管理置于可控范畴，充分体现了效率和效果、数量和质量的关系，是辅导员为了实现对学生的思想教育和学业帮扶，履行辅导员的岗位职责而采取的一种科学管理方式。不是为管理而进行管理，而是服务于高校教育目标的实现。

3. 管理的原则与辅导员的工作课程化模式

明确管理者的角色定位，具备管理学的思想后，辅导员在管理过程中要遵循管理的原则。对管理的原则，学界还没有统一的说法，目前被普遍认可的是著名的法约尔14项管理原则。

（1）合理分工。

（2）权利和责任。

（3）纪律。

（4）统一指挥。

（5）统一领导。

（6）个人利益服从整体利益。

（7）合理的报酬。

（8）集中统一。

（9）等级制度。

（10）组织秩序。

(11) 公平原则。

(12) 人员的稳定。

(13) 首创精神。

(14) 人员的团结。

这些管理原则是指导辅导员工作的基本行为准则。贯彻这些行为准则，可以提高辅导员的工作效率，强化其工作效果。而为了贯彻这些管理原则，高校辅导员工作课程化模式实施必须遵循4项原则（图3-2）。

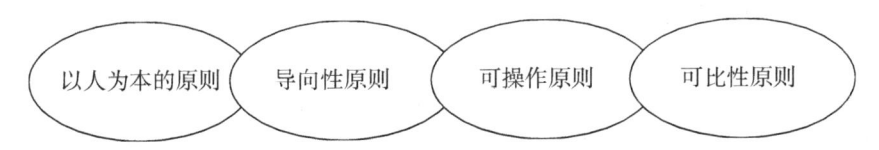

以人为本的原则　导向性原则　可操作原则　可比性原则

图 3-2　辅导员工作课程化模式实施的 4 项原则

这4项原则既为大学生和辅导员的全面发展提供一切有利条件、结构、机制和环境，又建立了科学、适用、规范的课程评价指标体系及标准，也减少了评价主体在考评打分过程中过多的主观性，避免由于感觉评价带来的首因效应、近因效应和晕轮效应，是法约尔14项管理原则的细化和具体化。例如，辅导员工作课程化模式实施中，合理分工是十分必要的，它包括两方面内容：一方面是辅导员自身的合理分工，即辅导员工作的专业化划分，有专门做思想工作的辅导员，有专门负责学生事务的辅导员，有专门负责学生职业规划和心理咨询的辅导员。这种分工使得辅导员工作规范有序且能发挥每个人的专长，因此设置了基础指导课。另一方面是指辅导员在大学生日常活动管理中，要对学生工作进行合理分配，不同任务由不同人来完成，取长补短，分工合作，促进工作的有效进行，因此设置了专项指导课。

4. 管理者的素质与辅导员工作课程化模式

管理学对管理者的素质有具体要求，主要包括以下3个方面。

（1）品质方面。首先，要有强烈的管理意愿和责任，这样才能最大限度地调动和发挥管理者的主观能动性；其次，要求管理者具有良好的心理素质，良好的心理素质是现代管理者能力的内在基础，对管理活动效能影响极大，作为一个现代管理者，要培养自己健全的心理素质。

（2）知识方面。对于现代管理来说，或者说现代管理系统来说，是极其复杂而又多变的，对管理者的要求非常高，不仅要对管理的职能和原理非常熟悉，还要在方法和技术上有一定的认识和掌握程度。只有这样，才能尽可能在管理的过程中得心应手。也就是所谓的"三维知识结构",这三维主要是知识的深度、广度和时间度。对于管理者来说,知识的深度就是要对所在行业有一个非常深入的认识,不仅要对相关的知识非常精通,还要在相关的实践层面也有自己独到的见解和操作;而知识的广度主要针对的是知识的范围层面,这个层面不仅仅是所在的行业或职位,还应该包含行业之外的其他知识,如心理学、社会学、人际关系学、公共关系学、营销学、谈判学、历史学等,只有拥有更加广泛的知识面,才能在管理的实践过程中融会贯通,并进行适时地、可行性较高的创新;最后就是知识的时间度,这主要是要求管理者在管理的过程中,要学会与时俱进,主动把握时代脉动,并积极调整自己的步伐,对自己的管理方式不断改进和更新,也只有这样,管理者才能更加得心应手,事半功倍。

(3) 实际技能方面。现代管理者很多时候是一种艺术,它需要管理者掌握各种技能,娴熟、平稳地解决各项问题,这些技能不仅包括相关专业技术层面的技能,还包括处理人际关系的人际技能,以及可将问题提升、提炼的概念技能等。

由此可见,为了实现大学生思想政治教育目标,提高高校教育水平,高效地完成自己的管理使命,课程化模式下,高校辅导员需要从各方面提升自己的素质,加强责任感与管理意识,培养健全的心理素质,学习、拓展和补充各种知识,锻炼和提高自己各方面的技能。

(五) 高校辅导员工作课程化模式的课程观依据

高校辅导员队伍职业化、专业化、专家化是我国高等教育改革和发展的必然趋势,是提高大学生思想政治教育针对性、实效性的现实需求。探求辅导员队伍职业化、专业化、专家化建设的载体和途径,创新高校辅导员工作的方式、方法,发现目前倡导和实施的高校辅导员工作课程化模式,借鉴美国实用主义代表人物杜威提出的"课程观"。杜威课程观的若干思想是高校辅导员工作课程化模式的重要理论依据。

1. 杜威的"课程价值观"是高校辅导员工作课程化模式的价值追求

美国著名哲学家、教育学家杜威一生从事教育活动以及教育理论的著述研究,对美国乃至世界现代教育的发展起到重要作用。杜威早在《我的教育信条》提出纲领性的一段话:"教育过程有两个方面:一个是心理学的,一个是社会学的。它们是平列并重的,哪一个也不能偏废;否则,不良的后果将随之而来。"大学为学生提供的教育产品是什么?是课程,是综合的、专门的，使年轻人德才兼备、身心健康、全面发展的课程。而课程的建设是受一定的价值观影响的。这种实用与发展相统一的课程价值观就是高校辅导员工作课程化模式的价值追求。它将辅导员工作通过课程形式去规定，从而建立起新的基于完整课程功能观的辅导员工作课程化。这样，就将辅导员工作空间大大扩展了，工作方式更加科学了，使高校辅导员工作的价值归宿感增强，解决了高校辅导员的职业倦怠问题。

2. 杜威的"课程目标观"是高校辅导员工作课程化模式的目标导向

杜威的"课程目标观"的基本内涵包括：课程目标需要预设；课程目标需要灵活，有弹性；课程目标需要满足学生当前需求；课程目标需要生成。而高校辅导员工作课程化，无论是"基础指导课教学大纲"，还是"专项指导课教学大纲"，都预设了教学目标，其教学目标注重大学生的成长成才，其实现目标的途径更多借助于第二课堂活动，有很强的弹性。说到底，杜威的"课程目标观"是高校辅导员工作课程化模式的目标导向。

3. 杜威的"课程形态观"是高校辅导员工作课程化模式的内容形态

杜威课程观的精髓在于其核心概念——经验，杜威认为，经验"既包括人们所做的、所经历的事情，人们所追求的、所爱的、所相信的、所忍受的事情，也包括人们怎样活动，人们的行动、遭遇、意欲和享受、观察、信仰以及想象的方式，总之，包括各种经验的历程"。基于此，杜威提出教育即生活，教育即生长。而高校辅导员工作课程化的核心理念就是"课程是知识，课程是经验，课程是学校组织的各种教育教学活动"，从而形成了经验与环境相统一的课程内容观，不仅继承了杜威的经验课程观，而且拓展了杜威课程观的内容形态。

4. 杜威的"课程实施观"是高校辅导员工作课程化模式的实施方法

课程实施是指通过教学活动，将编订的课程付诸实行。杜威认为，科学教育的教学法的新的出发点，显然不是教一些贴有科学标签的东西，而是利用熟悉的作业和工具，指导观察和实验，使学生在他们实际的运转中了解它们，从而获得一些原则的知识，这就是杜威"做中学"的课程实施观。而高校辅导员工作课程化模式实施途径正是杜威"做中学"的课程实施观的具体再现。

（1）高校辅导员工作课程化模式实施借助第二课堂活动，如社会实践、校园文化活动等，让学生在活动中感受、体验、成长。

（2）高校辅导员工作课程化模式实施以学生为主体，以教师为主导，突出学生自我管理、自我服务、自我发展，把素质教育真正落到实处。

（3）高校辅导员工作课程化模式实施方法灵活、多样，辅导员既可通过谈心、家访、结对子、班团会、主题教育途径进行，也可根据需要，采取其他方式、方法进行，为辅导员创新工作方法提供了广阔的空间。

5. 杜威的"课程评价观"是高校辅导员工作课程化模式的评价依据

杜威从哲学认识论的角度把教育价值分为内在价值和工具价值，形成了内在价值与工具价值相统一的课程评价观。他从这一观点出发，主张给每门科目赋予独立的价值，同时把整个课程视为由各种独立的价值聚集而成的混合体。高校辅导员工作课程化模式的评价主体涉及辅导员、院系、学校学工部；评价内容涉及若干观测点；评价目标是各个教学任务完成的质量；无论是基础指导课模块，还是专项指导课模块，每一个单元、每一个子课程都能进行独立的评价，实现了课程评价的内在价值和工具价值的统一。

二、高校辅导员工作课程化模式的内部环境条件

自中发〔2004〕16号文件和教育部〔2017〕43号令颁布实施以来，大学应创造性地贯彻落实党和政府关于辅导员队伍建设的文件精神，坚持科学发展观，把辅导员队伍建设作为一项战略任务来抓，采取多项措施，着力培养一支具有马克思主义理论素养、政治可靠、业务精湛、纪律严明、师德高尚的辅导员工作队伍，为辅导员工作课程化模式实施提供了良好的内部环境条件。

（一）领导重视，队伍有力

1. 领导重视，健全辅导员队伍管理体制

大学应站在战略和全局的高度，认真贯彻落实中共中央、国务院16号文件，教育部43号令和省委、省政府59号文件精神。全校上下充分认识到，建设一支充满生机和活力的职业化、专业化、专家化辅导员工作队伍，是进一步加强和改进大学生思想政治教育工作和维护学校稳定的重要组织保证，是培养具有创新精神和实践能力的应用创新型人才的必然要求，对于全面贯彻党的教育方针，培养中国特色社会主义事业的合格建设者和可靠接班人，具有十分重要的意义。学校应采取有效措施，建立健全

工作体制，强化辅导员队伍建设的科学化管理。如某大学实行辅导员队伍建设党政一把手责任制，建立了学校和院系双重管理的工作格局，形成了垂直领导、横向联合，学校管政策、管方向、管宏观，院系管条件、管待遇、管工作的管理体制。学校及院系成立了负责辅导员队伍建设的专门机构，全面管理辅导员队伍建设。正确的认识和科学的管理，确保了大学辅导员队伍工作有平台，发展有空间，待遇有保障，极大地调动了辅导员的工作积极性、主动性和创造性。辅导员工作呈现出"五到位、三创新"的新局面。①

2. 严格按照有关要求设置一线专职辅导员岗位

大学应认真贯彻执行教育部《普通高等学校辅导员队伍建设规定》，严格按照师生比不低于1：200的比例设置一线专职辅导员岗位。为了解决专兼职辅导员的缺编问题，学校应采取多项措施，如校外招聘专职辅导员，招聘校内其他岗位符合辅导员条件的人员担任专职辅导员，选聘校内保研生做专职辅导员，选聘高年级研究生做兼职辅导员等充实辅导员岗位。同时，大学应从政策和待遇上给予辅导员适当倾斜，真正做到政策留人、待遇留人，使辅导员成为校内的热门岗位。

（二）完备相关制度，保障有力

1. 提升辅导员的地位

学校应不断提高辅导员的地位，在辅导员职称评聘方面，做到单设系列，单独评聘；在专职辅导员的进修提高方面与全校教师同步规划；把专职辅导员作为提拔党政后备干部的重要来源，院系按每500名学生设立一名科级辅导员岗位，对表现突出、成绩显著的专职辅导员，可以破格提拔任用或破格晋升非领导职务；在辅导员评优奖励方面，学校每年进行一次优秀辅导员、辅导员谈心活动先进个人、辅导员家访活动先进个人评选表彰活动，树立先进典型，宣传先进事迹，颁发证书和奖金、奖品，使辅导员在大学生思想政治教育中的贡献得到充分肯定。

2. 提高辅导员的收入

学校制订、出台专门文件，在辅导员收入方面，实现与本校同级职称

---

① "五到位"即调查研究掌握情况到位，工作计划落实到位，深入学生指导督促到位，细致工作疏导沟通到位，总结经验找出差距到位；"三创新"即工作理念创新，工作内容创新，工作方法创新。

专任教师的平均收入水平相当。除了为辅导员发放校内岗位津贴之外，还按学校同级职称上岗教师平均教学酬金为辅导员发放思想政治工作教学酬金，为此专项支出 120 余万元，辅导员年人均获得此项收入近万元。

（三）完善体制，工作有力

1. 创新学生工作理念，构建学生工作模式

进入 21 世纪，大学学生教育管理工作从理念上实现了 10 个转变和创新，即由动用大量专兼职人员开展"人治"向依法治校的"法治"方向转变；由堵、压或简单粗暴的教育管理向以人为本的"人性化管理"转变；由"大一统"和只强调政治、学习向尊重学生个性、关心学生心理、全面提高学生素质转变；由重管理轻服务向服务型管理转变；由重视目标管理向重视过程管理转变；由"灭火式"的事后教育管理向以预防为主的事前教育管理转变；由重视一级管理向强化二级管理转变；由单纯依靠学生工作干部开展学生教育管理向具体的、可操作的全员教育管理转变；由强调学校教育管理向强调学校教育管理与学生自我教育管理相结合转变；由单一的人才质量观向多层次人才质量观转变。在此基础上，大学应确定如下学生工作理念。

（1）以学生为本。①
（2）立德树人。②
（3）科学管理。③

2. 建立学生工作体系

某大学学生工作体系（图 3-3）和院（系）学生工作体系（图 3-4）。

---

① 把学生作为学生工作的价值主体，确立学生的主体地位，把尊重学生、理解学生、关爱学生、满足学生的需要、促进学生的全面、协调、可持续发展，作为学生工作的根本价值取向。

② 把社会主义的核心价值体系融入教育的全过程，提倡五育人：教书育人、管理育人、服务育人、环境育人、文化育人，引导学生树立正确的世界观、人生观、价值观、荣辱观，努力培养德智体美全面发展的社会主义合格建设者和可靠接班人。

③ 在学生教育管理中，坚持依法管理、人性化管理、目标管理、事前教育管理、学校教育管理与学生自我教育管理相结合。

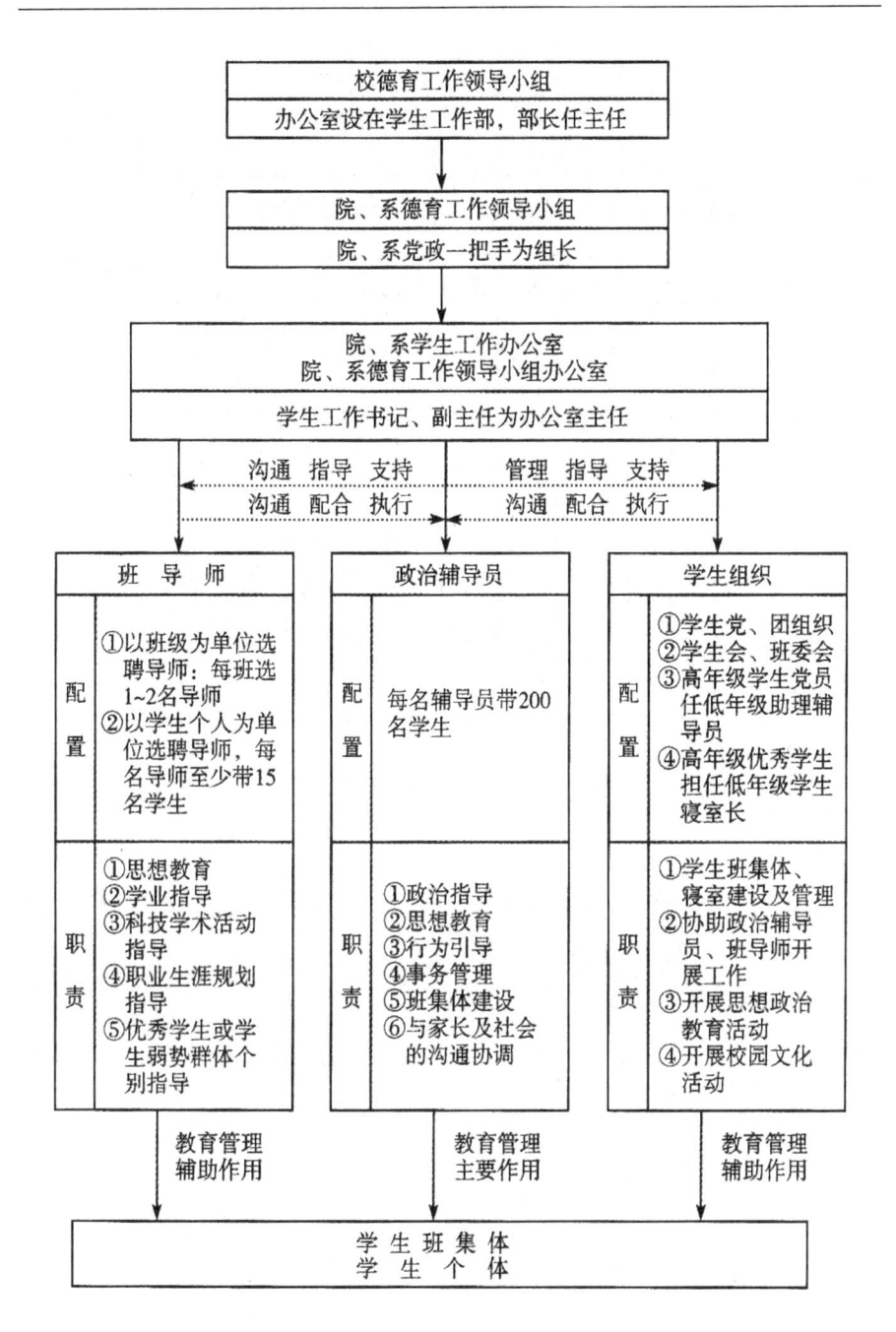

```
┌─────────────────────────────┐
│      校德育工作领导小组          │
│ 办公室设在学生工作部，部长任主任 │
└──────────────┬──────────────┘
               ↓
┌─────────────────────────────┐
│    院、系德育工作领导小组        │
│    院、系党政一把手为组长        │
└──────────────┬──────────────┘
               ↓
┌─────────────────────────────┐
│      院、系学生工作办公室        │
│    院、系德育工作领导小组办公室    │
│  学生工作书记、副主任为办公室主任  │
└─────────────────────────────┘
```

	沟通 指导 支持		管理 指导 支持	
	沟通 配合 执行		沟通 配合 执行	

	班 导 师		政治辅导员		学生组织
配置	①以班级为单位选聘导师：每班选1~2名导师 ②以学生个人为单位选聘导师，每名导师至少带15名学生	配置	每名辅导员带200名学生	配置	①学生党、团组织 ②学生会、班委会 ③高年级学生党员任低年级助理辅导员 ④高年级优秀学生担任低年级学生寝室长
职责	①思想教育 ②学业指导 ③科技学术活动指导 ④职业生涯规划指导 ⑤优秀学生或学生弱势群体个别指导	职责	①政治指导 ②思想教育 ③行为引导 ④事务管理 ⑤班集体建设 ⑥与家长及社会的沟通协调	职责	①学生班集体、寝室建设及管理 ②协助政治辅导员、班导师开展工作 ③开展思想政治教育活动 ④开展校园文化活动

教育管理辅助作用	教育管理主要作用	教育管理辅助作用

```
┌─────────────────────────────┐
│         学 生 班 集 体         │
│         学 生 个 体           │
└─────────────────────────────┘
```

图 3-3　某大学学生工作体系

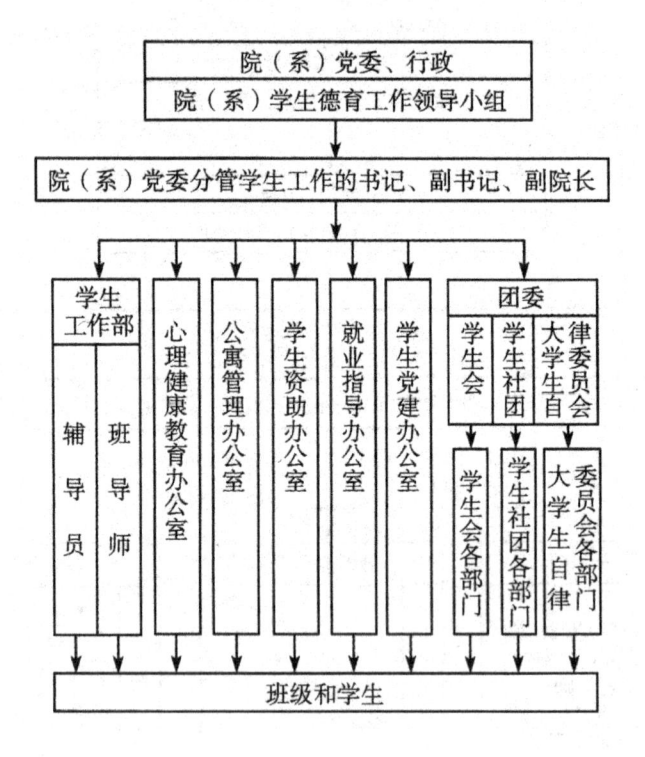

图 3-4　院（系）学生工作体系

第二节　高校辅导员工作课程化模式的课程体系

本节主要从课程分类、教学大纲这两个方面论述高校辅导员工作课程化模式的课程体系。

一、课程分类

（一）基础指导课

1. 基础指导课的概念

所谓基础指导课是指以教育部《普通高校辅导员队伍建设规定》（教育部43号令）提出的高校辅导员的工作职责为框架，对高校辅导员的工作职责进行梳理，所形成的所有一线专职辅导员必须完成的课程。

2. 基础指导课的内容

某大学辅导员工作课程化模式下的基础指导课体系分为6个单元，每一个单元又规定了若干子课程，具体如下。

(1) 思想政治教育单元①。
(2) 党团建设单元②。
(3) 行为引导单元③。
(4) 心理健康教育单元④。
(5) 就业指导单元⑤。
(6) 资助与服务单元⑥。

(二) 专项指导课

1. 专项指导课的含义

所谓专项指导课是指以教育部《普通高校辅导员队伍建设规定》（教育部24号令）提出的高校辅导员8项工作职责为框架，高校专职辅导员根据工作岗位分工所必须完成的课程。

2. 专项指导课的内容

某大学辅导员工作课程化模式下的专项指导课体系分为9个单元（图3-5）。

---

① 主要子课程有："三观"教育，"主旋律"教育，形势政策教育等；专题教育有新生入学系列思想教育、"太阳石精神"教育、每班宣讲一名校友等。
② 主要子课程有：推荐优秀团员作为党的发展对象工作，学生党员、入党积极分子等；专题工作有新生入党启蒙教育、学生党员先进性教育等。
③ 主要子课程有：优良学风建设，学生文明行为督导等。
④ 主要子课程有：组织学生参加心理测评及访谈，了解学生心理素质；帮助学生解决心理问题，提升学生心理素质等；专题教育有以团队精神、学习潜能开发、人际交往与沟通能力等。
⑤ 主要子课程有：指导学生制订并实施职业生涯规划，就业指导，创业指导，就业服务，专题工作，组织学生参加就业洽谈会等。
⑥ 主要子课程有：家庭经济暂时困难学生界定，各类奖助学金评选、发放，指导学生开展勤工助学工作，指导学生申请国家助学贷款等。

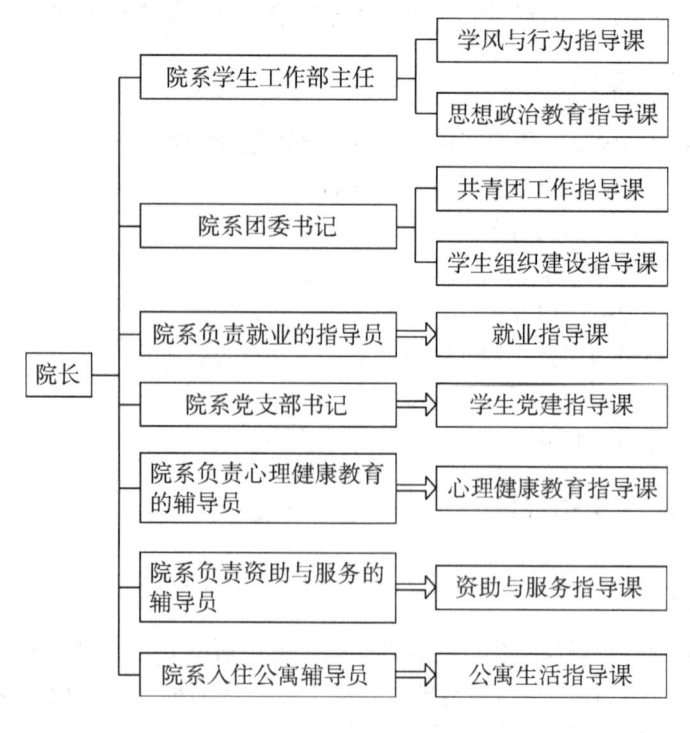

```
                            ┌─ 学风与行为指导课
         ┌─ 院系学生工作部主任 ─┤
         │                  └─ 思想政治教育指导课
         │
         │                  ┌─ 共青团工作指导课
         ├─ 院系团委书记 ────┤
         │                  └─ 学生组织建设指导课
         │
         ├─ 院系负责就业的指导员 → 就业指导课
  院长 ──┤
         ├─ 院系党支部书记 → 学生党建指导课
         │
         ├─ 院系负责心理健康教育的辅导员 → 心理健康教育指导课
         │
         ├─ 院系负责资助与服务的辅导员 → 资助与服务指导课
         │
         └─ 院系入住公寓辅导员 → 公寓生活指导课
```

图 3-5　专业辅导课分工

二、教学大纲

（一）教学大纲的概念

教学大纲是指学校每门学科的教学纲要。其中包括教学目的、教学要求、教学内容以及讲授和实习、实验、作业的时数分配等。[①] 有的教学大纲还包括参考书目、教学仪器、直观教具等方面的提示。

（二）教学大纲的性质

教学大纲是编写教科书和教师进行教学的主要依据，也是检查和评定学生学习业绩和衡量教师教学质量的重要标准。

---

① 根据教学计划，以纲要形式规定一门课程教学内容的文件。包括这门课程的教学目的、任务、教学内容的范围、深度和结构、教学进度以及教学法上的基本要求等。

第三节 高校辅导员工作课程化模式的教学运行

本节将主要论述高校辅导员工作课程化模式的教学运行,其主要内容包括教学计划的编制、教案的编写、教学行为的督导这三个方面的内容。

一、教学计划的编制

编制科学合理的教学计划[①],将直接影响到高校辅导员工作课程化的教学运行效果,进而影响到高等学校的人才培养质量。

(一) 教学计划

1. 教学计划的含义

教学计划又称课程计划,是根据一定的教育目的和培养目标制订的教学和教育工作的指导文件,是课程设置的整体规划,它规定不同课程类型相互结构的方式,也规定了不同课程的学习要求及其所占比例。同时,对学校的教学、实习、课外活动等做出全面安排,具体规定了学校应设置的学科、课程开设的顺序及课时分配,并对学期、学年、假期进行划分。

2. 高校辅导员工作课程化模式的教学计划

在实施辅导员工作课程化模式的进程中,依据相关的理论、政策和学校自身的环境条件,将辅导员工作课程化模式的课程体系规划为"基础指导课"和"专项指导课"两个模块。辅导员工作课程化模式的教学计划实际上就是"基础指导课"和"专项指导课"的课程计划,是对辅导员工作内容的整体规划,是辅导员工作行为的统一规范,具体规定了辅导员工作课程的课程类别、教学内容或项目、教学形式、授课对象、学时分配等内容,并按照学期和学年进行划分。

---

① 教学计划是实现高等院校人才培养目标和基本规格要求的总体设计蓝图和实施方案,是学校组织和管理教学过程的主要依据,也是学校对教育、教学质量监控与评价的基础性文件。

（二）教学计划的编制

高校辅导员工作课程化模式教学计划的编制，主要是在高校辅导员工作课程模式课程体系的总体框架下，具体针对"基础指导课"和"专项指导课"两个课程模块，依据高校辅导员工作课程化模式的教育目的和培养目标，根据教育部、省教育厅及学校有关文件规定的辅导员工作职责，重点结合学校的年度学生工作要点和院系的年度学生工作计划而完成的。

二、教案的编写

教案是针对一节课的具体详细安排，是教师备课工作中的最后一个环节，也是备课过程中最为全面系统、深入具体的一个环节，是保证教师有计划、有步骤地上好课的必备手段。编写教案对提高教学质量，提高教师的理论与实践教学水平有着重要的意义。

（一）教案的定义

教案是教师为顺利而有效地开展教学活动，根据教学大纲和教科书要求及学生的实际情况，以课时或课题为单位，对教学内容、教学步骤、教学方法等进行的具体设计和安排的一种实用性教学文书。教案通常又叫教学设计，包括教材简析和学生分析、教学目的、重难点、教学准备、教学过程及练习设计等。

（二）教案编写要求

（1）要以教学大纲和教材为依据，做到目的明确，要求适当。
（2）要处理好教与学的关系。①
（3）做到教书育人。②
（4）要注意学科特点，加强实践性教学。
（5）要求环节完整、结构合理、思路清晰、繁简得当、时间分配合理，使教案能对课堂教学活动起到指导作用。

---

① 教师要创造良好的学科情境，使师生共同置身于情境之中，从探索中提出问题、解决问题、总结规律。教师还要研究如何设计启发和点拨学生的思维程序及要点。
② 教案对于开发学生智力、培养学生灵活运用所学知识解决实际问题的能力以及思想教育也应有足够重视。教案编写过程要有计划，寓思想教育、能力培养于知识传授之中。

（三）教案编写内容

教师必须在认真学习教学大纲、钻研教材、了解学生、考虑教法的基础上，根据授课计划，对各种教学形式编写出教案。一般来说，教案包括以下几个方面：教案封面、教案正文、课后分析。

(1) 教案封面。①
(2) 教案正文。②
(3) 课后分析。③

三、教学行为的督导

（一）高校辅导员模式培训的意义

通过专题培训，对辅导员工作课程化模式进行全面解读，详细讲解了辅导员工作课程化的内涵、意义、实施依据、内容体系等内容。使辅导员工作课程化这项工作进一步深入人心，帮助全体辅导员明确了工作课程化的内涵、课程构成、原则、意义和任务，进而促进了全体辅导员牢固树立责任意识和服务意识，积极探索和掌握学生工作的规律和方法，不断提高工作能力和水平，努力履行学生学业的促进者、生活的指导者、思想的解惑者和人生的导航者的辅导员使命。

（二）高校辅导员工作课程化模式落实情况督查

1. 教学计划的审核

辅导员个人的学期课程化教学计划编制完成后，交由所在院系主管学生工作的书记、副书记进行审核。院系主管学生工作的书记、副书记依据学校年度学生工作要点和所在院系年度学生工作计划，同时结合所在院系

---

① 教案封面的内容主要包括课次、授课时间、授课班级、课题、教学目的与要求、教学重点、教学难点、课的类型、教学方法、教具、教学进程等。
② 教案正文由导言、教学内容安排和课堂小结组成。正文一般以组织教学内容、设计教学程序为线索，辅以课堂活动的安排，教法、教具的运用，板书、版图的布置，新旧知识和教学环节之间的过渡等说明，并按教学步骤做出时间安排。
③ 课后分析是教师对教案实施后的课堂教学成败的分析。主要对教学程序的设计情况和时间掌握情况的分析，教法及重难点解决的分析，各项教学内容之间的过渡情况及板书、板图的布置情况分析。

学生工作特点和学期重点工作,对每一名辅导员的教学计划进行审核,对存在问题的教学计划提出整改意见并督促辅导员限期完善,最终将审核合格的辅导员课程化教学计划上交校党委学生工作部进行备案。

2. 教学计划落实情况检查

辅导员个人的学期课程化教学计划编制完成并审核通过后,教学计划的具体实施与落实则成为辅导员工作课程化教学运行过程的关键环节。辅导员个人的课程化教学计划落实情况的督导与检查工作,主要由院系主管学生工作的书记、副书记来完成。院系主管学生工作的书记、副书记依据"相关学生工作计划落实情况及教学目标实现情况"这两项最重要的指标,对每一名辅导员的教学计划落实情况进行检查和考核。考核的最终结果将纳入辅导员的学期及年度绩效考核体系,直接与辅导员的思想政治工作酬金相挂钩。

四、高校辅导员工作课程化模式教学实例

(一)教学理念

高校辅导员工作课程化模式的课程包括基础指导课和专项指导课。因此,辅导员在制订基础指导课和专项指导课的课程教案时,要把相关课程的计划性、创新性、组织性等予以体现,进而实现课程教学的有效性与针对性。在教学中,既要尊重相关教学课程特有的理论体系、教学规律和教学方法,又要优化教学理念与教学方式,将理论教学与实践教学环节充分结合。

(二)教学方法

辅导员在进行相关课程教学时,需要把传统的教学方法进行改善并创新,实现教学形式和手段的多样化目标。在教学过程中,辅导员要认真耐心地探索出一种适合学生的体验式教学方法。例如,为了让每一名同学都能全心地参与到课堂学习中,辅导员在课堂中把团体动力的效能充分发挥,在活动和游戏中融入理论,让学生快乐、轻松地获得知识的体验。

(三)教学内容

高校辅导员工作课程化模式的教学内容主要围绕基础指导课和专项指导课这两个大的方向。其中基础指导课包括思想政治教育单元、党团建设

单元等；专项指导课包括思想政治教育指导课、职业指导课等。在教学中会融入一些相关的实践活动，借助团体动力学理论，吸纳团体辅导活动课程的思想，通过全员体验式活动形式，让课程的实施更加生动、形象、深入人心，最终达到让学生不仅对课堂上所学的知识能够理解，并且能在今后的生活中灵活运用。

（四）教学设计

辅导员可以在教学中设置相应的情景，通过团队体验式教育方法，让学生在自主体验和探索中验证基础理论、运用基础理论，从而达到增强知识、掌握技能、提升能力的过程（图3-6）。

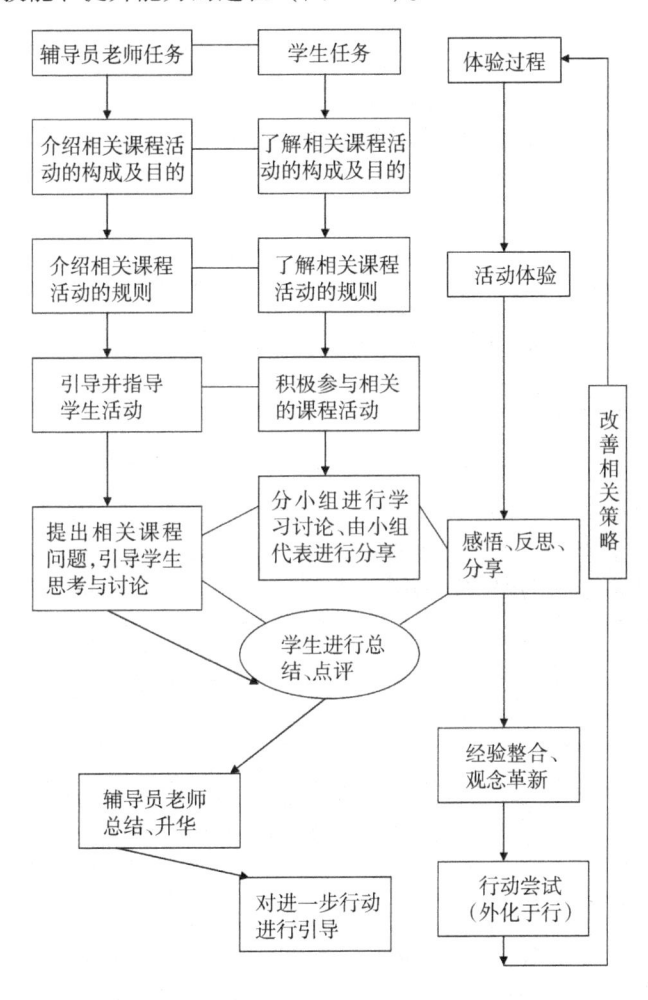

图3-6 课堂活动流程

（五）教学过程

为了让每一名同学都能全心地参与到相关课程的课堂学习中，辅导员要努力将"认知"与"体验"深度融入课堂教学，充分发挥团体动力的效能，在有趣的活动和游戏中融入理论，让学生充分感受到获得知识的不一样的体验，教学过程包括以下几个步骤。

（1）复习总结之前的课程，并对学生进行提问。
（2）导入新课：新课的设计要简单概况，新颖有趣味性。
（3）对新课讲授，主要包括以下几点。
①针对不同教学内容，选择不同的教学方法。
②提出的问题有哪些，怎样提出这些问题。
③掌握好教授新课需要用的时间。
（4）巩固练习，主要包括以下几点。
①设计精巧、有层次的练习的方式，比如相关的游戏、活动等。
②掌握好这一阶段所需要的时间。
（5）归纳小结
①在巩固练习之后，可以请学生进行总结。
②老师进行总结和升华。
③掌握好这一阶段所需的时间。

（六）教学特色

（1）重视引导学生去进行自主学习，改变以往教师主动，学生被动的情况，教师由以往的说教者向引导者转变。
（2）对学生的思维能力进行培养。
（3）注重学生的课堂实践活动。

在课堂上，学生通过相关活动，能对课堂所学内容更加理解，学会反思，获得不一样的课程体验。因此，为了使学生达到充分的认知体验，完善学生的行为，需要以学生的心理发展特点为基础，积极创设与教学目标相关的情境和条件。

在课堂中，通过活动，辅导员老师对学生进行引导，需要遵循一个深层次的渐入过程——由浅入深、由外及里。

（七）结语

辅导员只有把教学的每一个环节——教学理念、教学方法、教学内容、教学设计、教学过程、教学特色都认真完成，努力做到最好，才能更好更快地推进高校辅导员工作课程化模式的建设。

第四章 党建与思想政治教育课程化研究

高校大学生党建工作是大学生思想政治教育工作的重要组成部分，在培养社会主义合格建设者和可靠接班人的伟大工程中起到巨大作用。本章将从党建与思想政治教育的意义及理论基础出发，探讨党建与思想政治教育内容课程化的做法、形式与途径。

第一节 党建与思想政治教育的意义

一、思想政治教育的功能

社会功能与个体功能是思想政治教育的功能的两个组成部分。

（1）社会功能是指思想政治教育对社会发展所能发挥的积极作用。具体地说，就是指思想政治教育对社会政治、经济、文化、生态环境等发挥的政治功能、经济功能、文化功能和生态功能等。

（2）个体功能，是指思想政治教育在促进受教育者全面发展方面的作用和影响，具体表现为个体生存功能、个体发展功能和个体享用功能。所谓个体功能是思想政治教育活动直接目的的表现，可以看作是思想政治教育的本体功能。

在实际工作中，这两个部分是相互联系的，个体功能是对社会功能得以发挥的基础，社会功能是对个体功能进行衡量的尺度，在工作过程中我们应注意将二者有机统一，从而最大限度发挥思想政治教育的功能。

二、思想政治教育的重要意义

思想政治教育是深化思想政治理论教育的关键补充，是提高大学生思想政治教育的重要手段，是高校思想政治教育整体目标得以实现的重要途径。思想政治理论课教学和日常思想政治教育是大学生思想政治教育的两个重要组成部分，一个是主渠道，一个是主阵地，主阵地要积极配合主渠道，共同做好思想政治教育工作。

（一）思想政治教育是提高大学生思想政治教育有效性的重要手段

在思想政治教育的进行过程中，只有把解决思想问题和实际问题相结合，才能切实提高大学生思想政治教育工作的有效性。这要求我们要及时发现和解决学生在思想、学习和生活等各个方面存在的问题，如学生出现的专业思想不认同、心理危机事件、对学校管理有意见等，并非单纯的、暂时的、偶然的学生个体问题，不及时加以解决随时可能转化为长期性、群体性问题，造成难以挽回的损失。

为保证学生身心健康成长、顺利完成学习任务，必须运用学生日常思想政治教育方法，正视学生的个体差异性，尊重学生思想实际，正视学生出现的问题，在日常工作中把思想政治教育覆盖到每一个学生，做到潜移默化，润物无声，这样才能切实提高大学生思想政治教育的有效性。

（二）思想政治教育是深化大学生思想政治理论课教学的关键

大学生思想政治教育包括思想政治理论课教学和日常思想政治教育两个方面。实践表明，单纯依靠学生思想政治理论课教学工作，忽视学生在日常学习、生活中的具体问题，忽视学生的个体差异，极易导致工作偏颇和突发事件。

因此，针对学生的思想动态，除了依靠传统的思想政治理论课教学外，也应发挥日常思想政治教育的作用，靠日常的密切关注、良好沟通、切实帮助，让学生体会到组织的温暖、学校的关爱，感受到学生工作的力量，在师生之间、学生之间形成良好的理解互动模式，不断提高学生的思想认识和精神境界，保证学生的身心健康成长。

三、党建与思想政治教育工作一体化的必要性

首先，从党建方面来看，世情、国情、党情深刻变化，社会高速发展变革，多元思想纷繁复杂，学生党员质量难以保证。首当其冲，许多大学生以自身利益作为入党的出发点，精神境界并不高，入党动机复杂。有的追求现实利益，为将来的就业增加砝码；有的盲目从众，缺乏信念支撑，

极易被不良思想腐化；有的追求表面先进，却未做到思想入党。入党动机的复杂化导致了很多学生在没有加入党组织之前积极参加学生工作、班级活动，而加入党组织之后便放松对自己的要求，难以起到良好的先锋模范带头作用。其次，学校在党员发展教育过程中容易出现"重入党前教育，轻入党后再教育"，学生入党后更是忽视其发展、教育、培养，未加监督党员的低素质表现会影响支部形象及其他学生对党组织的信心。最后，学生党员在思想政治理论课学习中表现不积极。思想政治理论课在教学实践经常受到冷遇，学生即使去上课也是充耳不闻，追求课程成绩的及格万岁，而未真正做到理论知识入脑、入心。

从思想政治教育工作方面的情况来看，问题依然明显。部分学生存在着思想信念不坚定、道德品质较低、社会意识薄弱等思想问题；思想政治教育工作者也存在素质不高、职业形象差等问题。具体表现为辅导员、授课教师、学生自身三个方面：从辅导员方面看，相当一部分理工科背景的辅导员思想政治教育的理论素质不足；且师生比不合理，巨大的日常管理工作使他们无暇照顾到每个学生的思想问题。从授课教师方面看，课堂讲授教学以政治理论知识为主，而且在思想政治教育教师严重不足的情况下，为节约教师资源，学校一般采取合班教学的形式，如此大的学生基数使老师在课堂上并不能照顾到每一个学生个体，上课时师生互动少，教学效果不理想。而且除了教学任务外，各位老师还承担着繁重的科研任务，课下难以抽出时间与学生进行切实的思想交流沟通，忽视了对学生个体思想发展动态的关注。从学生方面看，对于思想政治理论课普遍不够重视，自认为不需老师讲解，课后自学加之考试前突击足以应付考试；再者受到功利主义倾向及现实就业压力的影响，思想政治理论课课堂上学生们也经常是"身在曹营心在汉"，学习积极性普遍不高。学生党建和思想政治教育工作当前的大环境并不容乐观，需要得到充分关注，有效应对，使其焕发新的活力、出现新的局面。

入党积极分子和学生党员是大学生中的优秀分子，党支部的战斗力反映了大学生思想政治教育的成效和水平。加强大学生党建和思想政治工作，应按照"一体化"的工作理念，提高思想政治教育的有效性，发挥学生党员的先锋模范作用，促进高校良好学风、校风的形成。

四、新时期大学生党建与思想政治工作面临的主要挑战

当今我国的社会发展各个方面都在发生着剧烈变化，尤其是当前高校

大学生党员普遍具有较高的道德理想和道德追求，拥护中国共产党领导，遵纪守法，拥有良好的公民意识和较强的个人能力，思想政治素质总体向好。但同时我们也应注意到，随着世界多极化、经济全球化的高速发展，随着我国改革开放和社会主义现代化建设的不断深入，大学生思想政治教育工作正面临着焕然一新的局面和前所未有的挑战。

具体的挑战主要表现在以下两个方面。

第一，敌对势力思想渗透，通过大众媒体、影视娱乐、舆论表达等多种渠道和方式，带有多样性、方式主动性、手段先进性等特点，深刻影响着大学生的世界观、人生观、价值观、伦理观、道德观，对大学生和大学生党员的理想信念进行误导，使大学生思想发展偏离正确的轨道。

第二，入党动机实用主义倾向突出。当前，市场经济改革的效果已在大学校园里引起强烈反响，学校师生们的价值观呈现多元化趋势，对于大学生来说，其个人的价值观逐渐受到市场经济趋利主义的影响和冲击，实用主义倾向突出，思想的深层次问题亟待解决；党建工作仍需进一步完善强化，大学生党员队伍建设有待进一步整合；管理方式、管理水平也有待进一步提高，做好科学、民主决策，加强群众监督等都对加强高校党建和思想政治工作具有重要的现实意义。这也要求我们必须准确全面地认清高校学生思想政治教育工作的现实，认识不断涌现的新情况、新问题，做出正确的认识和准确的解读。

一是国内外大环境。在当前社会背景下，我们仍要看到世界各地存在的各种不稳定因素，各国综合国力竞争激烈，意识形态领域斗争复杂多变。国内领域，我国正处于社会主义初级阶段，社会仍处于激烈转型期，伴随而来的是各种社会问题的不断涌现，亟待我们发现和解决。

二是网络信息环境。当今网络迅速发展，呈现出非常强劲的势头，这无疑给社会生活带来了巨大影响。一方面，对于大学生学习、工作、生活来说，网络能够提供各种有价值信息，另一方面，丰富的网络资源也充斥着各种冗余难辨、鱼龙混杂的信息。近年来，网络更是愈演愈烈为中西方意识形态领域对抗的角力场，西方意识形态渗透的凭借，加之大学生身心发展不成熟、分辨不良信息、抵御不良诱惑能力不强，极易受到网络舆论信息的诱导，别有用心人士的蛊惑。

三是生育政策环境。总体来说，独生子女现如今在大学生中占有很高的比例，这些独生子女有较强的独立意识、竞争意识、表现意识，但也存在着实践能力较弱、心理承受能力不强、社会责任承担畏难心理凸显等问题。这样的性格特点虽有利于大学生自身发展的一面，但如若不能很好地平衡利弊两方面矛盾，正向引导规避缺点，将严重阻碍他们健康全面的成长,从而影响高校思想政治教育的有序开展。

四是择业就业环境。目前,我国就业形势依然严峻,而且受社会当下就业政策、人才流动、成长环境等多种因素影响,目前大学生面临着劳动力供需结构性矛盾突出,供大于求的境况,择业就业竞争压力之大前所未有,这极易引起大学生心理、思想和行为上的困惑。

第二节 党建与思想政治教育的理论基础

一、关于人的本质理论

马克思关于人的学说,指出人的本质具有历史性,并且随着社会关系的发展变化而不断发展。人类进入阶级社会后,人们的社会关系表现为阶级关系,自私自利成为剥削阶级的本质,但却并非只有阶级性,即使在对立的阶级之间也有着某些共同的社会属性。人类历史进程中,马克思主义达到了新的水平,得出人的本质是"一切社会关系的总和"。我国目前正处于并将长期处于社会主义初级阶段,现实社会政治、经济、文化关系极其复杂,社会主义的经济关系占主导地位,为人的本质逐步发展为先公后私、大公无私的本质提供了愈发充分的条件,但仍存在着某些旧社会关系、剥削思想的残余。在全球问题日益增多和突出的今天,这一问题更应得到充分重视、理性分析、积极应对。

可以说,在马克思的理论中,人的本质是认识论中最重要的内容,因此,人作为思想政治教育的对象,对思想政治教育"以人为本"提出了更高的要求,只有坚持以马克思主义的人的本质学说为指导,从人的现实需要出发,注重客观实践,才能引导人们树立正确的世界观、人生观、价值观,从而对人的综合素质和终身发展产生深远持久的影响。

二、关于人的全面发展的理论

首先,马克思主义关于人的全面发展的学说,主要指的是实现每一个人的自由全面发展,同时这也成为我们确定教育方针、明确教育目标、制定教育任务的重要理论依据。而马克思关于人的全面发展目标有多种阐述也给人的全面发展描绘了一张德育、智育、体育、美育、技术教育统一的目标蓝图。

其次，针对当代大学生成长现状，马克思关于人的全面发展理论对大学生有着重要的指导作用，可以说，马克思主义的最高命题和根本价值就是关于人的全面发展理论。实现人的全面发展中，马克思历来重视思想政治教育的作用，继马克思、恩格斯之后，诸多马克思主义教育家、思想家、政治家都进一步丰富和发展了这一学说，进一步明确了人的全面发展离不开思想政治教育。这一理论不仅指明了最高目标和发展内涵，而且对实现大学生成长成才提供了实现途径。人类社会发展的最终目的是实现人的自由而全面发展，教育是实现这种目的的一个基本途径。

当今世界，新的时代背景对大学生的发展提出了新的要求。2009年赵迎欢等通过对沈阳部分高校的调研数据分析认为，当代大学生崇尚理性、追求新潮、尊重知识、乐于交往、心系国家。

大学生是祖国宝贵的人才资源，当今世界各国综合国力的竞争归根到底是人才的竞争，如何在马克思的人的全面发展理论下引领大学生健康成长成才具有非常重要的现实意义。

三、核心价值观论

（一）基本原则

对于社会主义核心价值观的认识，首先要把握的就是其基本原则，在《关于培育和践行社会主义核心价值观的意见》中，明确指出坚持以人为本，尊重群众主体地位，关注人们利益诉求和价值愿望，促进人的全面发展；坚持改进创新，增强工作的吸引力感染力，搭建群众便于参与的平台，开辟群众乐于参与的渠道，善于运用群众喜闻乐见的方式，积极推进理念创新、手段创新和基层工作创新。

坚持以理想信念为核心，着力铸牢人们的精神支柱，在全社会牢固树立中国特色社会主义共同理想，抓住世界观、人生观、价值观这个总开关。

坚持联系实际，做到贴近性、对象化、接地气，区分层次和对象，找准与人们思想的共鸣点、与群众利益的交汇点，加强分类指导。

（二）概念内涵

对于社会主义核心价值观的定义与概念，党的十八大明确提出，倡导爱国、敬业、诚信、友善，积极培育和践行社会主义核心价值观，倡导富强、民主、文明、和谐，倡导自由、平等、公正、法治。

爱国、敬业、诚信、友善是公民个人层面的价值准则，表达的是社会成员的道德自律，是社会成员的基本道德规范；

自由、平等、公正、法治是社会层面的价值取向，表达的是社会秩序，是人们对现实社会的价值诉求和期待；

富强、民主、文明、和谐是国家层面的价值目标，表达的是国家的意志，是全体人民的共同理想。

对社会主义核心价值观的深入探讨和解析对于社会全体成员认同核心价值观，具有重大意义和深远影响。

这三个层次的理念相互联系，融会贯通，实现了高度统一，反映了我国社会主义制度的本质，体现了中国特色社会主义事业的发展要求，继承了优秀传统文化，吸收了世界文明成果，具有深厚的传统底蕴和鲜明的时代特征。

（三）价值意义

除了对社会主义核心价值观的基本原则和概念有准确的把握外，《关于培育和践行社会主义核心价值观的意见》中还指出，面对世界范围思想文化交流、交融、交锋形势下价值观较量的新态势，面对改革开放和发展社会主义市场经济条件下思想意识多元、多样、多变的新特点，积极培育和践行社会主义核心价值观，对于巩固马克思主义在意识形态领域的指导地位、巩固全党全国人民团结奋斗的共同思想基础，对于促进人的全面发展、引领社会全面进步，对于集聚全面建成小康社会、实现中华民族伟大复兴中国梦的强大正能量，具有重要现实意义和深远历史意义。

当前，国内国际形势突变，出现了一些失衡问题，需要通过培育和弘扬社会主义核心价值观有效整合社会意识，引领良好社会风尚，形成积极向上的社会风气。从实现民族复兴中国梦的宏伟目标看，核心价值观是一个国家的重要稳定器，构建具有强大凝聚力感召力的核心价值观，关系社会和谐稳定，关系国家长治久安。

四、思想政治教育学对相关学科的知识借鉴

思想政治教育学与这些学科存在着内在的必然联系的同时，也存在着明显的区别，其中区别突出表现在，思想政治教育学和这些学科都各有自己独特的研究对象。思想政治教育学的综合性特征，决定了思想政治教育学以马克思主义的基本理论为学科理论基础的同时，也借鉴吸收了教育学、伦理学、政治学、社会学等诸多学科的理论知识和操作方法。

（一）思想政治教育学与西方现代管理科学

行为科学是一种研究人类行为规律的科学，是西方现代管理科学的一个主要流派，它是应用心理学、社会学、人类学及有关学科的理论和方法，是研究人的行为特点和规律的学科。行为科学主要研究人的本性和需求、行为的动机，尤其是生产中的人际关系等问题。

表面上，行为科学在企业管理中重视对人的研究，提出的激励人的积极性的种种方法对思想政治教育有一定的参考价值。但实际上，二者是有根本不同的：行为科学以资产阶级利己主义、历史唯心主义为理论基础，思想政治教育选择以马克思主义为理论基础；行为科学的根本目的是调和劳资关系，训练、笼络雇佣劳动者，以取得更多的剩余价值，而思想政治教育学的根本目的是提高全体人民的思想政治道德素质和科学文化素质，建设社会主义现代化强国。总之，对行为科学的借鉴应做到去粗取精，去伪存真，从而更好地服务于思想政治教育学科建设和发展。

在行为科学之后，西方的管理科学得到了很大的发展，有不少内容都反映了现代社会化大生产的共同规律，值得我们认真学习、研究、吸收和借鉴。我们党在推进马克思主义中国化进程中，善于汲取古今中外的人类智慧，不仅将我国传统和谐文化中重人文、重整体、重和谐的思想推陈出新，而且很好地借鉴了西方的管理理论和方法。党的十四大报告强调建设好企业文化、校园文化、乡镇文化、社区文化，党的十六大报告提出建设学习型社会，十七届四中全会又进一步提出建设学习型政党。思想政治教育学当然也要责无旁贷地应用学习型组织理论，推进学习型组织、学习型社区、学习型社会、学习型政党的建设，为此，就要首先把思想政治教育部门、机构、队伍建设成为学习型组织。

（二）思想政治教育学与教育学、伦理学、心理学、政治学、社会学等学科

教育学是研究教育现象及其规律的一门科学，它主要探讨教育的一般原理，是整个教育科学体系的基础学科，对教育科学体系中的其他学科都有指导作用。思想政治教育学与教育学作为两个独立的学科，思想政治教育学研究是对各行各业所有人进行的思想政治教育，而教育学主要研究一般的学校教育。它们的同源行为都遵循教育学的一般规律、原则，有着密切的联系。但思想政治教育学并不是简单的套用教育学，而是借用其原理方法以研究政治教育所固有的特殊规律，进而建立思想政治教育学特有的原理、原则、方法的学科体系。例如，教育学注重教育的系统性、协调

性、一贯性，而思想政治教育注重一致性的同时，强调社会环境的影响与教育者的影响以及思想政治教育中各教育内容的影响。

伦理学是研究道德起源和发展、人们的行为准则、道德修养和道德教育的方法等问题。伦理学与思想政治教育学有区别也有联系。伦理学是专门研究道德和道德教育的科学，而思想政治教育学则是综合研究人的思想、道德和心理教育的科学，因此它们之间不可互相取代。但马克思主义伦理学所揭示的共产主义道德形成和发展的规律、基本原则和规范，为思想政治教育学提供了一定的理论依据，是思想政治教育研究的重要内容。思想政治教育学借鉴和应用伦理学的基本原理，既能更好地研究和解释人的思想品德的形成和发展的规律，又会丰富和发展马克思主义伦理学的理论学说。

心理学作为介于自然科学与社会科学之间的一门学科，借鉴其研究成果对于发展思想政治教育实践和理论具有重大意义。心理学是研究心理规律的学科，对许多社会学科具有基础性地位。思想政治教育学研究内容的一个重要方面，就是研究人的思想品德的形成和发展的一般规律，也就难以避免地涉及人的心理活动。心理学的有关知识和方法也就得以为思想政治教育学所借鉴和应用。如心理学注重认知、情感和行为实践训练相结合产生完善个性和品质问题。思想政治教育学的"晓之以理、动之以情、导之以行、持之以恒"的规律，正是建立在心理学规律基础上的。两者之间有密切联系的同时当然也存在着明显的区别。

政治学是研究国家学说、政权理论、政治制度和政治思想史的学科，主要研究政治思想、政治关系和政治生活准则等，对人的思想观念和立场影响极大，制约着人的思想行为的发展，是思想政治教育学确定教育任务和内容的重要依据，而思想政治教育学主要研究通过怎样的教育途径和手段将其内化为受教育者的思想品德。

社会学是研究社会和社会问题的一门学科，从某种特有的角度，或侧重对社会，或侧重对作为社会主体的人，或侧重对社会与人的关系，进行综合性的研究。此外，社会学有一套比较成熟的社会调查和统计分析的方法，如观察法、抽样法、统计推论法、社会实验法等。这些方法对于加强思想政治教育的定量分析和定性分析相结合具有重大的实践意义，对于促进思想政治教育学学科发展具有深远影响。

此外，与思想政治教育学有着密切关系的学科有法学、美学、人格学、人才学、系统科学等，以上不同学科都可以从不同方面为思想政治教育学提供了可借鉴的理论知识和实践方法。

第三节 党建与思想政治教育内容课程化的做法、形式、途径

一、党建与思想政治教育的内容

（一）进行中国梦的宣传教育

理想的作用是指引人生，它是青年决定事业成败的关键因素之一。一个人缺失理想信念就会丧失向上向善的力量，一个民族缺失理想信念，就难以自立于世界民族之林。面对国内外多种因素挑战的新问题，意识形态领域的多元化价值观念冲撞的新情况，对加强高校意识形态建设意义重大。意识形态领域越复杂，社会越是多样化，就越需要主心骨，就越需要引导。当前在高校培育和践行社会主义核心价值观就是主心骨，是实现中国梦的灵魂。要坚持一元化与多样性相结合、典型性与普遍性相结合、教育性与实践性相结合、着力在意识形态建设的实效性、有效性上下功夫。

理想信念教育是大学生思想政治教育的核心。中国梦是马克思主义基本原理与中国实际相结合的产物，与大学生理想信念存在价值上的契合。以中国梦引领大学生理想信念教育是继承党的优良传统的必然要求，是弘扬主流意识形态的时代需要，是思想政治教育学科自觉的现实选择，是大学生全面发展的必由之路。

习近平同志指出："实现中华民族伟大复兴，就是中华民族近代以来最伟大的梦想。这个梦想，凝聚了几代中国人的夙愿，体现了中华民族和中国人民的整体利益，是每一个中华儿女的共同期盼。"这一时代性的解读深刻地道出了中国梦与个人理想在价值上的契合性。中国梦本身即是一种理想信念，它既是中华民族的集体理想，也是包括大学生在内的每个中华民族成员奋斗的最终归宿。对大学生进行"中国梦"教育，是当代大学生理想信念教育的最新形势和鲜明主题。中国梦，最终将由一个个鲜活生动的个体的梦想汇聚而成。

中国梦彰显了中国特色社会主义道路的正确性、理论体系的科学性、规章制度的合理性，揭示了中国特色社会主义共同理想的基本特征，勾勒出了中国特色社会主义共同理想的发展历程，科学地回答了中国特色社会

主义共同理想实现的具体路径，是中国特色社会主义共同理想的通俗表达。

在全党深入开展以务实、为民、清廉为主要内容的党的群众路线教育实践活动；高度重视意识形态工作，对培育和践行社会主义核心价值观做出了深刻论述和强调部署；坚定不移地推进全面深化改革开放，给中国特色社会主义不断注入了新的活力。这些新思想、新理念、新举措，集中体现了以习近平同志为总书记的党中央对中国特色社会主义的深刻领悟和全新理解。

现在的大学生需要中国梦来激励和引领，作为宣传思想政治教育工作的重要阵地，互联网在中国梦教育工作中显得尤为重要。要充分利用大学生网络社区的传播优势，促进中国梦教育与学生思想实际的紧密结合；把握大学生的网络信息规律，在主动灌输和互动交流中实现中国梦教育的有效性；紧紧把握新媒体的发展趋势，以全方位的网络阵地建设增强中国梦教育的覆盖面和影响力。

（二）国内外形势与青年的担当

放眼看世界，我们会发现国内外形势正在发生深刻的变化，以信息科学、信息技术为主要内容的世界新技术革命正在形成新的高潮，世界经济正在走向知识经济，经济、社会的发展越来越依赖于知识和科学技术的发展，特别是依赖于高科技的发展和新知识的创造，世界各国抢占知识经济制高点的竞争日益激烈。当前世界经济正处于新一轮经济周期的上升期。今后5~10年，世界经济发展速度将快于20世纪八九十年代。中国、印度、俄罗斯和巴西等发展中大国的先后崛起，将加速国际经济关系调整与国际政治格局演进，多极化趋势将日趋明显。美国经济"双赤字"将使世界经济发展失衡，美元贬值、油价飙升，使全球经济风险加大，但世界经济整体趋势依然向好。

年轻人是祖国的未来，是民族的继承人，他们将决定祖国的命运。大学生，作为青年中的佼佼者，是具有优势的特殊群体，因此必须坚定自己的理念，时刻牢记自己的历史使命，肩负起时代的重任，大学生社会责任感的强弱将关系到全面建设小康社会的进程，关系到实现中华民族伟大复兴，可以说大学生的教育质量深刻影响着国家的历史命运。认清大学生的历史使命，应做到以下几方面。

（1）大学生应关心祖国和民族的命运。当代大学生不是以个体存在，而是生活在"社会主义"这把保护伞之下。高举爱国主义的旗帜，继往开来，为中国沿着社会主义方向前进而做出自己应有的贡献。要把自己的命运与国家民族的命运紧密联系起来。要多关心国家大事，了解国际动向，在文字上、在演讲台上抒发爱国之情，要付诸行动，实现振兴中华的宏伟愿景。

（2）大学生要响应党和国家的号召，顺应人民群众的需要。扎根基层，投身西部，积极到偏远贫困地区支农支教等。

（3）大学生要努力学习科学文化知识，培养创新能力。对自己负责，加强道德修养，锤炼道德品质，提高自己的科学文化素质和思想道德素质，踏实学习，端正世界观、人生观、价值观，脚踏实地实现人生追求，为迎接未来的激烈挑战打好基础。要顺时代潮流而动，做时代的弄潮儿。积极培养自己的创新意识，提高创新能力，投身社会主义现代化建设事业，勇于承担起对国家、社会、家庭的责任，为人类发展、社会进步贡献出自己的一份力量。

（4）大学生要具有全球意识，承担国际责任。遵循和平与发展的时代主题，贡献出自己力所能及的力量。培养地球公民意识，开阔视野，拓展心胸，慎独自省。

（三）培育并践行社会主义核心价值观

青年的一个重要组成部分是大学生。大学生是中国特色社会主义事业的建设者和接班人。社会在不断转型的过程中，大学生的思想观念和目标追求也发生了重大变化，但是行为和思想却有着差距。他们理想上追求真善美的精神境界，却因各种利益问题受到了阻碍。有些同学往往只专注学业，缺乏社会的基本常识，也就不能树立正确的世界观、人生观、价值观。随着社会的政治、经济、文化的发展以及大学生的自身特点，大学生们必须树立正确的社会主义核心价值观作引导。

大学生要通过认真、深入学习，全面理解、认识社会主义核心价值观。通过阅读《社会主义核心价值体系学习读本》等，听取重要的讲话、讲座，了解社会主义核心价值观的内容，把握社会主义核心价值观的目标，理解社会主义核心价值观的意义。其次，大学生们可以从优秀传统文化中汲取营养。中华传统文化博大精深、源远流长，为中华民族生生不息、发展壮大提供了丰富的滋养和沃土，使中华文明绵延几千年而未曾中断。培育和践行社会主义核心价值观，就要从中华优秀传统文化中充分汲取养分，与当代文化相适应、与现代社会相协调。

二、党建与思想政治教育的课程化

(一) 课程化视角下的党建与思想政治教育

1. 丰富高校学生党建与思想政治教育课程的教学方式

以课程化模式开展大学生党建与思想政治教育工作时,他们毕竟还是学生,为了提高教学质量,应当把党建与思想政治教育内容融入到学生各种实践活动之中,对教学方法要统一规划,丰富其形式,全方位深入到学生学习生活空间。

大学生入党积极分子和党员是同龄人中的佼佼者,是正处于思想和心智逐渐成熟过程中的年轻人,也会面临着成长的困惑、思想的波动等实际问题,所以,最终坚定学生的共产主义信仰,使学生在认识社会、拓展素质的同时,真实感受到党领导的社会主义现代化建设成就,以及马克思主义理论体系对大学生健康成长、思想成熟的重要指导作用。

2. 树立高校学生党建工作课程的教学目标

以各种活动和主题教育为拓展内容载体,以大学生党建与思想政治教育工作在学生成长中的重要作用为依据,不断加强学生党员自身建设,确定培养学生坚定共产主义信仰的教学目标。

以学生党员个体为施教对象,其中的基础内容要以学生党员的党性教育、先锋模范性培养为主要目标,达到发挥学生党员示范作用的目标通过两类教学内容的实施。

3. 明确高校学生党建工作课程的教学内容

结合大学生时代特点和成长规律,对高校学生党建与思想政治教育教学内容的设计,是在以学生为本的基础之上进行的,从课程化视角出发,围绕高校学生党建与思想政治教育工作要点和要求,以大学生党校学习、组织发展对象培养考察、学生党员培养教育等工作为中心,涵盖从大学生入党启蒙教育到学生党员教育培养全过程的多项工作,以基础内容和拓展内容两部分,完成基层党组织的建设工作。

在基层党组织的组织下从普通同学、入党积极分子、学生党员多个层次设计开展各项专项教育教学活动。例如,"党员先进性教育活动""党的群众路线教育实践活动"等,突出时政性和学生成长需求的动态性,让大学生基层党组织建设与时代发展相结合。

（二）党建与思想政治教育课程化的形式与途径

1. 大学新生思想政治教育

针对学生在学习、生活、思想、心理等方面的变化和要求开展的一系列工作，学校按照培养目标和大学教育的特点，培养大学新生思想政治教育课程化是在新生入学后的一个重要环节。

大学生活与中学生活存在着巨大的差异，大学生入校后所面临的是全新的环境、全新的伙伴、全新的生活、全新的学习方式，正是新生独立生活的开始，为使大学新生尽快适应新的生活，新生入学教育就非常必要。入学之后，辅导员除了进行学习适应辅导、心理辅导外，还需要对新生进行制度、生活等方面的适应教育，诸如需要开展爱校教育、专业思想教育、法规校纪教育、适应教育、理想信念教育等一系列具体的入学教育活动。有助于新生树立科学的世界观、人生观和价值观，明确学习目的，端正学习态度，增强学习动力，顺利完成从中学到大学的过渡，尽早认清大学生活的特点，并以此为基础，规划新的生活，将直接影响到他们大学生活的质量和学业的完成，为以后的大学生活开创良好的局面。

高校管理者为了让大学新生尽快适应大学生活，需要统一部署、周密安排入学教育工作。如何在入学教育中采用大学新生乐于接受的方式，采取他们熟悉管用的载体，把正确思想的教导与积极的启发引导结合起来，把解决思想认识问题和实际问题结合起来，增强思想政治教育工作的吸引力和针对性，成为每所高校重点考虑的问题。但当前的新生入学教育中仍存在教师不够专业、方式不够恰当、学生不够配合等问题。应注重顶层设计，打造入学教育的师资团队、改进方式方法，以提升教育质量和效果。

2. 对大学生进行日常思想政治教育

高校辅导员对学生进行日常思想政治教育，做好服务育人工作，充分发挥其主阵地的作用，首先要充分认识辅导员和班主任开展日常思想政治教育工作中的责任感、使命感和自觉性。

高校学生日常思想政治教育是指辅导员和班主任等高校学生工作人员根据党的教育方针和高校思想政治教育工作的要求，从学生的认知发展规律出发，针对不同学生的思想实际，以宿舍、党团组织、班级和学生社团为载体，从学习、生活细微入手，对高校学生的政治素质，思想品德、心理健康以及其他养成教育进行潜移默化影响的一种教育手段。其主要任务是及时发现和解决学生在思想、学习和生活等各方面存在的问题，保证学生身心健康成长和学习任务的顺利完成，促进学生成长成才。日常思想政治教育是深化大学生思想政治理论教育的关键补充，是提高大学生思想政治教育有效性的重要手段。

3. 班级及党团组织建设

在各高校当中，党团支部、班级是高校最基层的学生组织，共同肩负着教育、引导和服务青年学生的责任。党团组织和班集体作为大学生成长成才的重要空间，也是辅导员开展工作的重要平台，党团组织和班级建设是一项长期的重要的工程。

（1）党团建设的现实思考。我们要加强和改善大学生思想政治教育，培养社会主义事业合格的接班人。高校是培养专门人才的地方，作为党组织，培养社会主义事业建设者和接班人是高校党组织的根本任务。当前影响大学生党员发展质量的问题主要有经验主义认识误区、发展工作机制缺乏协同、质量保障体系不完备等。解决这些问题，必须按照"控制总量、优化结构、提高质量、发挥作用"的总要求，以发展质量为根本，以党建工作创新为关键，以创新模式、创新管理为重点，积极探索党建工作新平台，形成党建工作新推力，构建质量保障新体系，为提升大学生党员发展质量奠定坚实基础。

大学生党组织是凝聚优秀大学生并发挥其在大学生思想政治教育中的骨干带头作用和先锋模范作用的战斗堡垒。青年是民族的希望、国家的未来，只有赢得青年，才能赢得未来。

第一，定期分析大学生党员的发展状况，科学指导学生党员发展工作。认真审查新生党员材料，保证新生党员质量。把握新时期发展学生党员的具体标准，把党章规定的党员条件具体化，在推进、发展、转正各环节中严格执行标准。建立发展党员工作检查制度，将发展大学生党员工作列为院（系）党组织目标管理的重要内容，作为院（系）党组织工作考量的重要指标，以高度的政治责任感和使命感，不断加强高校党的作风建设，为推动高等教育事业科学发展提供有力保障。

第二，提高大学生党员发展质量。完善党员思想汇报制度、党员上党课制度、党员活动日制度等，严格党内民主生活制度，创新组织生活形式，增强组织生活的吸引力、感染力，认真开展批评教育，不流于形式，加强入党后教育，确保大学生党员在思想上入党。

第三，发挥大学生党员先锋模范作用。高校党支部作为高校的基层党组织，承担着培养优秀大学生并吸收其到党组织中，不断为党组织输送新鲜血液的重要任务,在大学生思想政治教育中发挥着不可替代的作用。加强党支部建设,坚持理论与实践相结合,开展大学生党员主题社会实践活动。搭建学生党员服务同学、服务群众、服务社会的平台,充分发挥先锋模范作用。学生党支部要形成有效的激励机制,辅导员可以有意识地培养一批学生党支部建设特色群体和示范群体,定期开展党内表彰活动,选出优秀大学生党员标兵、学习之星、创新之星、自强之星等先进典型,用可亲可近、可学可鉴的身边人和身边事教育影响广大青年学生,引导他们自我教育、自我管理。

第四,不断提升学生党建工作水平。结合当前整治"四风"问题,以此作为党的作风建设的切入点和突破口,推动作风方面问题的解决,良好的党风会给师德、师风、学风、校风以巨大的影响,与此同时,总结新的实践经验,切实加强高校党的作风建设,不断培养优良的思想作风、学风和工作作风。

第五,学习型党组织建设是新时期党建工作科学化水平的重要内容之一,高校作为知识创造、传播、教育的重要场所,应当成为学习型党组织建设的倡导者和示范地。高校学习型党组织知识共生机制建设应着力于:以实现高等教育四大功能为导向,树立高校学习型党组织知识愿景;以和谐校园建设为契机,识别高校学习型党组织知识共生单元;以集体学习制度为核心,创新高校学习型党组织知识共生模式;以现代大学制度为引导,培育高校学习型党组织知识共生环境。

第六,信息时代背景下,发挥网络舆论的正向引导,推进党建网络工作的建设与优化。在当今信息多样化、传播多渠道的微时代背景下,党员越来越及时、广泛地接触信息,对大学生基层党组织生活带来了机遇的同时也提出了挑战。党务工作者应针对大学生基层党组织生活的现状,主动顺应微时代潮流,搭建组织生活"微平台",将主流意识形态、社会主义核心价值观与"微媒体"形成对接,给大学生基层党组织以正向的舆论引导。

(2)班级建设的实践探析。班级作为学生管理的最基本单位,要发挥好思想政治教育的载体功能,班集体应形成明确的奋斗目标,拥有向上的精神风貌,为班级成员成长成才提供良好的环境。班级是高等学校的基本组成单位,最初作为一种教学组织形式而设立,随着功能的拓展逐渐成为承载了教学、管理、服务等多种功能的学生群体的集合。班级文化体现在制度建设、各类活动、班级风气、寝室文明、学生精神面貌等方面,能够从氛围塑造、活动创新、人心凝聚三大方面着手开展班级文化建设。新时期大学生群体特点变化对学生与集体关系产生了深刻影响,并对班集体建设提出了新的要求。要以特色班集体文化建设为核心，以特色文化建设、集体形象建设、网络平台建设、工作机制建设为主要措施，设计好班级建设方案，并进行具体实践，推动基层班集体建设。

班风影响到学生的综合素质，具有隐形的力量，能凝聚、约束、鼓舞、同化周围同学，深刻影响着他们的将来。当前，大学生班级存在班级凝聚力不强、缺乏规范的班级管理制度、学习氛围不浓等问题，为此，可以发挥"同群效应"，探索形成良好的班风。班级建设是辅导员、班主任开展工作的关键环节，而班级建设归根到底是班风的建设。所谓班风是指一个班级的风气。它是在共同目标的指导下，在认识一致的基础上，经过班级全体成员共同努力，逐渐形成一种行为风尚，使集体形成一种较稳定的精神状态，是一种无形的力量。从根本上说，它是一个班级德、智、体诸方面质量水平的综合体现，是班级全员的作风。树立先进典型，发挥示范效应，培养群体意识，提高班级凝聚力，增强班级荣誉感；抓好"领头羊"，实现学习自我管理和服务；注重班级制度、文化建设，杜绝不良风气；确立"三位一体"的班级管理模式，发动辅导员、班主任、学生干部共同完成班级管理任务。

（3）高校学生党建与思想政治教育相结合的对策。

①大学生党建与思想政治教育要贯彻以人为本。高校学生党建要渗透到思想政治教育工作的全过程，始终坚持以人为本，敢于创新思想政治教育的新途径。党组织要保障、尊重党员的民主权力，树立学生党员作为学生党建主体的观念，加强他们的自我监督、教育、管理意识，培养他们在组织中的责任心和热情。同时，高校要努力满足大学生的物质文化需求，在尊重学生、平等对待学生的基础上，不断完善党务与思想政治教育工作。

②大学生党建与思想政治教育要建立互动机制。目前我国高校的理论教育都是由党校和思想政治理论课教学部门承担，而行为教育则是由学生管理部门管理。从现在高校现状来看，思想政治教学部门和学生管理部门之间的联系并不紧密，理论与行为教育分离，导致教学效果并不好。解决这个问题，思想政治教学部门和学生管理部门要实现有效的沟通，形成良好对接，让学生在课堂上多表达自己的想法，同时加强对网络学习的指导管理，通过网络教学这个传播平台与学生进行互动，同时重视对学生进行心理疏导、鼓励，坚持学生党建和思想政治教育有机地结合。

③大学生党建与思想政治教育要培养复合型人才。要坚持以科学发展观为指导的思想政治教育，充分发挥大学生的潜能，弘扬科学精神，进行科学教育。大学生有全新的思维模式，敢想、敢于接受新观点、新知识的

能力也快，因此加强对大学生的创新教育非常必要。在专业知识得到一定的提高的同时，思想道德水平也是评定大学生人才的重要标准，搞好高校党建与思想政治教育是培养复合型人才的必要保障。

4. 校园文化建设

校园文化以校园精神为底蕴，是高等学校特有的一种文化现象，以师生文化活动为主体，以社会先进文化为主导，是校园中的所有成员在长期的办学过程中共同创造、形成的校园物质、精神文明的总和。

（1）全面繁荣学生社团文化。学生社团在校园文化建设中发挥着非常特殊的作用，更因其以学生为主体而在育人体系中占据重要位置。加强学生社团建设是高校思想政治教育工作的重要任务，是落实思想政治教育工作中的载体和有力平台。伴随着高等学校国际交流的升级，学生社团的国际化进程也在逐步加速。随着时代变革、价值观变化，辅导员应深入研究当前学生社团的具体特征、发展规律、未来趋势，完善机制，从而指导学生安排好自己的社团活动计划。

近几年，各种社团活动在高校校园中可谓如雨后春笋。无论从涉猎范围、研究领域，还是活动方式、发挥作用来看，学生社团在校园中都具有极强的生命力和极大的影响力，已成为校园文化建设的主力军。因此，如何加强高校学生社团的建设，如何发挥其在建设高水平和谐校园文化中的积极作用，就成为新时期高校学生工作中的一个重要课题。辅导员要充分发挥学生社团在和谐校园文化建设中的作用，坚持健康高雅、积极向上的活动方针，使学生在富于思想性、时代性的社团文化氛围中受到熏陶，得到升华。

全面发展的高素质大学生人才是我国小康社会和现代化建设的现实需要。高校社团作为大学生锻炼能力、提高素质的重要载体和平台，其素质拓展功能与大学生素质要求具有高度的契合。

打造优质、精品的高校社团，发挥它们在大学生素质拓展方面的功能，需要高校领导、管理部门、社团自身乃至全校师生的共同努力。活动是社团的生命，品牌是社团的灵魂。社团建设过程中，要坚定立场，鼓励创新，争创特色，社团管理过程中要健全规章、自主管理、合理评价。调动社团成员的积极性，促进社团工作有效开展、顺畅进行。

（2）建设高水平的和谐校园文化。"和谐"是校园文化的主要衡量标尺，和谐校园中彼此关爱、团结互助、充满人文气息的氛围，将会使身在其中的学生充满自信、富有爱心、朝气蓬勃。在和谐的校园文化中生活、学习和成长，学生才能够身心和谐、全面发展。新时期校园文化建设的基本理念是：面向世界发展的潮流，立足中国文化发展实际，确立与社会前进、时代要求、文化发展相一致的校园文化建设理念；结合高等教育发展阶段性特征，服务人才培养，确立与学校整体发展相协调、大学精神相符合、育人目标相统一的校园文化建设理念。概括地讲，建设和谐校园文化的基本任务是：以理想信念教育为核心，加强校园人文环境和自然环境建设；以爱国主义教育为重点，积极开展校园文化活动；以重视和加强校风建设，培养良好的教风和学风为要点，深入进行公民道德教育和素质教育。

5. 大学生网络思想政治教育

随着科技进步的日新月异，互联网深刻影响着社会生活的各个方面，改变着人们的学习、工作、生活与思维方式，这为我们在新形势下加强和改进思想政治课程化教育工作既带来了机遇，也带来了挑战。大学生作为重要的互联网用户群体，上网渐渐成为他们学习、生活的重要组成部分，影响着他们的心理健康、道德观念、价值取向、政治态度、行为模式。

加强大学生网络道德与法制教育而成为高校学生思想政治教育面临的一项紧迫任务。网络为大学生带来方便快捷、无穷欢乐的同时，也对大学生的健康成长带来消极影响，虚幻的网络空间带给人们身心愉悦的同时，人性的弱点也尽情呈现于上，色情、虚假、垃圾信息等日益泛滥，渐成痼疾，信息欺诈、信息污染、侵犯知识产权和个人隐私等道德问题和违法活动层出不穷。良莠不齐的信息和形形色色的负面影响导致的直接后果就是有的大学生道德沦丧；甚至有的大学生因为迷恋网络而走上违法犯罪的道路。

为了应对网络社会给思想政治教育带来的诸多变化，加强网络道德与法制教育。避免思想政治教育会成为无水之源，无本之木，采取积极有效的应对措施，帮助大学生在面对网络时保持积极的心态，把握和平衡虚拟与现实之间的关系，以现实性为主导，克服由网络引发的心理问题，提高大学生认识、分析、解决问题的能力，才能使大学生群体在纷乱杂芜的信息大潮中及时分清良莠，增强对网络文化的识别、抵诱能力，从而拒绝道德堕落、守住良知。

6. 形势与政策教育

形势与政策教育，对加强和改进大学生思想政治课程化教育工作意义重大，直接关系到学生能否正确认识党和国家各项政策的制定、实施、开展，关系到学生正确形势观和政策观的形成。

形势与政策课是高校思想政治理论课的重要组成部分，帮助大学生树立正确的世界观、人生观、价值观，成为社会主义合格的建设者和可靠的接班人。在大学生思想政治教育中担负着重要使命，具有不可替代的重要作用。

形势与政策教育是高等学校学生思想政治教育的重要内容，是提高大学生综合素质、开阔胸怀视野、增强责任感和大局观十分重要的方面，具有现实性、具体性、稳定性和动态性并存，时效性、理论性和政策性相统一的特点，成为大学生日常思想政治教育的主线。

形势与政策教育主要包括基本理论、基本形势以及热点问题三部分内容，前两部分相对稳定，第三部分相对变化。形势与政策教育需根据教学需要和学生特点，采取灵活多样的教学样式，如系统讲授、形势报告、专题讲座相结合，请进来与走出去相结合，课堂教学与课外讨论相结合，正面教育与学生自学相结合等。为取得好的结果，必须重点做好以下几个方面的工作。

（1）关注国际国内时事，提高时效性。形势与政策教育内容具有现实性、具体性、动态性的特点，这决定了形势与政策教育的时效性。形势与政策的本身既具有不断变化发展的一面，又具有相对连续的一面。这就要求要根据大学生思想与学业实际，以丰富生动的内容和学生喜闻乐见、灵活多样的方式积极开展形势与政策教育，要抓住契机，积极关注国际国内时事热点问题，诸如一次重要会议的召开，一个重大事件的发生，一项重要文件的颁发等，通常与重要政策的出台、贯彻、调整相联系，与形势的发展相联系，因而往往会给人们带来不同的心理反应，并形成思想上的"热点"。

针对这种"形势热点"开展教育，使教育更现实、更有实效，就能取得理想的教育效果。对于大学生来说，他们对于知识和信息的接受有了更高层次的判断和衡量的价值指标。需要我们通过形势政策教育教导给他们的不仅仅是对这些事件的准确全面了解，而且要对它发生的背景、现状及其发展趋向有比较深入的理论思考、分析。

（2）关注学生思想实际，提高针对性。抓住学生最关心、要求最迫切、反映最强烈的问题，使学生学会自觉运用马克思主义的立场、观点和方法来认识国际国内形势发展变化的基本规律和趋势，寻找到学生思想需求与教学内容的联结点，从学生关注的热点、焦点问题入手，认清问题产生的背景、实质、发展方向、利弊等，使形势与政策教育富有针对性，力求通过与学生共同探讨，从而采取正确的应对策略。

（3）整合学科人才资源，提高知识性。形势与政策教育领域宽、跨度大，对教师提出了很高的要求。因此为了保持与校外的科研院所、政府机关及知名校友的联系，可以按教学要点组织专题辅导报告、聘请校内相应学科的教授组建"形势与政策教育专家教授讲师团"，同时还要适时组织形势与政策专场报告会，追求形势与政策教育过程的开放性，由各学院根据学生特点和思想实际明确需求后与专家教授联系，组织报告会。

7. 学风建设

在辅导员日常管理中，学风建设也是其中不可缺少的一部分。学生不只是要取得优异的学习成绩，更重要的是养成良好的学习习惯；学校不只是传授知识的场所，更重要的是引导广大师生积极营造良好的学习氛围。表面看来，学风中的问题主要体现在一些不良现象上，如上课迟到、抄袭作业、考试作弊等。但从深层次看，为学如为人，这些现象反映的是在当前环境下，高校部分学生在思想素质上，特别是人生观、价值观上出现了一些值得注意的问题，他们不知为何而学，大学中没有了家长的约束、班主任的监督，很多新鲜好玩的事物占据了他们的思想。

因此，让学生搞清楚为什么要学习、如何学习，加强学生主动学习意识至关重要。学风建设既是完成高校教学任务的前提条件，更是加强学生思想政治课程化教育的重要途径。国家和人民对大学生给予了很高的期望，辅导员有责任把他们培养成为社会主义的合格建设者和可靠接班人。

8. 大学生心理健康教育与危机干预

为了让大学生活更加丰富多彩，大学生必须具备良好的心理素质作为保障。随着社会的发展，人们的生活节奏正日益加快，竞争愈发激烈，人际关系愈发复杂，大学生作为一个特殊的社会群体，加之自己的特殊问题，对社会心理这块"晴雨表"十分敏感。如何帮助在校大学生摆脱心理问题、不断提高自身的心理素质，完成自身的健康成长和全面发展，是高校提升育人质量的重要内容，是高校学生工作的应有之义。大多数大学生心理品质较好，能够很好地解决出现的问题、应对各种生活、学习、工作中的压力，但他们仍非常希望能够不断发展和提高自己的心理素质，更好地迎接未来的挑战。鉴于此，"发展"应当成为贯穿大学生心理健康教育全过程的主线。对于少部分存在心理障碍的学生，心理咨询以及其他必要的干预更是必不可少的。

大学生的心理问题和思想问题有着非常密切的关系，生活适应问题、学习压力问题出现时，辅导员如果能够及时开展谈心活动，加强思想感情上的交流，一般可以化解问题，防患于未然。同时，全面细致的谈心是辅导员掌握学生成长环境、个性特征、思想动态等相关信息的有效途径，是下一步开展工作的基础，有利于与学生建立良好的师生关系。辅导员谈心应以宿舍为单位集中开展，实行主动约谈和随机走访相结合，与之协同的实施机制应重视谈心准备，营造融洽氛围，定位谈心角色，树立问题意识和动态跟踪、分类管理、长期研究的意识。

实践研究表明，高校心理健康教育是一个多层次、多渠道以及专业性很强的工作，既需要心理咨询专业人员，又需要学生、家长、学生骨干、教师的共同参与，做好专业心理咨询服务、课堂教学、科普宣传等的配合。其原则是"以发展性辅导为主，以障碍性咨询为辅"。

9. 大学生社会实践

大学生社会实践活动是按照高等教育培养目标，对在校大学生进行有组织、有计划、有目的，深入实际、深入社会、依靠社会力量完成的一种贯彻思想政治教育、培养综合素质的教育活动。广泛开展大学生社会实践，有益于实现高校"培养人才、科技创新、服务社会"的三项基本任务，有益于培养德智体全面发展的社会主义一代新人。读万卷书，还需行万里路。

高校辅导员作为大学生课外学习生活最主要的指导者，应高度重视社会实践的育人功能，多途径、多形式组织开展实践活动，引导大学生将书本知识与社会知识的学习有效结合起来，将个人理想和社会需要结合起来，促进大学生的全面健康发展。

思想政治教育在本质上是通过改造人的主观世界，提升人的思想、政治、道德素质，帮助人们改造客观世界的教育实践活动。社会实践与思想政治教育密不可分。社会实践活动在大学生思想政治教育中具有重要的地位和作用。实践证明，大学生社会实践活动能够得到广大学生的积极响应、热情参与，能够得到社会各界的有力支持与普遍认可，这也正是由其在高校教育体系中的重要地位所决定的。

经过20多年的发展，我国大学生社会实践显示出蓬勃的生机和朝气，取得了令人瞩目的成绩。有利于大学生正确认识并了解自己；增强适应社会、服务社会的能力；发展大学生的创新精神和创造意识；提高大学生的个人素养、个性品质。

大学生社会实践的参与面越来越广泛，活动内容和形式也是越来越丰富，主要包括实践教学、军事训练、社会调查、生产劳动、社会服务、科技发明、学习参观等方面。社会实践活动体系是一个复杂的工程，需要进行精心准备和筹划，让大学生有计划、有组织、有程序、有章法地参与其中，最大限度地发挥个体才能，取得实效，从中受益。

10. 主题推进式教育

新时期大学生思想政治教育课程化工作中，教育工作者面临着如何提高大学生日常思想政治教育的实效性这样一个亟待解决的问题。高校主题推进式教育活动无疑已成为一个重要的途径，新形势下，必须不断创新思路、采取行之有效的长效方法，建立主题推进式教育实践的长效机制。

遵循大学生成长成才规律、教育发展规律和不同阶段学生主体的特点，以"主题推进式教育"为载体，在不同的学生群体中确定相应的教育主题进行的相对集中的教育实践活动，从而提升思想政治教育效果。理论价值上，有利于有针对性地开展党员教育活动，增强党组织的凝聚力、感召力、号召力，提高党员自身素质，激发大学生党员创优争先的动力，增强大学生党员教育的互动性、开放性，推动高校党建工作理念创新。

实际意义上有利于教育内容联系学生发展实际情况，贯通大学生党员教育的全过程，实现教育过程的延续统一，从而推动大学生党员今后人生道路发展。主题式教育模式的探索促进了学生党员成为高校党建工作的主体，使他们的思想觉悟、道德修养和各方面能力均得到普遍提高，从思想上登上了一个更高的台阶，实现了从理论学习到行为实践的锻炼与转化。

（三）党课课程化实践

党课的课程化是党建与思想政治教育课程化的重要途径。高等学校党课课程化有利于提高党课教育的地位、规范党课教学程序、深化党课内容、丰富授课形式，完善党课教育体系，增强党课教育效果。目前来看，各大高校均已认识到现行党课体系存在的问题，不断探讨和研究。这也说明了在学习型党组织建设的大背景下，党课课程化、规范化是党课发展的必然趋势。

1. 党课课程化的理论探索

党建与思政教育的课程化中的党课课程化为了更加深入，应当围绕课程目标、课程内容、课程类型与方式、课程考核等几个方面来探讨。

通过大学四年对党课教育的认识和持续的学习，可以做到一个感性到理性，由量变到质变，由浅入深的认识，将党课贯穿于大学生党员教育、发展、培养的全过程，由校方引导党员、入党积极分子通过党课的学习改变自己的主观世界。使党课的课程化达到螺旋式上升的良性循环的过程，系统地安排党课内容及其各级各类党课进程，实现党课培养目标，

（1）党课的课程目标。为了使院级党课教育工作有所遵循和依据，学校应及时制定出台有关加强和改进党课教育的指导性文件，因为学校党课教育是大学生思想政治教育工作和高校党建工作的重要组成部分，是中国特色社会主义现代化建设事业可靠的接班人，因此，党课目标应与高校党建工作、高校思想政治教育工作的目标相一致。

各级各类党课应当在每年制定党课教学大纲，高校党建工作目标应当制定更为细致、合理的课程培养目标，在这个基础上，结合学院特色、学生特点、教学内容指导实践工作。

（2）党课的课程载体与授课方式。实践活动、网络教学、理论教学这三种授课方式必须统一，以课程载体为例，为了充分发挥学生党员的积极性，可与党支部活动结合，讲授党章、党史和党的基本知识、马克思主义理论等，通过志愿服务活动、寒暑假调研活动相结合，渗透党组织的吸引力和影响力，通过考核党课学员行为表现，引导学生关注国家、社会的热点问题，通过学生参加网上党校学习检验理论教学成果，发挥党员先锋模范作用。

（3）党课的课程考核。针对党课的课程考核首先应该充分发挥量化考核结果的反馈能力、结果监督能力和激励作用，做到检验目标和促进成长，本着考核人本教育理念，重在成才和成长及关心学员，同时树立榜样，以过程考核为主，表彰优秀的个人和先进事迹，为学员树立标杆，帮助学员分析问题。检验考核目标达成情况，在学习过程中引导学员提高自己、反思自己，同时调整自己。

2. 高等学校入党积极分子党课课程化的实践

高校应当重视党员的发展和对党员的教育工作，对积极分子、发展对象、预备党员及党员开展分层次教育和培养工作，特别是对入党积极分子党课课程化的实践应该给予重视。

首先对入党积极分子进行统一授课，注重学生主体性的发挥。在课堂上不仅要有传统的讲座和报告，还要加强入党积极分子的自学能力和氛围，加强入党积极分子的自律和服务社会的引导。根据具体情况可以采取以下措施：采取小组交流互换意见，进行演讲比赛、读书笔记阅览等活动，让学生亲自体验到学生的主体性，通过学生的亲自动手和竞争来提高自己对高等学校入党积极分子党课的认识；为了渗透党课教育，在授课过程中还可以穿插一些红歌比赛、情景剧表演等活跃气氛，同时也可以让入党积极分子在轻松的环境下深入学习党课课程。

其次是对高校入党积极分子的党课课程考核和评价，针对社会现状和时代的快速发展，新时代下的党课考核必须综合考虑学生的社会实践能力、结业考试和读书笔记等表现，不能仅仅依靠学生的结业考试来评价学生的成绩，应当采用定量和定性的考核方式，对高校入党积极分子进行考核。针对综合考试可以设定为结业考试占整体考试的60%，社会实践考试占20%的一个考核比例结构，这种考核比例的设定主要是为了培养学生的自主参与和社会实践能力，在不知不觉中督促学生养成自学的良好习惯。同时，对党课课程的考核结果可以更好地发挥调整、反馈作用，及时调整上一期党课内容、授课方式以及党课考核的指标权重，更好的达成党课教育的目的和效果。在学习型党组织建设的社会背景下，高等学校党课课程化是积极响应并落实学习型党员队伍建设的体现，只有不断坚持和完善党课课程体系以及党员的发展、培养和教育的制度建设，才能保障党员培养质量，提高党员素质。

第五章　心理健康教育课程化研究

大学生心理健康教育课程化研究，其中明确了思想政治与心理健康教育的区别与联系，通过结合团体辅导案例掌握团体辅导的技巧，掌握深度辅导的干预技巧，从而对团体辅导与深度辅导有深入的理解与认识，心理健康教育课程化研究的心理危机对学生在面临重大危机时的应对和缓解的研究，都是了解大学生心理健康教育课程化研究的重要途径并具有一定的研究意义。

第一节　心理健康教育概述

对于心理健康教育课程化研究，首先要从了解心理健康教育开始，了解大学生心理健康教育的含义和健康标准及大学心理健康教育中容易出现的问题，通过以上问题的叙述，进一步深入了解心理健康教育对心理健康教育课程化研究的意义及思政教育对心理健康教育课程化研究的影响。

一、心理健康教育的含义

大学生心理健康教育研究的基础包括它的含义及标准。1946年第三届国际心理卫生大会解释心理健康教育为：在个人职业生涯中，能够使自己的能力得到充分的发挥，能够使自己的生活过得有效率；在身体、情绪和智力方面可以相互协调发展；在适应环境方面，能够将自己的人脉关系做到彼此融洽和谦让。

二、心理健康教育的标准

在国际上心理健康教育标准不同国家的学者给出的解释也不用一样，比如，有的学者认为适应生活状况是心理健康教育的标准之一；有的学者则认为良好的行为习惯是心理健康教育的标准之一;有的学者则把人的潜能实现度定为心理健康教育的标准;还有学者重视积极自我概念。

(一) 国外标准

1951年美国人本主义心理学家 A. H. Maslow 和 Mittelman 提出了心理健康的十条标准。

(1) 安全感和自尊心必须充分满足。

(2) 对于自己的能力有恰如其分的评价。

(3) 个人理想、目标与实际情况相切合。

(4) 有自知之明,适应周围现实环境。

(5) 人格能够保持完整与和谐,个人具有适应社会力的价值观。

(6) 能够从环境中学习经验,有较强的环境适应能力。

(7) 与他人交往坚持利己利人的原则,有良好的人际关系。

(8) 有一定的情绪控制能力,能适度地进行情绪的表达、宣泄等。

(9) 在服从大背景团体的要求下,也能够得到一定程度上的个性张扬。

(10) 在遵守社会规范的同时,个人能够得到相当程度的基本需求(如安全需要和生存需要等)的满足。

(二) 综合标准

大学生的心理健康教育标准,综合国内外学者的观点可以概括为:智商和情商均处于正常水平以上;人格健全;恰当地进行自我评价,接纳自我;拥有基本的适应能力;具有较强的社会交往能力等。

目前我国大部分学者对心理健康教育标准的观点较一致,即:

(1) 和谐的人际关系。

(2) 良好的社会适应能力。

(3) 活动效能具备年龄上的一致性。

(4) 正常的认知能力。

(5) 适度的情绪反应。

(6) 健全的意志品质。

(7) 客观公正的自我意识。

(8) 规范有序的行为表现。

(9) 完整的人格结构。

(10) 积极乐观的人生态度。

（三）心理健康教育课程化研究标准

1. 情绪健康

大学生情绪健康，表明他们能保持愉快的心情且怀有希望。然而大学生难免会遇到挫折或困难，如果他们对此很快地适应，也标志着其情绪是健康的。

2. 完整的人格

个人的知、情、意、行等都是统一协调的，一个人的人格是健全的，这就是完整的人格。

对于大学生来说，人格特征与其身份、年龄特征相符合，同时具有积极进取的人生观，人格结构中各要素统一协调，符合以上条件就表明他们的人格是完整的。

3. 正常有序的行为

由于大学生刚刚进入大学环境，生活经验等的缺乏，做事情时很可能会出现偏差的行为，这时需要新生经常通过自我调适让自己知道个人的行为是要受到社会环境的约束，不是自由无序的，因此正常有序的行为应该是自己的行为与社会规范的要求相一致。

4. 适应性强

判别大学生心理是否健康的重要标准是个体适应能力的强弱，也就是说一个人的适应能力是否比较强是心理健康教育的重要标志。

大学生刚刚进入大学环境，若能尽快适应大学校园这一新的学习环境和新的生活方式，那么就代表心理是健康的。

三、心理健康教育常见问题

当代大学生，很少经受过大的困难和挫折，心理承受能力较差，大部分成长过程比较顺利。针对当下社会环境对心理健康教育常见问题进行课程化研究。

（一）适应环境问题

由于环境适应的失败，影响了很多学生正常的学习和生活。从中学进入大学,学生完成环境适应时间较长,但是多数学生经过一段时间的调节适应,基本对新的环境能适应;少数学生适应不了新的环境,不能顺利完成这个转变,因此就会出现精神压力过大、神经衰弱、思想苦闷、人际关系紧张等问题。心理健康教育课程化研究的一个重要标志之一是环境适应能力,同时也是对辅导员课程化要求的重要条件之一。

(二) 情绪问题

心理健康教育课程化研究中的情绪问题是心理健康教育的要素之一,美国学者马斯洛提出,能控制情绪适度宣泄情绪是减少情绪问题重要因素。

在现实生活中,我们都知道有些学生有时会为了微不足道的小事,而闷闷不乐,让自己一天都不开心;有些学生为了一点小事常与别人大吵大闹;还有的学生情绪飘忽不定、喜怒无常。

这种过度的情绪反应都属于情绪问题,针对这种情绪反映出来的问题,我们要重视隐藏在学生背后的不健康的心理特质。

(三) 意志力问题

当今大学生较少经历过艰难困苦的磨炼,意志力是体现人们在实践活动中的能动性、积极性和主体性。

有些学生不能很好地控制自己的行为、情绪和感情,无法承受大一点的困难挫折,在意志坚韧性上表现较差,人们为实现成才者必备的优秀心理品质,一定要去主动克服困难,主动调节自己的行动和心理活动。

(四) 自我调适能力问题

自我调试能力太差,是由于应试教育存在的弊端,是我国相当一部分大学生由于之前养成的依赖性和惰性,使得他们在步入大学以后变的脆弱,在独自面对困难时,有的学生就不知道该怎么办。心理上便陷入苦闷、不安、焦虑、紧张状态,其中包含了学业、经济、人际协调等问题。当今大学生被形容是被"抱大"的一代、被宠坏的一代。

四、心理健康教育的意义及开展途径

现在已经有越来越多的人认识到心理健康教育在高校思想政治教育中的重要意义,特别是如今我们的教育思想已经从应试教育向素质教育转变,心理辅导为学生的健康成长和成才提供强有力的保证,由此可见,心理健康教育应该伴随学生学校生涯的整个过程，以学生生理、心理两个方面的健康发展实现这个目标，既是出于对高校思政教育的本质和规律的认识，更是对教育实践和经验的总结。

心理健康教育对高校辅导员工作课程化研究来说，是现代高校思政教育的一个重要组成部分，我国高校的教育目标是培养学生在德、智、体等方面全面发展，因此，心理辅导将在今后的高校思政教育中发挥着传统思政教育难以发挥的作用，它已不再是单一的教育方法，也不是解决学生心理问题的一种权宜之计，而是以心理健康教育为前提和基础，以其独特的工作方式和明显的效果来突出心理健康教育工作在高校思政教育工作中不可替代的重要地位。

以心理辅导为核心内容的学校心理健康教育工作开展的意义和途径，不只应该纳入高校教育的总体目标和实施过程中，它应该以特有的理论和方法在现代思政教育中为自己赢得一席之地，关注学生的身心健康，指导他们适应大学的学习生活，以推进传统教育向现代教育发展的进程，指导学生面对成长过程中遇到的各种问题，构建起适合现代社会需要和学生特点的新型思政教育模式，指导他们完成自我发展的任务，做好走入社会的准备。

（一）心理健康教育意义之外部环境

对于学生来说，心理健康教育与发展的重要制约因素在这里主要是指学校这一特殊环境的影响。

教育者自身通过定期、不定期地举办有关心理健康教育的宣传活动周、讲座对学生进行教育。

教育者自身素质的优化需要教师树立并强化护心、育心意识，除了宏观的社会、生活社区及微观的家庭环境影响外，其中外来影响的刺激，自身心理素质的优化，强化积极的影响，完善现有的知识结构，是学校教育与环境的真正优化的基础，是提高心理教育能力的重要保障。

（二）心理健康教育意义之全方位结合

心理健康教育课程化是一项系统工程，这不仅是心理健康教育的需要，也对心理健康教育课程化研究具有重要意义。

心理健康教育的全方位结合对高校辅导员课程化研究意义重大，需要将一部分心理品质、心理能力等心理素质的培养，有机地与德、智、体等教育工作相结合，也是其他教育本身的要求。

心理健康教育要保持其他素质有机结合的原则，同时渗透于其他素质之中，主要以心理素质为基础，将意志力、竞争意识、协作意识等与思想品德教育、体育活动相结合，特别是与班主任工作相结合，可以相互促进、相辅相成。

（三）心理健康教育意义之心理测查

在心理健康教育意义的心理测查中，心理健康教育必须建立在科学基础上，同时为了符合学生的实际需要，心理健康教育应该具有针对性和时效性，为了了解学生的实际心理需求，应根据青少年发展心理学来揭示青少年的心理需求。

同时，根据教育与具体心理辅导的需要，以班级或年级集中的心理健康教育课堂辅导或心理讲座为内容依据，进行必要的心理测量、心理调查及行为观察。

通过心理咨询、心理测量等科学诊断，及时发现学生的心理问题，提供矫治依据，使心理健康教育建立在科学的基础上，以免使辅导变得无的放矢，也为有关心理教育的研究与实验提供必需的量化材料。

（四）多种形式的课程化研究途径

对于心理健康教育课程化研究，可以从很多方面来进行研究，由于现实环境的多变性，需要根据问题的性质，来满足不同特点的学生的具体需要，针对学生的具体情况灵活采用多种形式满足部分学生具体心理需要和针对相同问题进行团体辅导，是学生特殊问题在课堂解决的重要途径，因此，个别咨询成了一项必不可少的工作，同时，学生心理的复杂性，学生的个性特点与要求及学生在心理发展过程中的特有矛盾，都可以通过课堂集中辅导和针对性辅导得到解决。

在心理咨询室通过咨询，将问题解决于萌芽状态，找出原因，帮助学生明确问题，有效地预防问题行为的发生，缓解压力、化解矛盾冲突，避免恶化为严重的心理疾病，采用灵活多样的方式对学生进行疏导，比如网上咨询、电话咨询、书信咨询、面谈咨询，以及对一些比较普遍的一般性问题通过网络方式去解答。

第二节 心理健康教育课程化之团体辅导

一、团体心理健康教育课程化研究的趋势

随着我国内地改革开放的全面推进，近年来团体心理咨询已经在内地受到重视并开始应用。团体心理咨询的独特之处和肯定的效果，以人为本的管理理念，通过团体内人际交互所产生作用，使心理健康教育已经成为一种新的发展趋势。

促使个体在交往中通过学习、观察、体验，探讨自我、认识自我、接纳自我，团体辅导已经成为一种在团体情境中提供心理学帮助与指导的重要方式。

二、团体心理健康教育课程化研究的过程及实施方法

实践研究表明，影响团体辅导过程的三种因素分别是：前置因素、中介因素和后效因素。

（一）前置因素

团体成员、团体前的准备、团体指导者、团体处理都属于前置因素，其中团体成员因素主要包含社会经济地位、性别、人格特质、行为方式、年龄等；团体前的准备因素主要包含成员的组合、选择、教育准备等；团体指导者主要包含教育水平、人格特质、年龄、领导行为、性别、理论技巧等；团体处理主要包含治疗焦点、团体性质及咨询理论。

（二）中介因素

团体过程因素、团体发展阶段因素都属于中介因素，团体过程因素主要包含非语言行为、角色地位、自我表露、语言等团体内沟通的形式；团体发展阶段因素主要包含行为的改变、主题的改变、指导者行为的改变。

（三）后效因素

团体效果属于后效因素，团体效果主要包含成员行为改变、效果评估等。

(四) 实施方法

分五次进行整个辅导活动，间隔时间为一周，第一次目的为初步相识；第二次目的为加深了解；第三次体验人际交往时的基本方法；第四次目的为正视自己；第五次为确立集体奋斗目标。

在辅导过程中，强调事情不论大小，重点在于加深学生在人际交往中相互认识，帮助关心别人，主动应用辅导传授的方式方法到实际情境中。

辅导结束后，用大学生人格问卷，对学生进行测量，发放自行设计总结性评估问卷。

三、心理健康教育课程化教学实例

(一) 教学理念

以学生发展为本，形成主动参与的课程教学理念，树立心理健康教育的指导思想，应从积极心理学出发，注重学科发展，从学生的实际需要出发，加强教学的针对性、实用性，提高学生的心理觉察与调控能力。

(二) 教学方法

辅导员在进行心理健康教育课程教学时，要实现教学形式和手段的多样化模式，在教学方法上，要通过进一步完善多样化创新模式和改进传统教学模式相结合的原则，提高教学的实效性。

以学生为本，革新教学方法和重视实践教学是课堂教学延伸的重要途径。

(三) 教学设计

教学内容的选择，可以围绕辅导员和学生开展有针对性的研讨和调研。可以利用辅导员集体备课的形式，深入到学生中对课堂教学内容的需求情况进行调研。

同时，根据教育部的要求，在全体授课老师间开展广泛讨论，对课堂教学内容进行深入细致的甄选，对课程教学进行恰当合理的编排，了解学生希望学习哪些心理健康知识，使课堂教学实践更高效、更具针对性。

(四) 教学内容

传统的心理健康教学主要侧重于"心理问题"学生的引导和矫正，而辅导员以课程化形式开展的心理健康教学旨在通过一系列课程培养学生良好的适应能力、学习与创新能力等，建立积极良好的心态和心理素质，鼓励学生发现自身的优点，将其积极的一面呈现出来，充分的认识自我，肯定自我。

（五）教学过程

在实践中，可以借助"五步二结合"的教学模式，丰富心理健康教育课堂形式，提高学生学习兴趣，最终达到预期的教育效果。

"五步二结合"的教学模式即通过五步教学法及两条教学路径实现大学生心理健康教育课程的高效化、科学化和系统化。

五步教学法是指每部分内容由五个板块呈现，分别是理论教学、活动体验、心理小测、案例问诊、小组作业。

（六）教学概览

为了加强和改进大学生心理健康教育，遵循思想政治教育和大学生心理发展规律，河北科技大学理工学院辅导员以课程化的形式实现对学生的适应性教育、心理问题的干预引导、综合素质培养提升，实现了辅导员思政工作由"繁杂"向"系统"、由"第二课堂"向"第一课堂"转变，并进一步按照大学生心理健康教育整体设计的要求，制定了6个单元、12学时教学大纲。如表5-1所示。

表5-1　大学生心理健康教育整体设计

单元	教学主题	教学目标	教学活动
1	探索内心世界	（1）为什么要学心理健康 （2）大学生常见的心理问题 （3）正确的自我认识 （4）树立理性认知	（1）游戏《荒岛求生》 （2）自我认知里的黑洞 （3）人格测验 （4）小组作业：自我认知报告

续上表

2	掌控自我情绪	（1）什么是情绪 （2）了解自我情绪与情商 （3）如何调整特异情绪	（1）即兴演讲《打不死的小强》 （2）情商测评 （3）小组分享"摆脱不了的焦虑" （4）小组作业：搜集自我情绪管理的方法
3	改善人际关系	（1）大学生人际关系透视 （2）人际交往的心理效应 （3）人际关系改善的方法	（1）暖身活动，你唱我猜 （2）成员眼中的你我 （3）人际交往能力测试 （4）小组作业："我想对你说"
4	经营自我爱情	（1）什么是爱情 （2）得到爱与失去爱 （3）正确的爱情观	（1）分享交流"关于爱情" （2）爱情观测试 （3）情景剧"单恋、错恋与失恋" （4）小组作业：爱情调研
5	勇于面对困难	（1）认识困难与压力 （2）分享困难及成就故事 （3）如何面对困难与管理压力	（1）电影片段赏析"滚蛋吧，肿瘤君" （2）心理压力测试 （3）压力对抗游戏 （4）小组作业：搜集对抗困难与释压方法
6	拥有健康人格	（1）何为人格 （2）大学生人格特点与评估 （3）塑造健康人格	（1）暖身活动，性格对对碰 （2）游戏"我最喜欢的他" （3）健康人格测试 （4）小组作业：撰写个人性格发展报告

（七）教学特色

课堂设置以培育学生理性平和的健康心态，加强人文关怀和心理疏导为主旨、以激趣—入题—应用为主线，在教学上坚持围绕学生、关照学生、服务学生的导向，旨在不断提高学生的思想道德水平、心理调节能力和心理健康素质。综合运用探索启发式、探究式、讨论式、案例式、行为训练式、角色扮演式等多种教学方式，充分发挥课堂教学在大学生心理健康教育中的重要作用。

（八）总结

心理健康教育课程的有效开展，本着"全面发展、以人为本"的理念，需要一线辅导员从认识上和行动上，分别予以重视和跟进落实，真正对大学生终生教育负责，在教育工作中与时俱进，开拓创新，使大学生心理健康教育工作落到实处，发挥功效。

第三节　心理健康教育课程化之深度辅导

结合相关文件及研究，本书的深度辅导是在深入了解学生的心理问题的基础上，运用科学的方法，有目的地对大学生进行深层次的心理辅导。结合对相关文件的理解及自身实践的分析，本书认为深度辅导主要包括要求针对性、要求科学指导、要求精细操作。

针对性是指深度辅导是针对有心理问题的学生展开的，每个学生的问题都是不一样的，在进行辅导之前需要对学生的具体情况进行详细的了解，找出产生心理问题的原因，根据实际情况运用科学的方法制订解决方案，从根本上解决问题。

科学指导是指随着社会环境的日益复杂和多样，学生出现的心理问题也越来越多，产生的原因更是千差万别，这就要求对于学生的辅导要更具科学性，很多时候需要我们运用专业的知识和技能才能解决。找到产生问题的原因，通过分析原因，结合实际情况，进行科学的深度辅导。

精细化操作是指深度辅导是一对一的辅导，在辅导的过程中要求关注学生的每一个细节，通过沟通走进学生的心灵世界，深入了解学生的学习生活情况、家庭情况以及近期的情绪变动，利用专业的知识和经验深入思考和探索隐藏在学生表象背后的实质问题，引导学生寻找有效的解决方案。

一、深度心理健康教育课程化实践指导

辅导员在开展高校心理辅导工作时,必须转变教与学的关系,采用主动、灵活的工作思路,相互促进,促进学生发展和素质提高。

(一)有责任感的促进者

在罗杰斯的教育思想中,通过借鉴当事人中心疗法的治疗原则,体现平等对话关系,为此提出了一个好的促进者所必须具备的四种特质,应用于心理辅导工作,可以概括为以下几点。

(1)诚恳对待学生,表里如一。
(2)有信任感,充分相信学生的潜能。
(3)富有同情心,善于洞察学生的内心世界,给学生以无条件的积极关注。
(4)尊重学生,重视学生的经验、情感和意愿。

(二)有真实感的个体

体现真实的自我,使治疗具有真正意义,应用到高校心理辅导工作中,必须体现为一个统一整合的真诚透明的人,而不是作为一个角色。

辅导员要充分而准确地意识到自己的体验,不会把自己对事物的看法和好恶强加到学生身上,应传递学生个性的精神。

(三)营造充满张力的谈话氛围

应营造充满张力的谈话氛围,为了实现这种氛围,辅导员的工作态度必须体现着当事人中心疗法中的接纳精神,这种接纳随时体现在和学生的每次对话过程中。

在高校心理辅导工作中,中心目标应该是帮助学生发展一种有助于自我激励、自我实现和有意义学习的关系和氛围,这种允许学生们根据自己的价值观和兴趣决定讨论的开始和方向。

作为引导者,引导他们做出自我的调整或改变,感受到更多的自由而不是束缚,帮助学生激发起内在的潜能,学生的行为从相对不成熟情况向相对成熟改变,感受性提高,更加包容地面对新事物和新观点,更加具有倾听的愿望,更加开放地接纳自己和他人,是学生生活和学习功能的改善。

根据当事人中心疗法的理念来认识师生关系,核心均以人为本,工作开展的出发点和落脚点都强调要顺应人性，尊重人、关爱人和发展人。

积极营造以人为本的教育环境，使思想政治工作取得更大的成效，当事人中心疗法和高校心理辅导工作演化为实用的教育方法，能够使受教育者拥有真实、完善、高尚的自我。

二、深度心理健康教育课程化叙事治疗法研究

（一）课程化叙事治疗研究的理论基础

"叙事治疗"在20世纪80年代由澳大利亚的Micheal White和新西兰的David Epston首先引入家庭治疗，是基于后现代认知论和哲学观背景下发展出来的社会工作实践模式。

叙事治疗强调特定的语境和时间维度的作用，受社会文化环境的影响，认为客观世界都是经由我们的阐述而被认识的，基于后现代主义的非中心性、不确定性和多元性的特点，叙事治疗更注重社会文化与环境因素。

"叙事治疗"认为每个个体都有其成长的环境、文化与信仰，"叙事治疗"是对问题和经验的资源整合，传统治疗是对学生的病态和缺陷的诊断。

（二）干预技术

1. 外化问题

外化问题可以帮学生与问题分离，外化问题开阔了学生的视野，提供了更为广阔的叙事空间，让学生看到更多的可能性和不同的形态。

在开放、好奇及赞许态度的影响下，让学生能够了解自己是新版本故事的创造者，带来新的希望和改变的力量，重新审视那些引领成功的因素和情境。

布鲁克（Brook）曾说："故事是由事件组成，而情节则将事件串联成故事。"给情节命名是外化叙事操作的一个重要手段，情节又再一次进入视野，需要仔细聆听学生叙述的过程，看到个案叙述的"问题"的负面情节，让他更直观地看到一直坚持的无效方法，减少负面后果达到目标。

2. 寻找独特结果

叙事治疗认为每个人都有改变自己的力量，充满问题的故事会引发选

择性关注和记忆，在所有的生活经历中一定有美好、积极的因素，挖掘这些因素，将之发扬光大，就可以重新诠释生命的故事。

三、深度心理健康教育课程化应注意的问题

（一）引导体验

与传统治疗师相比，叙事治疗的提问更多是为了引导体验，而非搜集信息。传统治疗师往往以自己的理论视角为出发点，来缩小治疗中可以谈论的范围。那种专家的姿态往往使学生无法随意地表达自己的不赞成，而学生一旦表现出不配合，往往会定义为"病态表现"或者"阻抗"，使学生产生自责或疏离的感受。

叙事治疗采用开放和探索的态度，让学生充分表达对目前困境的看法，有没有跟其他人谈论过，对方是否给予了建议，可否有经过实践证明有效的建议。这种态度充分展示了对学生个人能力的信任，展示了"叙事治疗"的哲学观，每个人都是有能量的人，才可以找到改变自己生活的适合的方式和策略。

当提问引导出学生现实生活中比较喜爱的体验时，其本身就具有治疗性：对于第一次来的充满焦虑的学生，可以先撇开当前困境重重的境况，用再创作的方法，从她喜欢做的事情谈起，比如她对化妆和服装的理解，欣赏她的爱好和独特，在这样过程中传达的尊重会为之后的叙事打下基础，同时也能较好地减轻焦虑。

（二）不能忽略对方曾经的付出和努力

外化问题是叙事治疗过程中一个很重要的工作环节，但是太快的外化问题，会造成一个不良的印象，就是仿佛撇开了纠缠学生如此之久的痛苦，所以一般咨询通用的共情技术在叙事治疗中是同样重要的，要让学生有表达的空间，不急于界定问题。即便在外化问题的过程中，治疗师会通过对细节的反思引导学生思考，但是最后重组和建构新的故事，一样是由学生完成的，治疗师更多的是倾听，表达自己的好奇和疑问。叙事治疗始终是对话的过程，双方的声音都很重要，特别是学生的，不能在治疗过程中替代学生去建构，那样学生会变得依赖，失去自己的声音，这样的叙事是无法迁移到现实生活中的。

（三）对问题的影响力要有充分预估

由于惯性的作用，那些在我们身边已经习惯了的以"问题"主导的述说还是会经常侵扰学生，那些"问题"故事中曾经被赋予某些经验意义的情节，还会不时地试探、干扰，这并不是旧病复发，而是对抗策略的试金石，因此，要有心理准备，这种问题的"反击"是可以预知的，一定会发生的。因此，在叙事会谈的过程中，就要充分对这种可能性展开对话，通过对话，预估学生对抗问题的准备是否充分。"如果问题卷土重来，你又在宿舍感到被孤立了，你会回归到以前的状态吗？""如果那种孤独的感受又一次侵袭了你，你是否会选择以新的恋爱来填补？""如果最近堆积了一堆不顺利的事情，你是否又会被坏脾气所控制，乱摔东西？"当学生充分思考了这些问题，能够肯定地确认新构建的故事能够支撑她面对这些问题，同时她也已经通过对过往成就经验的挖掘，发展了相应的策略时，我们就有理由相信，学生已经开启了新的属于自己的故事。

四、深度辅导实践案例分析

通过以上实践指导和叙事治疗法的研究，在应该注意的问题上，本内容针对各类学生进行深度辅导的具体案例进行分析。

（一）对贫困生的深度辅导

针对贫困生第一次离家，有可能会对校园生活感到不适应，因此辅导员辅导的重点内容主要包括日常生活情况、思想情况和学习情况，人际关系和心理诸状况，参与学生活动和学生之间组织的工作等问题进行辅导。

对于以上辅导首先辅导员要做的第一点是倾听学生的倾诉，其次是针对贫困生因同学之间生活条件和学习能力的强烈对比而产生的心理反差，凭借自身经验，积极引导学生树立正确的思考方式，同时根据学习各项制度对学生进行深入分析，分析问题症结，真挚地和学生交流建立相互信任的关系，同时引导学生合理有效的解决个人心理问题。

（二）对学生干部的深度辅导

学生干部和贫困生之间的深度辅导是有差别的，首先辅导的重点工作就互不相同，辅导学生干部的主要目标是培养团队协作能力和工作能力，同时锻炼学生自身能力，让学生干部在工作中培养自己的使命感和责任感，形成一种奉献精神。

鼓励学生干部以负责任的态度坚持干工作，对学生干部展开深度辅导工作，赋予学生干部的工作要掌握难度和明确其中存在的问题，重视学生干部思想动态，作为辅导员要对学生干部有充分的信任，在工作中给予大力支持，给他们充分的展示平台。同时辅导员还要强调，工作的同时不能放弃学业，要正确处理学习和工作之间的关系。

（三）对学习后进学生的深度辅导

对于学习后进学生的深度辅导可以说是一项比较艰巨的工作，工作重点主要集中在培养正确的学习方式和树立良好的学习态度两大问题上。主要方式是通过辅导员和学生进行深入交流，了解学生学习方式和方法，引导正确的学习态度。

通过激励学生认真学习，始终以一颗敢于直面学习的心来面对自己的学习，提高学生的创新能力和创新意识是辅导员日常工作中的基础工作和长期工作，用鼓励和理解的态度对待他们，尽自己最大的努力改正学生学习的不良习惯。

（四）对贪玩的学生进行深度辅导

贪玩的学生一般都具有厌学的情绪，感到学校的生活和自己想象中的不一样，对于这类学生的辅导工作主要集中在帮助学生克服贪玩心理，以关心的方法引导学生增强学习感，以稍加批评的方式引导学生的认同感。

对于贪玩的学生辅导员可以对其进行针对性的学习、生活方面的关怀，及时跟进学生思想动态，帮助学生解决思想问题，培养本专业学习兴趣，鼓励学生树立远大理想，引导学生建立对自己专业的认同感，对自己未来发展有一定规划。

第四节　心理健康教育课程化之心理危机

一、高校心理危机课程化研究

（一）高校学生面对事件成为危机因素的课程化研究

面临重大生活事件或者是其他突发事故时，我们心理承受的危机，就是心理危机，比如作为个体又无法回避的事件，我们在面临亲人的亡故和突发生命状况灾难,并且还不能用正常的方法来解决问题时发生的心理失衡状况。

影响事件成为危机的因素主要有三个,第一个是对于个体来说是否拥有帮助自己的社会支持系统;第二个是个体在面对危机时,能否有效的应对,能否从过去的经验中获得方法;第三个是个体对于某事件发生的看法是否会对自己将来产生重大影响及意义是否重大。

由于个体在这三个方面可能存在着较大的差异,因此,相同的事件对不相同的人构成不一样的危机,或者不构成危机。

(二) 高校学生心理危机分类及产生原因的课程化研究

在当今社会环境下,我国大学生心理危机来自不同方面的影响,但是对其本质的影响主要有以下三类。

1. 发展性危机

发展性危机包括升学危机和心理危机等等,主要是个人在成长过程中不同阶段所遇到的危机,也就是对转变快速的事情和急剧变化的事物所产生的异常反应。

这些危机是我国大学生在生命中必要的转折点,每次危机发生时的成功解决都是大学生走向成熟的标志,并且每次危机的发生也是大学生重大人生转折点。

2. 境遇性危机

人质事件、交通事故、突然的癌症或者是死亡、自然灾害(地震、洪水等)和被人强暴等,都属于境遇性危机。它的主要特征是无法预料、突如其来和难以控制。

3. 存在性危机

伴随重要的人生目的而导致的个人内心的冲突和焦虑,人生中一些重要事件出现问题,人生责任和未来发展等内部压力的冲突和焦虑的危机。

4. 心理危机的主要原因

心理危机针对大学生来说主要有以下几种情况,社会适应能力差,人与人之间的交往存在障碍和自卑现象,人格面对的挫折,学习面临的挫折,经历的不良现状,择业及就业压力带来的心理烦恼。

综合以上可知精神疾病是导致大学生心理危机的主要原因,同时也是现在很多大学生自杀的原因，心理危机还包括情感和性问题带来的困扰。

（三）心理危机特征的课程化研究

针对我国大学生的心理危机的现象，主要将其归纳为突发性、紧急性、痛苦性、无助性、危险性五个特征性。

1. 突发性

突发性危机首先具有不可控制性，危机的出现常常是出乎意料之外的，突如其来的。

2. 紧急性

紧急性危机的出现就好像突发疾病一样，需要人们紧急的应对，有可能一瞬间的疏忽，就会埋下一颗危机种子。

3. 痛苦性

痛苦性危机的发生往往涉及人尊严的丧失，一旦发生后或多或少的都会给当事人带来一定的痛苦。

4. 无助性

无助性危机发生时，对于心理自助能力差的和社会心理支持系统不完善的，就会感到无助，危机的降临，本身就会使人产生无所适应的感觉，危机对人们未来的计划产生威胁和破坏。

5. 危险性

严重的危机会导致危机自己的生命，有时还会危害他人的生命，危机之中隐藏的危险，是不可预料的，并且它在发生时，产生的危害也是不可预料的，但是不管的它的危害有多大，一定会影响到人们的正常生活。

二、高校辅导员如何识别心理危机的课程化研究

（一）从宏观方面来说的课程化研究

大学生导致心理危机发生的主要原因是自我期望值过高、情感挫折、学习和就业压力、生理疾患、心理障碍，在学习上遇到挫折产生心理落差，家庭变故以及周边生活环境等诸多因素。

精神分裂、自卑心理、抑郁心理、孤僻性格、抑郁症等精神疾病是引起心理危机、导致自杀等极端行为的主要原因。

（二）从微观方面来看的课程化研究

以上是从宏观方面进行大学生心理危机识别，下面来讲一下如何从微观的角度来识别大学生心理危机。

1. 情绪基础

情绪的基础是需求，当个体的需求得到满足时，在心理学中可以充分反映心理情绪的一方面，产生积极的情绪，大学生具有良好的情绪是健康心理的重要标准之一。

恶劣的情绪也是判定个体发生抑郁症的重要临床表象，不良的情绪会引发一系列心理反应，主要包括躁狂、焦虑和抑郁及淡漠等不良心理因素。

2. 正常的行为活动

当个体大学生出现行为异常，就要注意是否有心理危机问题了，行为异常也是判定个体发生抑郁症的重要条件之一。正常的行为活动是一个人心理健康的重要表现之一。行为变化也与情绪变化密切相关，不良的情绪必然导致行为的反常变化。

三、高校心理危机干预基本步骤的课程化研究

对于大学校园发生的心理危机，心理学家总结出了四步干预法，当辅导员发现学生面临心理危机时，就可以使用它进行危机干预。

（一）确定问题

从求助者的角度出发，积极使用开放式问题和倾听技术，确定求助者的问题，同时理解求助者的问题。在确定问题的同时还要注意求助者的语言信息和非语言信息（比如求助者在描述问题时的肢体语言和面部表情等）。

（二）保证安全

对自我和对他人的生理和心理的危险性降低到最小的可能性，干预人员必须让当事人有一种自己安全第一的感觉，让当事人放松心情。

在干预人员的检查评估、倾听和制定行动策略的过程中，安全问题都必须给以同等的、足够的关注。

(三) 制订行动计划

根据当事人应付能力，让他们感到自己的权力、独立和自尊都没有被剥夺，同时帮助当事人做出现实的短期计划，着重于切实可行和系统地帮助当事人解决问题。

(四) 得到当事人的承诺

启动社会支持系统，帮助当事人向自己承诺采取确定的、积极的从现实的角度是可以完成的行动步骤，在结束危机干预前，危机干预工作者应该从求助者那里得到诚实、直接和适当的承诺。这些行动步骤必须是当事人自己的一些实质的救助行动。

四、高校危机干预主要应用技术的课程化研究

(一) 支持技术

尽可能地解决危机是支持技术应用的目的，使学生的情绪状态恢复到危机前水平。

由于危机开始阶段学生焦虑水平很高，应尽可能使之减轻，可以应用暗示、保证、疏泄、环境改变、镇静药物等方法；如果有必要，可考虑短期的住院治疗。

(二) 干预技术

干预技术主要使用帮助当事人明确存在的问题和困难，对于解决问题实行有效的方法和技术，提出各种可供选择的方案，然后从中选取最合适的方案，罗列并澄清各种方案的利弊和可行性，检查方案的执行结果，确定方案实施的具体步骤，执行方案，在这里，辅导员的作用在于启发、引导、促进和鼓励，而不是提供现成的公式。进一步讲，辅导员在干预的过程中的职能是：帮助学生正视危机，帮助学生正视可能应对的方法，帮助学生获得新的信息或知识，可能的话在日常生活中给学生提供帮助，帮助学生回避一些应激性境遇，避免给予不恰当的保证，敦促学生接受帮助。

五、自杀心理危机识别与干预的课程化研究

(一) 自杀危险性的评估

危机工作者应评估自杀求助者三方面的警示信号,即危险因素、自杀线索、呼救信号。

1. 危险因素

如果当事人无论何时具备了下述的 4~5 项危险,危机工作者就有理由认为该当事人正处在自杀的高危时期。

(1) 当事人是否显示一种或多种深刻的情感特征,如愤怒、攻击性、孤独、内疚、敌意、悲伤或失望。

(2) 当事人是否有自杀未遂史。

(3) 当事人是否有特别的行为或情绪特征改变,如冷漠、退缩、隔离、易激怒、恐慌、焦虑或社交、睡眠、饮食、学习、工作习惯的改变。

(4) 当事人是否有失败的医疗史。

(5) 当事人是否独居并与他人失去联系。

(6) 当事人是否陷于以前经历过的躯体、心理或性虐待的情绪中不能自拔;

(7) 当事人是否陷入特别的创伤损失而难以自拔。

(8) 当事人是否有自杀家族史。

(9) 当事人是否是精神病学生。

(10) 当事人是否已经形成一个特别的自杀计划;求助者的家庭因损失、个人虐待、暴力或遭受性虐待失去稳定。

(11) 当事人是否有抑郁症,或处于抑郁症的恢复期,或最近因抑郁症住院。

(12) 当事人是否有药物和酒精滥用史。

(13) 当事人是否最近有躯体和心理创伤。

(14) 当事人是否有严重的绝望或无助感。

2. 自杀线索

有自杀倾向的大学生一般具有以下一些特征:在情感上感到绝望无助;心理需求遇到挫折;未能寻求解决的办法;对自杀的态度通常是矛盾的;遭遇了不能忍受的心理痛苦;想与别人交流,但找不到与人交流的途

径；为了寻找出路和心灵的解脱。

3. 呼救信号

没有任何人百分之百地想自杀，对于危机工作者来说，有些线索和寻求帮助的信号易于识别，但有些是难以识别的。

有强烈死亡愿望的人的思维模式是非逻辑性的，是非常矛盾的、茫然的，无论是否存在强烈的死的愿望或绝望感并伴随自杀方式，危机干预工作都必须鉴别自杀意念的强度以及自杀危险的程度。

上面描述的这几个方面的警示信号，可使危机工作者或其他任何与求助者接近或亲近的人转换成挽救生命的行动。

（二）自杀危机的干预

在校园自杀危机的干预中，危机工作者可借鉴危机干预咨询师的做法，必须耐心倾听当事人的诉说，必须排除自己的焦虑，有必要与当事人一起体验他们绝望感、失助感、无用感、隔离感、沮丧的哀痛和失败感，要甘愿并且能够在某些事情中探寻和体会他自己的绝望感和空虚感。

干预人员首先要弄清楚当事人已考虑或筹划用哪种方法自杀，其次，劝导当事人多看光明面的做法是不值得提倡的，最后，咨询老师应该始终对自杀抱有高度的警惕。他（她）可能并不暴露出任何自杀迹象，但只要他具有任何一点自杀的可能，就应千方百计引出他的内心自杀动机。

（三）自杀干预的原则

自杀干预原则有"五要"和"十不要"。

1. "五要"原则

（1）要给当事人充分的机会倾诉，以便确定危机类型、诱发事件及严重程度。

（2）要询问客观问题，只要得当，可有镇静作用。

（3）要向社区、医务、法律等机构求援。

（4）要有心理准备，对当事人随之而来的暴风雨般的情绪要保持平静、沉稳。

（5）要直接面对事情，勿涉及深层及潜意识原因（这些留待以后）。

2. "十不要"原则

（1）不要与其讨论自杀的是非对错。

（2）不要被求助者所告诉你的危机已过去的话所误导。

（3）不要分析求助者的行为或对其作解释。

（4）不要让求助者保持自杀的秘密。

（5）不要把自杀行为说成是光荣的、浪漫的、神秘的，以防止别人盲目仿效。

（6）不要否定求助者的自杀意念。

（7）不要批评求助者或对他的选择、行为提出批评。

（8）不要对求助者责备或说教。

（9）不要忘记跟踪观察。

（10）不要过急，要保持冷静。

第六章 大学生日常事务管理课程化研究

学校管理的日常事务中大学生的管理是重要部分，所以大学生日常事务管理课程化研究对于高校辅导员来说具有重要影响，对于管理大学生的方法直接影响学校是否可以培养出优秀的学生。高校辅导员对于如何探讨大学生日常事务管理及管理的目的和意义，甚至是具体内容，都属于辅导员在促进学生管理和学生教育，实现工作科学化、现代化、规范化和系统化等无法回避的基本问题。

针对大学生日常事务管理课程化的研究，我国的高校事务管理具有一定的本民族特色，总体来说各国的国情不同，管理方法也不同，通过各国的高校管理，我国从中认真总结工作经验，从各国不同的管理吸取先进的思想和经验，实现与国际接轨的目的。

我国的高校事务管理，涉及面比较广，涉及学生日常生活的各个方面，内容复杂。在这个基础上就要求高校辅导员全面了解每位学生，提高我国高校辅导员的管理理念。让学生们形成正确的教育观和人生价值观，对于发展我国高素质人才有重要意义，体现了我国在高校管理方面对学校和学生及社会的积极作用。

教育是在人类社会形成之后，作为一项重要的事业产生的，教育同时还作为一种文化现象，是构成我国文化系统的重要组成部分。在社会的进步中教育越来越受到人们的重视，教育决定的不仅是一个国家的文明程度，更加体现着国家的发展程度。中国作为世界上历史悠久的国家之一，曾经立于世界之巅的教育水平发达国家，但是我国的近现代教育远远落后于世界先进水平，只有一个世纪的历史。

第一节 大学生日常事务管理概述

在21世纪的今天，我们要坚持以习近平新时代中国特色社会主义思想为总的指导思想，对高校学生的日常事务进行系统的管理，秉承"以人为本"的教育理念，高校辅导员应以学生为教育主体。

一、大学生日常事务管理课程化研究的含义

大学生日常事务管理对于高校辅导员课程化研究具有非常重要的含义，本内容主要是针对大学生日常事务管理的内容和不同情况下的主客体转换等方面的研究。

探讨学生日常事务管理的意义、内容和目的，对于大学生日常事务管理课程化研究具有重要意义，对于学校来说，也具有非常重要的意义。

学生日常事务管理是高校辅导员组织指导学生，按照教育方针所规定的教育标准，对学生在校期间的学习和活动进行规划、组织、协调、控制的总和，学生日常事务管理使学生在德、智、体、美、劳等方面都得到发展，是学校有组织、有目的、有计划地对学生进行各种教育，成长为社会主义事业的接班人的过程。从这些方面，我们不难看出学生日常事务管理具有以下两方面性质。

（一）高校辅导员课程化研究——日常事务管理内容

大学生日常事务管理课程化研究的主要内容有：公民道德教育、理想信念教育、家访、新生入学教育、学生安全教育、奖罚管理、国家助学贷款管理、毕业生就业工作、民族精神的教育、实践教育和科技创新、毕业前教育、纪律管理、公寓管理、特殊群体的管理、班级管理等诸多方面。

学生日常事务管理涉及面广，分布在学生学校生活的各个领域，管理内容复杂多样，学生日常事务管理作为学校管理系统中的一部分，具有整体性、目的性等共同特征。

（二）不同情况下的主客体转换

在不同情况下，学校和学生作为学生日常事务管理的主客体，可以相互转换。一般说来，学生应在学生日常事务管理中充分发挥自我管理的主体作用，学校是管理的主体，学生是被管理的对象，也就是客体。为什么会有学生发挥自我主体作用一说，主要目的是为了做到真正意义上的自我管理。

二、大学生日常事务管理课程化研究的目的和意义

大学生日常事务管理课程化研究的目的和意义在不同时期下均有不同

程度的变化。

但是大学生日常事务课程化研究的目的和意义总体来说都是为了培养学生良好作风和实现自我教育的有效手段。

(一) 大学生日常事务管理课程化研究的目的

在新时代的今天,一味地管制学生不利于学生主体的积极构建,引导学生形成一个良好的学习习惯、工作态度和生活作风,为大学生营造一种和谐文明的校园环境,高校辅导员应加强学生自我管理的意识,帮助其健康快乐地成长。

大学生个性较强,以前的强制性管理学生的日常事务不利于管理,培养学生的创新精神,培养学生自立自强、艰苦朴素的精神,为学生服务是辅导员日常事务管理的宗旨。

(二) 大学生日常事务管理课程化研究的意义

对大学生日常事务管理课程化研究的意义是多重的,对于学生日常事务管理,从不同的角度来说也是有不同的体现。以下从学生、教学和社会三个角度来阐述大学生日常事务管理课程化研究的意义。

1. 对学生的意义

有效的学生日常事务管理可以创设一个良好的环境,从中可以学会做人的道理,对于学生形成良好的品格,实现学生自律、自治、自立、自强,养成良好的行为习惯有很大帮助。

科学的学生管理有助于学生个体的健康成长,有助于发展学生的自我管理能力,为学生的健康成长提供适宜的外部环境,积极地引导学生自己教育自己、自己管理自己,便起到一个良好的导向作用,同时,他们的自我控制能力较差,明确的规章制度规范了学生该做什么,不该做什么,学生日常事务管理如果放任不管显然不利于他们成长,对于青少年来说,有效的学生日常事务管理可以促进学生的全面发展。

2. 对教学的意义

科学有效的管理模式是实现教育目标的基石,同时,提高教育教学的效率,保证教育教学有序地开展,维护正常的学校教育教学秩序和学生生活秩序,是教育教学活动正常开展的保障。

学生日常事务管理中所涉及的各项活动都是为教育教学服务的,从某种意义上说,学生日常事务管理能够引导学生形成良好的学习、生活和行为等习惯。

3. 对社会的意义

高校辅导员通过一系列活动向学生传达被社会所允许和接受的知识、价值取向和行为规范，以保证学生的健康成长，因此学生日常事务管理同样对社会具有影响作用。

学校作为社会组织体系中的一分子，与社会紧密地联系在一起。学生日常事务管理的各种制度、规范都是符合社会要求的，是学生个体社会化的重要途径之一。对社会的安定和积极向上地发展具有重要意义，同时还可以消除学生存在的错误观念和不良行为。

三、大学生日常事务管理课程化研究的基本原则

了解和尊重学生，建立健全的学生日常管理机构与制度，管理好学生日常事务，保证学生日常事务管理的顺利进行。

树立科学的学生观，因此，高校辅导员必须遵循一定的原则去管理学生的日常事务，学生日常事务管理是一项复杂的系统工程，只有这样才能达到事半功倍的效果。

（一）了解和尊重学生

开展学生日常事务管理的基本前提是：高校辅导员首先要尽可能地全面了解学生。

学生是学校的主要管理对象，高校辅导员可以从学生的身心发展特点、生活经验和需要等方面入手。

（二）大学生日常事务管理课程化研究的核心

高校辅导员对学生的基本看法就是学生观，不同的学生观产生不同的管理方式，它决定着高校辅导员进行学生管理教育的行为，从历史考察和现实对比来看，高校辅导员的学生观大致可分为以下三种类型，它们决定着高校辅导员与学生交往过程中的工作态度和工作方式，进而形成不同的教育成果。

1. 学生观的认为方式

持这种学生观方式的国家以中国、日本、韩国等封建专制社会发展历史较长的国家和地区为代表。这种观念将学生作为管辖的对象，认为学生

是被动的客体。

这种学生观方式下的学生管理有利于形成良好的学生纪律，但往往无视学生的兴趣和感情，要求学生必须遵守，压抑了学生的个体意识、自主意识和平等意识，管理者大多通过各种严格的规章制度和规范约束学生，不利于学生的个性培养，是一种单向的服从命令式的管理，但是有助于培养学生的集体主义精神。

2. 学生观的强调理念

以美国为代表的西方国家大多持这种学生观。学生观强调学生是学生管理的主体，是独立的个体和平等的公民。

这种学生观充分发挥了学生的主体作用，注重学生的兴趣和感情，这种观念主张学校的管理工作以适应学生、发展学生个性为中心，但在学生行为的规范性和纪律性方面较为薄弱，管理过程中，提倡学生自我管理。因此，可能出现管理者的地位和作用被过度淡化的现象。

3. 学生观的集中体现

管理者通过制度、规定来规范学生的活动范围，通过设计和提供各种适宜的教育环境，帮助学生形成良好的学习、生活和行为习惯，激发学生主动参与到教育管理当中，学生观集中了前两种观念的长处，是一种科学的学生观。

科学的学生观是学生日常事务管理的核心，它认为学生既是主体又是客体，促进管理者和学生在管理活动中的良性互动。

总之，形成学生自我教育和自我管理的有效机制，高校辅导员必须树立正确的、科学的学生观，学生观科学与否直接影响学生教育与管理的成败。

因此，指导学生管理的实际活动，并在此基础上构建科学的学生日常事务管理体系。

（三）大学生日常事务管理课程化研究——机构与制度建设

纵向和横向两方面对于构建学生的管理组织机构有着重要影响。同时，学生事务管理的相关制度也要不断革新与完善。

1. 纵向构建

在纵向设置上，制度要明确各管理机构的职责、权限以及工作形式等，应设立从中央到地方直至学校的学生管理的垂直体系。

2. 横向构建

在横向设置上，要规定学生学习、工作和生活等方面的制度，建立教育系统与家庭及社会各界的横向联系机构，吸纳社会各界共同参与到学生事务管理的过程当中。

强化教育行政部门、学校、家庭和社会之间的联系，使学生的行为标准真正做到有据可依。

第二节　大学生日常事务管理的主要内容

高校辅导员为学校坚持社会主义办学方向，按学生日常事务管理的不同形式，学生日常事务管理的不同方面，学生日常事务管理的不同目的，学生日常事务管理的不同阶段，全面贯彻党的教育方针，是开展大学生思想政治教育工作的骨干力量。对高校辅导员来说，培养德、智、体全面发展的社会主义事业建设者，具有指向性作用。

学生日常事务管理可分为新生入学管理、学生日常生活管理、思想道德教育、学生稳定性工作、毕业生教育、实践教育与科技创新、家访等，具体内容如下。

一、新生入学管理课程化研究内容

新生入学管理主要包括学生入学教育、自我管理能力、国家助学贷款管理、特殊群体管理等几个方面。

对新生入学教育的管理，能够为以后四年的学生日常事务管理起到很好的开头作用，甚至起到事半功倍的效果。这也是很多辅导员和老师很容易忽视的管理。

（一）新生入学教育课程化研究

为使新生能够尽快适应新的生活，高校辅导员有必要进行新生入学教育。大学生活的开始，正是新生独立生活的开始。

1. 入学初统一召开新生教育会议

在学生入学初统一召开新生教育会议，这似乎已经是高校辅导员的必开课程，辅导员要向新生介绍学校规章制度、管理规定的内容以及精神实质,辅导员应强调制度的重要性,要求学生严格要求自己。

要向新生介绍本地气候环境和学校及其周围的人文地理环境,以便加强安全管理,提高新生的安全性系数。

辅导员要帮助学生确立正确的学习目标,因为大学几乎是自主学习,如果没有详细地规划大学生活,势必会导致自身的堕落,成绩的下降,荒废学业的同时虚度了大好青春。

学生应拓展自己的知识面,以就业为导向,扎实学习专业技能,为将来的成功就业打下夯实的基础,完善自己的知识结构,做好知识储备。

2. 军训

通过一系列的军事训练,在锻炼学生意志力的基础上,也为今后的大学生活打下坚实基础,培养基本的独立生活能力,培养坚毅的品质,帮助新生养成良好的生活习惯等。

3. 开展各项活动

通过开展"专业知识讲座""学习经验交流会"等活动,激发学生对本专业的学习兴趣,更快地适应新的师生关系、新的学习方法、新的同学关系,尽快了解所学专业的特点,从而提高学习效率。

提高自律意识和自我约束能力,建立学生自我管理体制,确定班级主要干部,加强对学生的日常管理。

4. 组织友谊赛

为了使学生建立基本的纪律观、集体观、荣辱观,我们可以组织一些竞赛、评比活动,竞赛、评比活动可以让新生充分认识遵纪守法、明礼诚信的重要性和必要性。

5. 开展党团活动

新生初入高校,开展丰富多彩的党团活动,建立起优良的思想道德观念,面对一个完全崭新的环境,为同学们搭建施展才能的舞台,提高学生的自我效能感,增强自信心。

辅导员应趁热打铁,做好新生入学教育,从培养坚毅的意志品质,健康阳光的心态,强健的体魄,完善学生的综合素质。培养学生的自主能力,有利于辅导员开展各类教育工作,保证今后的教育工作能顺利开展和进行。

（二）自我管理能力课程化研究

全面实施素质教育是现阶段学校的中心工作，在素质教育中，德育工作尤为重要。

针对思想受社会不良风气影响，甚至不怕老师的批评或学校的处分这种情况，辅导员可主要采取如下措施来做好工作。

1. 练好内在

要练好自身的"内功"。要做好班级各项工作必须先加强自身建设，辅导员自身建设的关键是提高辅导员的业务素质，树立辅导员的权威。

辅导员应注意观察学生的思想、情感、需求变化，捕捉学生的思想信息。为了达到"知人、知面、知心"的教育目的和提高教育管理能力，还要不断训练自己的演讲和对话能力。

辅导员还要不断用新知识充实自己，经常到书店购买教育方面的书刊，以吸取别人之长，补己之短。加强道德修养，努力通过自己的言行举止、为人处世给学生以示范，做学生的榜样。

2. 耐心教育、鼓励引导

在面对学生的时候，辅导员要耐心教育、鼓励引导，努力提高学生的自我教育能力。当学生违纪时，单凭条例去处罚他们，那根本是无济于事的。当然，纪律、制度、条例是必要的，但更重要的是施教者的教育、鼓励、引导，使他们提高认识，自觉接受教育，从而达到自我教育、自我约束的目的。

教育者的成功，就在于使受教育者具备自我教育的能力。著名的教育学家苏霍姆林斯基认为，"真正的教育是促进自我教育的教育"。因此只有对学生进行引导、启发，做好思想开导工作，结合学生的年龄、心理特征、个性特征和性别差异，巧妙施行，才能收到好的教育效果。

3. 增强学生的自信心

心理学研究表明，信心是人成功的基础，而表扬是人获得信心的最有效途径。

教育学生应尽量少批评、多表扬、多鼓励、多启发、多引导，做到既要关心爱护学生，又要严格要求，同时，在错误面前也决不迁就他们。

4. 引导学生

引导学生"自管""自律"。为了引导学生培养自我教育能力,应放手让学生们自己教育自己,自己管理自己,引导他们自觉组织召开各种专题讨论班会。

为了激发学生自我教育的动机,班中的大小事情基本由班干部去管,由学生自己处理。

(三) 国家助学贷款管理课程化研究

辅导员在工作的时候,要充分了解国家助学贷款,国家助学贷款是利用有效金融手段完善我国普通高校资助政策体系,是党中央、国务院在社会主义市场经济条件下,加大对普通高校贫困家庭学生资助力度而采取的一项重大措施。

一个良好的经济环境是学生在高校接受教育的基础,辅导员应详实地了解特困生的家庭经济情况,针对家庭困难的学生,为保证大学期间学习的顺利进行,可以为他们提供国家助学贷款的申请,向国家借贷学费。

针对个别学生出现手续不足而无法办理的情况,辅导员可以根据实际情况适当放宽标准,最大限度地保证每位特困生都可以进行贷款的办理。

辅导员要力争做到让国家助学贷款帮助到那些真正需要帮助的学生,做到亲自审核办理贷款的名单,同时,辅导员可以为有意愿的特困生申请勤工助学。

(四) 特殊群体管理课程化研究

学校应根据学生特点,着力加强对心理抑郁和异常学生、有重大身体疾病学生、网络成瘾学生、因违纪受过处分学生、家庭经济困难学生、学习困难学生、就业困难学生群体的服务、教育、管理工作。

高等学校对在学习、生活、交往、心理、就业等方面存在困难的特殊学生群体应该注重人文关怀与心理疏导相结合,组织有关方面专家、领导、教师和辅导员定期分析特殊学生群体的思想状况,以便全面掌握特殊学生群体的基本情况,倾注更多关爱,工作中为他们当中的每一位学生建立一份档案,确定一名学习伙伴,制订一份成长计划,即"三个一"计划。

学校对就业困难学生采取"一对一"跟踪服务,积极营造良好氛围,引导他们树立正确的就业观、职业观,让关心和帮助特殊学生群体的暖流在校园传递,针对就业困难学生开设了就业心理学、求职技巧等课程,鼓励和引导学生去就业和担任志愿者。

（五）大学生新生入学教学课程化教学实例

1. 教学理念

入学教育是大学教育的起点，是大学生涯的第一课，是加强和改进大学生思想教育工作的有效途径和重要内容，事关一所高校校风、学风和培养目标的实现，在很大程度上影响着大学生个体一生的发展。

因此，辅导员要针对大一学生这一时期的特点，有针对性地开展适应性教育，引导新生适应大学的学习、生活、工作，帮助大一新生提高环境适应能力，帮助其顺利地渡过大学的第一个重要阶段。

2. 教学方法

新生入学教学形式可分为辅导员周评、专业教师专业教育是学生活动三大类。在实施过程中要积极发挥辅导员、专业教师和团委学生会学生干部的能动性，辅导员要充分利用每一次周评的机会，分主题、分类别地积极参与组织策划新生入学教育的各种讲座和活动。

新生入学教育期间，可以采取班会、报告、讲座、参观、座谈、联谊、网络教学、个别教育等多种形式贯穿于一年级全过程甚至整个大学期间，将新生入学教育纳入大学生教育管理中有机的一部分，形成长效机制，确保教育效果。

3. 教学设计

面临新的环境、新的学习氛围，新生由高中步入大学校园有诸多不适。因此，辅导员要充分利用新生入学的第一个学期，帮助大学新生克服由于环境陌生带来的身体和心理上的种种不适应问题，使其尽快地全身心的投入大学学习和生活之中，并顺利完成学业。

在新生入学教育阶段，可以根据新生特点，设计七大主题的课程教育模块，分别为适应性教育模块、专业思想教育模块、学业生涯教育模块、文明修养教育模块、文化传承教育模块、校园安全教育模块、人际交往教育模块。

4. 教学内容

围绕新生入学教育七大主题教学模块，各教学内容应各有侧重：适应性教育旨在让新生尽快熟悉新环境，适应大学生活；专业思想教育旨在让学生了解本专业培养目标，培养专业学习兴趣；学业生涯教育旨在培养学生生涯规划意识，制订个人学习计划；文明修养教育旨在引导学生遵守校规校律，杜绝违纪现象发生；文化传承教育旨在引导学生了解本校文化，培养爱国爱校的情怀；校园安全教育旨在通过校园安全教育案例详解，提高学生自我防范及自我保护意识；人际交往教育旨在通过团队训练和团体辅导，增强新生人际交往能力。

5. 教学过程

新生入学教育的最终目标是引导新生尽快适应和融入新的环境，因此，教学过程要紧密结合学校、学院、专业及新生入学后的具体情况，实施完善教学内容，调整教学进度。

辅导员要重点把握新生不同地区的生活习惯、风俗习惯与本地风土人情的融合、角色心理的调试、爱国爱校教育的开展、学风校风建设的动员、人际交往调试等环节。此外，辅导员要选择有针对性和时效性的教学内容，采取贴近学生、贴近实际的教育形式。

6. 教学概览

大学新生入学教育课程化一方面学校和辅导员要合理安排教学内容，设计多样化的教学组织模式，另一方面，要充分发挥学生的主体作用，使入学教育落到实处。因此，入学教育不是凌乱的拼凑，而是一门思想教育课程的专业体系和构架。以河北科技大学理工学院为例，在实际教学中，可分为 7 个教学单元，14 个教学课时，教学内容见表 6－1。

表 6－1 教学内容一览表

单元	活动主题	教学内容	教学形式
1	适应性教育	帮助新生尽快熟悉学校，熟悉所处的环境，适应大学生活；完成生活方式、学习方式、交往方式等三个方面的转变	专题讲座、师生座谈、案例分析、团体辅导、素质拓展、朋辈学习、主题班会等
2	专业思想教育	让学生了解本专业的培养的目标，树立专业学习的信念；培训新生登陆教务系统，查询成绩、课表、学籍信息、选课等	专题讲座、师生座谈、参观交流、优秀学长见面会等

(续表)

单元	活动主题	教学内容	教学形式
3	学业生涯教育	帮助大一新生树立学业生涯规划，引导学生了解本专业的就业方向和基本就业素养；引导新生制订个人的学期计划书和四年的学习计划书	专题讲座、师生座谈、主题班会、团体辅导、参观交流、优秀学长见面会、就业信息培训会等
4	文明修养教育	引导学生学习学校和学院的相关规章制度；集中学习"学生手册"，使学生认识校规校纪的重要性	主题班会、知识竞赛、案例分析等
5	文化传承教育	通过文化传承教育，让学生了解大学的文化底蕴和优秀传统；带领学生体验大学久远的历史沉淀，增强新生对学生的认同感和自豪感。	专题讲座、参观交流、主题班会、人物访谈等。
6	校园安全教育	通过安全教育，增强学生自我防范保护意识和应对突发事件的能力；对学生进行交通、消防、治安等安全常识教育，提高学生的安全防范意识。	专题讲座、师生座谈、案例分析、小组讨论、模拟训练、角色扮演、参观交流、主题班会等。
7	人际交往教育	教育学生正确认识自己，优化个人形象；引导学生把握交往原则和艺术，学会以诚相待，以积极乐观心态加入人际交往中。	主题班会、专题讲座、师生座谈、案例分析、团体辅导、素质拓展、小组讨论等。

7. 教学特色

促进自我教育的教育才是真正的教育，在教学过程中辅导员要积极引导学生学会自我反思、自我教育、自我约束，以期促进学生自我管理、自我组织、自我评价、自我提升能力逐渐提高，更好地促进学生知识、素质、能力的协调、全年和终身发展。

8. 结语

大一新生入学教育是大学生素质教育的基础性教育阶段，对引导新生顺利实现中学到大学的转变，提高学生沟通表达与团队合作能力，培养学生良好的态度与习惯，增强学生的责任感，树立学生正确的价值观具有重要的现实意义。

通过新生入学教育，使大一新生能够顺利地完成从中学被动学习到大学主动学习、独立生活的过渡，实现自身角色的转变，最终具备高远的理想、精深的学业、强健的体魄和全面的综合能力与素养，实现做人与做事、知与行辩证统一，身心和谐健康发展。

二、大学生日常生活管理课程化研究内容

大学生日常生活管理基本涉及大学生活的方方面面，同时也始终贯穿着学生管理的方方面面，对学生的学习生活有着很大的影响。大学生日常生活管理主要包括纪律管理、班级管理、公寓管理、奖罚管理四个方面。

（一）纪律管理

纪律是维持一个组织团结的根本，是自我约束的一个标准。纪律管理是学生日常事务管理的核心内容。在高校学生纪律管理中，有以下几个方面。

1. 抓住性格

辅导员对于学生的管理不应该仅是强制性的约束。高校学生几乎已经具有独立思考的能力，辅导员应该培养学生利用纪律来自我约束，应该抓住其性格特点进行督促，而不是一味地强迫和要求绝对地服从，不是进行强制性的管理。

2. 深入了解

辅导员应该对每一位学生进行进一步的了解，例如学生的家庭背景、父母情况、健康状况等，然后再在此基础上开展工作。

3. 及时了解

我们应该放下"老师"的身份，尤其对于一些长期缺少父母关心的学

生，努力与他们沟通，积极和他们接触，结交成好朋友，及时了解发生在学生周围的事、遇到的困难等，这样不仅仅在学习上能帮助学生，而且在生活上也能给予学生很多帮助。

在教学方面，应尊崇"因材施教"；在管理方面，辅导员也应根据不同学生的个性采取不同的管理方式，从而达到事半功倍的效果。选用相应的教育方法进行管理，切不能张冠李戴，那样会导致一些副作用的产生。

只有拥有一个良好的纪律管理体系，才能建立一个优秀的集体，只有建立一个优秀的集体，才能涌现出一批优秀的人才，纪律是一个组织的根本，所以纪律管理不容有失。

（二）班级管理

班级管理是一个动态的过程，它是辅导员根据一定的目的要求，采用一定的手段措施，带领全班学生，对班级中的各种资源进行计划、组织、协调、控制，以实现教育目标的组织活动过程。班级管理的方法有以下四种。

1. 常规管理

常规管理是指通过制订和执行规章制度去管理班级的活动。规章制度是学生在学习、工作和生活中必须遵守的行为准则，它具有管理、控制和教育作用。

2. 平行管理

平行管理是指辅导员既通过对集体的管理去间接影响个人，又通过对个人的直接管理去影响集体，从而把对集体和个人的管理结合起来的管理方式。

3. 民主管理

民主管理是指班级成员在服从班集体的正确决定和承担责任的前提下，参与班级管理的一种管理方式。实质上就是发挥每一个学生的主人翁意识，让每个学生都成为班级的主人。

4. 目标管理

目标管理是指辅导员与学生共同确定班级总体目标，然后转化为小组目标和个人目标，使其与班级总体目标融为一体，形成目标体系，以此推进班级管理活动，实现班级目标的管理方法。

(三)管理者自身问题

当然,在班级管理中会遇到一些其本身存在的问题,本内容主要针对管理者自身存在问题进行课程化研究。

1. 辅导员管理偏重于专断

辅导员对班级管理的方式偏重于专断。分数和排名是对学校和教师工作业绩的衡量指标,这导致了在班级管理时高度重视课堂教育和考试成绩,忽略了学生的内在需求。

2. 民主管理程度低

班级管理制度缺乏活力,民主管理的程度低。在班级中设置班干部,旨在培养学生的民主意识和民主作风,学会自治自理。然而很多学校班干部相对固定,使一些学生形成了"干部作风",不能平等地对待同学,而多数学生却缺少机会。

如果能改进、克服这些管理方法的缺陷,那么做好班级管理后能达到的效果有以下三点。

(1) 有助于锻炼学生能力,学会自治自理。
(2) 有助于实现教学目标,提高学习效率。
(3) 有助于维持班级秩序,形成良好的班风。

(四)奖罚管理

奖罚管理作为一种管理方法,占有很高的地位。只有做到赏罚分明,才能让大家心悦诚服,学生才能主动接受管理。

1. 奖励

奖励的途径有很多,如学校奖学金、评优等。学校奖学金每年都会评定。

(1) 学校奖学金。学校奖学金分为两种:优秀奖学金,专门奖励学年成绩比较优异的同学,以勉励学生再创佳绩。进步奖学金,专门奖励给那些学习成绩进步较大的同学,以鼓励他们再接再厉。

奖学金的评定标准,要制订一个最为公平的评定准则,秉承公平、公正、公开的原则,进行奖学金的评定,并公示于所有同学。

(2) 评优。优生、优干、"三好"标兵等荣誉不只是一项荣誉,更是一种能力上的认可,它有助于学生未来的发展。

2. 惩罚

惩罚不是目的，改正错误才是关键。帮助学生改正不良行为，提高自律性，如可以规定缺课三次以上者降低平时成绩，或者可以对学年平均学分低于某一分数线的同学给予警告处理。

做好监督，施行奖罚分明的管理制度，高校学生的自律性一定会有所提高。

三、大学生思想道德教育课程化研究内容

大学中对学生的思想道德教育主要包括理想信念教育、公民道德教育、民族精神教育和素质教育。

大学生思想道德教育对于学生身心的健康成长起着非常重要的作用，对于加强大学生思想政治教育具有重要意义。

（一）理想信念教育

理想信念对一个人的一生起着导向作用，理想信念教育是通过教育和实践不断坚定社会主义为人生指引奋斗目标，不断坚定共产主义理想信念，为生活提供前进动力，从而帮助青少年解决做什么人、走什么路的问题。

高校辅导员有责任加强对学生的理想信念教育，引导着学生不断追求更高的人生目标。

大学生正处于理想信念成型期，为了提高思想政治工作的实效性，加强理想信念教育可以有效地帮助学生，告诉学生为什么而学，坚持内容的有效性，要明确对环境高要求与自身低奉献的两大矛盾，把个人的奋斗志向同国家和民族的命运紧紧地联系在一起，把个人的进步同祖国明天的繁荣昌盛紧紧地联系在一起。

结合学生的实际生活，在创新、充实理想信念教育时，辅导员应尽可能满足大学生最关心的问题，让学生切实地体会到理想信念教育受益终身，最后，贴近学生生活，结合其他教育将大道理讲透，结合时下的流行元素，使学生主动地、自觉地接受理想信念教育。

（二）公民道德教育

公民道德问题一直以来是政治和教育中的核心问题。当前我国高校学生的思想道德建设以及学校教育环节中存在一些不尽如人意的地方，其问

题主要表现在以下几个方面。

（1）大学生在自我提高过程中的功利化倾向明显。

（2）大学生群体中明显缺乏对他人和集体的责任感，存在以自我为中心的倾向。

（3）大学生轻集体、重利益的倾向较以前更为明显。

（4）高校教育系统中的一些环节存在着服务意识和平等观念的缺失，对大学生道德素养形成造成一定的负面影响。

（5）辅导员对大学生的行为准则、道德教育以及人格培养等方面缺少系统性教育。

教育是传承文明、延续文化的基本载体，在公民教育观方面，目的在于培养学生能够善于处理矛盾、构建和谐的人际关系，在全社会大力倡导"爱国守法、明礼诚信、团结友善、勤俭自强、敬业奉献"的基本道德规范下，我国公民道德建设以马克思列宁主义、毛泽东思想、邓小平理论为指导，全面贯彻"三个代表"重要思想，传递社会共同的文化和价值取向，加强高校大学生公民道德教育的举措有以下几方面。

1. 着力公民道德环境建设

着力建设文明、健康的公民道德环境。环境在"育人"过程中有着重要的作用，文明、健康的公民道德环境对于大学生形成良好的道德素质是不可缺少的。

2. 深入开展学生公民道德实践活动

深入开展学生公民道德实践活动，建立一批优秀的实践基地。通过实践来培养和提高大学生的素质，致力于建设一批集思想教育、专业实习、道德实践等功能于一体的实践基地，架通学校与社会联系的桥梁。

（三）民族精神教育

民族精神是一个民族生存和发展的精神支撑，是民族文化的核心和灵魂，是民族在历史活动中表现出的富有生命力的优秀思想、高尚品格和坚定志向，具有对内动员民族力量，对外展示民族形象的重要功能。一个民族没有令人振奋的精神和高尚的品格是不可能屹立于世界民族之林的。在五千多年的发展过程中，中华民族形成了以爱国主义为核心的团结统一、爱好和平、勤劳勇敢、自强不息的伟大民族精神。

弘扬和培育民族精神是爱国教育的新形式，是推动高校文化建设和大学生素质教育的需求。在大学生中弘扬和培育民族精神，对于中华民族的伟大复兴具有重要意义。辅导员要发挥课堂的主渠道作用，营造校园文化，使大学生做到坚持理想信念与爱国主义的统一。

（四）素质教育

素质教育是指从培养有文化、有理想、有纪律、有道德的社会主义接班人出发，以全面培养受教育者高尚的道德情操、丰富的科学文化知识、良好的身体和心理素质、较强的实践和动手能力以及健康的个性为宗旨，大学生综合素质存在以下几个问题。

1. 对国家现行政策认识不够

毕业生在择业过程中，没有做好就业心理准备，不能很好地认清当前的形势，对自我的定位及自我能力的评价不够确切，心理素质和专业能力还需进一步加强。

2. 心理不健康

由于现在的大学生心理表现不够成熟，部分大学生的心理不够健康。

3. 观念偏离

由于受到社会各方面的因素和个人方面的感情因素影响，部分大学生的价值观、人生观存在偏离。

四、大学生稳定工作课程化研究内容

学生的稳定工作包括：学生安全的稳定性、情绪的稳定性、在校的稳定性三大方面。

（一）学生安全的稳定性

辅导员应该加强学生的安全教育，只有学生的安全稳定了，才能进一步开展其他方面的教育。

俗话说得好，"身体是革命的本钱"，如果安全教育搞不好，那么其他教育都是空谈。各大高校的学生，来自全国各地不同的省份、不同的城市，假期返乡时，安全问题绝对不容忽视。因此，辅导员要开展文明离校教育，以提高假期离校期间学生的安全意识。

离校之前，辅导员对各班下发"假期离校统计表"，要求学生认真详细填写，务必保证假期通信畅通，以保证学生返乡的安全。除此之外，辅导员还应该要求各班级主要干部保持通信畅通，防范假期出现特殊状况。

务必做好文明离校教育，因为做好了文明离校教育工作就等于给安全教育工作加了一把锁，消除了学生的安全隐患，很大程度地提高了教学质量。

（二）学生情绪的稳定性

很多同学情绪波动太大，心理承受能力较弱，受不了挫折的打击，甚至部分同学情绪过度低落导致自残、自杀。

这类情况在每所高校都会有相关案例，所以辅导员应该在每个班级内设心理委员，了解、观察同学的情绪，将所负责班级的"心理委员""心理护航员"的名单、个人信息及人员变动上报到学生处心理健康教育中心存档。

各班心理委员负责每月填写一份"心理监察表"，填写信息要真实详细，以便辅导员能更准确地了解、把握每位学生的心理情况，从而保证高校教育的顺利进行。

（三）在校的稳定性工作

辅导员要经常与班级主要干部沟通，防止一些在校生的流失，半路弃学。为了保证每位同学都能够坚持接受高校教育，辅导员要统计学生的在籍情况，了解是否有弃学情况发生。

做好学生稳定工作，一经发现弃学情况，辅导员应立即做到家庭与学校双方紧密地配合，了解具体情况。

稳定学校的正常秩序，及时洞悉在校生的流失情况，定期召开会议，保证每位同学都在校，与家长沟通，帮助学生完成全部的高校教育。

五、毕业生教育课程化研究内容

同样，大学生的毕业前教育也是很多辅导员容易忽视的，但这也是大学生离校前的一项重要教育，对学生的离校、毕业、就业等起到关键作用。毕业生教育主要包括毕业前教育、文明离校教育、毕业生就业工作三个方面。

（一）毕业前教育研究

作为高校辅导员，对在读大学生进行管理时绝对不能忽视即将毕业的学生们。辅导员可以通过以下方法，对即将毕业的学生进行毕业前教育。

1. 举办模拟招聘会

举办模拟招聘会。辅导员可以邀请一些有帮助的企业，来做一个模拟招聘会。

目的是通过模拟招聘会，使学生进一步了解应聘流程，为以后的应聘打下良好的基础，争取在应聘会上有一个不俗的表现。

2. 进行应聘展示会

进行应聘展示会。辅导员可以约定时间，选择一个大型教室，布置展览板，展览板写出一些社会问题、职场问题等，并设立专业解说员进行现场解说。

展示会上，学生可以自由选择观看展览板，有疑问的可以直接询问解说员。通过这种方式，学生能够更加透彻地了解很多社会问题、职场问题等。

3. 举办大型双选会

举办大型双选会。"双选会"顾名思义，即企业与高校毕业生零距离接触，互相选择。

辅导员可以对一些大型企业发出邀请，选择大型教室，给各大企业设应聘台。然后学生可以进场选择中意的企业，同时企业也可以对学生进行选拔，筛选出自己企业所需要的人才。

如果学生和企业达成一致，可以现场签订合同。这样的双选会省时、省力，避免了毕业生到处寻找工作的麻烦．同时也为企业集中选拔人才提供了方便，可谓双方互相受益。

（二）文明离校教育研究

文明离校教育是基于安全教育的一种教育方式，它是维护高校安全稳定、保证正常教学生活秩序、创建文明校园的一项重要工作。

在毕业离校时容易发生毕业生往宿舍外随意扔废弃物，在楼内乱写乱画，甚至出现闹事、损坏公物等违纪行为。

这一系列的行为不只为学校带来负面影响，也为学生本人带来不必要的麻烦。为避免这样的事情发生，辅导员必须加强对毕业生进行文明离校教育。

1. 毕业生文明离校工作

毕业生文明离校工作涉及方方面面，学校各部门应通力合作，切实做到"四个到位"，即责任到位、措施到位、服务到位、落实到位，为文明离校教育工作提供有力保证。

2. 为毕业生在离校前服务

在毕业生离校前，各部门要从方便毕业生的角度出发，主动、热情、周到地为毕业生服务。

经常与毕业生沟通，听取毕业生对大学生活的评价，以及对学生日常工作的意见、建议和要求，在此基础上，制订新的工作计划，完善工作方法，努力将学生培养成为德、智、体、美、劳全面发展的高素质、高技能人才，了解他们的困难，努力为他们解决问题。

3. 充分发挥学生骨干在文明离校中的作用

以学院为单位，向全体毕业生发出文明倡议，充分发挥学生骨干力量在文明离校中的作用，教育他们既要当好表率，又要努力做好其他同学的工作。

4. 总结毕业生在校期间的综合表现

召开班会、毕业生大会，对毕业生在校期间的综合表现进行总结归档，指导学生完成毕业设计和论文，办理毕业离校的相关手续，帮助学生顺利毕业，使他们顺利走上新的工作岗位。

对毕业生在离校期间的行为规范提出明确要求，坚决反对和杜绝在毕业生离校过程当中制造并散播传言、泄私愤、损坏公物、酗酒、赌博、起哄摔酒瓶等违纪肇事现象和扰乱学校秩序的行为的发生。一经发现，将视情节给予严肃处理，绝不姑息迁就，并将处理结果通报用人单位。然而文明离校教育不是只针对毕业生开展的，它面向的是所有学生。

（三）毕业生就业工作研究

随着我国的经济发展水平步入了一个新的历史时期，高等院校的毕业生工作新策略初步形成，高校新型大学生就业工作模式的构建应充分考虑以下几个方面。

1. 落实科学发展观

落实科学发展观，以就业工作为"向导"带动教育教学改革，要坚持以"三个代表"重要思想为指导，对毕业生就业工作给予高度重视和大力支持，党政协作共抓就业。

2. 加强制度建设

加强制度建设。制订、实施学校就业工作相关规章制度，使毕业生就业工作制度化、规范化；建立学校就业工作委员会、毕业生就业指导中心和各系部就业工作领导小组。

3. 及时提供就业信息

加强就业工作的信息化、网络化建设，及时为毕业生提供就业信息，做到就业信息通畅，从而提高就业工作的效率和水平。

对求职失败的学生要及时展开挫折教育，尽量消除学生因找工作压力过大而带来的心理问题。

六、实践教育与科技创新课程化研究内容

要加强大学生在校的实践教育，要理论联系实际，注重实践教育，要注重提高大学生的创新能力，创新是一个民族的灵魂，把大学生的科技创新提升到学生日常事务管理上来，可以使一个国家拥有兴旺发达的不竭动力。

（一）实践教育研究

"教育与生产劳动相结合"的教育方针是我国在1958年提出的，这个教育方针在落实过程中人们的理解庸俗化，忽视了理论学习的重要性，仅仅强调知识分子参加体力劳动，它适应了我国当时建设初期工业化刚刚起步的历史条件。

实践教育学的理论体系是结合中国教师的发展和基础教育实践，在深厚的理论基础上，对若干主要问题的思考建构起来的。

1. 通俗易懂的实践教育语言

实践教育学的语言应当是明白易懂的。理论家应使复杂的关系、深奥的思想变得清晰、简洁、明了，应使其著作对读者既具有吸引力，又可以

理解。

2. 不能混淆实践教育学

实践教育学的陈述类型要清楚，不能混淆实证陈述、分析陈述、价值判断或规范陈述，这是检验陈述是否真实和有效的先决条件。

3. 清楚地表述

对于实践教育与科技创新课程化研究内容要清楚地表述出来，尤其是对于规范的内容，应尽可能清楚地表述。

（二）科技创新研究

党的十七大报告指出："进一步营造鼓励创新的环境，培养造就世界一流科学家和科技领军人才，使创新智慧竞相迸发、创新人才大量涌现。"教育部在"十二五"规划中提出："按照'宽口径、厚基础、强素质、有创意、会创新、能创业'的人才培养原则，大力培养德、智、体、美全面发展，具有创新精神、创业能力和社会责任感的高级应用型人才。"

大学生科技创新，旨在通过所学的理论知识来解决实际中的问题，其中问题有大有小，大到我们的专业知识，小到生活中的点滴。

1. 保障物资条件

进一步保障师资、场地等物质条件，为大学生科技创新工作室开展各项工作创造有利土壤，力求将大学生科技创新工作室建设成为学校凝聚人才、交流创新和展示才智的平台基地，为学校拔尖创新人才培养做出积极贡献。

2. 提高科学导向

提高科普性导向，即竞赛要面向广大同学，降低门槛，使更多同学参与进来；其次要提高科研性导向，即各院系举办专业性强、水平高的学科竞赛。

3. 发挥学校各级团组织的组织优势

发挥学校各级团组织的组织优势，加大宣传力度，积极开展科技竞赛；加强科技类社团的建设；开展大学生科研立项，多方努力，加大资金投入；开展科学、科技类论坛与讲座，努力营造浓厚的大学生科技创新氛围；在广大同学当中加强引导，集中评选、表彰大学生科技标兵，加大对科技标兵的宣传力度。

第三节 大学生日常事务管理课程化之班级建设

通过班级的建设对大学生日常事务管理进行课程化研究，是我国高校辅导员的又一项课程化研究内容。在课程化研究中，班级建设是一项具有重要性、紧迫性和复杂性的长期的系统工程。

随着社会的进步和高等教育机制的改革，班级建设的目标定位为国家培养人才，人的成长具有复杂性和系统性。

由于班级建设比较复杂，所以有必要将大学生日常事务管理之班级建设进行课程化研究，这样可以让高校辅导员紧跟时代的步伐，正确引导大学生，使班级在学生中具有重要的影响力。

一、班级建设课程化研究之班级概念与构成要素

（一）班级建设课程化研究——班级的概念

要想对班级建设课程化研究有一个全面的认识和了解，高校辅导员就必须充分理解班级的概念。

班级是由辅导员和学生组成的学校的基本教育单位，是一种社会体系。

1. 班级是一种社会体系

班级之所以是一种社会体系，主要有以下三方面原因。

（1）师生的交互行为是为完成一定的教育与教学活动而发生的，这些行为要受到班级群体共同目标的指导与规范的制约。

（2）无论是从宏观的社会背景，还是从微观的课堂背景，发生交互行为的师生双方都处在同一情景中。

（3）在于班级社会中存在着进行交互行为的两大基本角色——教师与学生，以及由此而形成的主要角色组合——师生关系。

2. 班级是教师和学生共同组成的群体

班级是学生中一个基本单位，学校中的大部分活动是以班级为单位开

展的。

班级是由辅导员和其他几名学科教师与一个学生群体共同组成的。这个群体是为了实现一定的教育目标，并且师生之间在活动中发生交互作用，以此为基础实现教育功能。

（二）班级建设课程化研究——班级的构成要素

班级建设课程化研究中班级的构成，是大学生日常事务管理课程化研究的前提条件，班级的构成要素主要由高校辅导员、班委会和大学生组成。

1. 辅导员

班级建设的构成要素，辅导员首当其冲，因为高校辅导员在班级建设中起着指导作用。

在班级工作中，辅导员具有直接管理优势，辅导员在党委领导下完成各项工作，在班级管理和分工上辅导员具有否决权和参与权。

2. 班委会

班委会是高等学校学生工作队伍的组成部分之一，班委会成员既要对本班负责，又要对院系的团委学生会负责，同时，班委会的成员分别对应团委、学生会的学生干部。

从班级工作上传下达的角度来看，班委会成员既要服从辅导员的领导和指挥，也要完成团委和学生会干部安排的工作。另外，根据高等学校党建和培养目标，高等学校的班级中通常设置团支部，在有条件的班级设置党支部。

3. 大学生

当前高等学校的大学生普遍思想状况主流是健康、积极、向上的。他们健康活泼，胸怀大志，勇于自立自强，乐于接受新鲜事物，热爱党和国家，相信社会主义和共产主义，拥护党的路线和政策，对走中国特色的社会主义道路和实现小康社会的宏伟目标充满信心。

（三）班级建设课程化研究——班级的作用

对于高校辅导员来说了解班级的作用，对于班级建设课程化研究具有引导性作用，首先班级是学生成长的家，属于大学生的熔炉，最后班级还是大学生重要的组织载体。

班级能否发挥良好的作用，取决于辅导员是否真正理解班级的作用，所以针对辅导员展开班级建设课程化研究是十分有必要的。

1. 班级是陶冶大学生的熔炉

在班级中，陶冶主要是指集体对学生个人的陶冶。陶冶来自班级的环境和氛围，这种气氛主要表现为积极向上、忠诚诚信、团结友爱、一致的舆论、热爱集体、朝气蓬勃等方面。

学生相互陶冶和各种集体活动形成的潜移默化的影响，就会产生一种气氛，每个人受陶冶的机会越多，学生就会产生积极向上的精神，陶冶来自班级的多种多样的活动，学生的表现越充分，班级的陶冶功能就发挥得越充分。

2. 班级是大学生成长的家

学会正确处理个人与他人、与集体、与社会的关系，在班级这个基本的教育场所中，班级经常开展各种活动，采取各种有效的措施，有目的、有计划地向学生传递社会规范和价值观念，学生在班级中得到各种活动展示的机会，由兴趣发展到爱好再到特长。

学生的特长得以发挥，辅导员通过班级使学生逐渐认识社会生活准则，针对学生的一般特点和个别差异性，履行自己的义务和处理人际关系的能力。

3. 班级是大学生的重要组织载体

良好的班级具有积极的教育功能，是大学生自我管理、自我教育、自我服务的主要组织载体，具有行政管理的功效，是学生受教育的基层单位，集体主义使每个人正确地认识自己在集体中的地位，集体的正确舆论对于集体中每一个成员思想觉悟都有所提高。

良好的班级可以发挥组织学生、团结学生、教育学生的职能，这种职能表现在个人在集体中获得同志般的友谊、支持，个人利益服从集体利益和国家利益，从而提高自我评价。

二、班级建设课程化研究之班级建设的目标

班级是发展学生才能的最好环境，它可以把教师的意图和要求变成学生集体的意图和要求，是有明确奋斗目标、坚强领导核心的教育主体。

班级是高等学校的基本机构和功能单位，是培养学生高尚思想品德的

基本形式，是共产主义道德品质的形成，是学生团结友爱的风尚，勤奋好学的精神，是个人思想觉悟的提高。

集体有正确的舆论导向，有感召力，辅导员要正确处理好学生与班级的关系，努力建设一个有坚强和核心的班级，要建设一个先进的班级，辅导员必须明确以下六个目标。

（一）奋斗目标与领导核心研究

1. 有明确的共同奋斗目标

明确的奋斗目标能将人的需要变成动机从而推动行为，按目标的要求控制、修正自己的行为方向，同时给人以力量去克服困难，排除障碍，一步步地达到目标。

一个共同的奋斗目标可使群体具有集体的特性，对群体的行为产生凝聚作用，增强机体的向心力。由此可见，共同的奋斗目标是班级形成的基本条件，有了它，集体也就有了前进的方向和动力。正确的目标必须在正确的政治方向指导下，能反映时代的要求，又能被全班学生接受。

2. 有一个团结而又富有权威的领导核心

辅导员要有一批团结在自己周围的积极分子，他们是集体的核心力量和支柱，是共同奋斗目标的积极实践者，是全班学生的带动力量，是辅导员的得力助手。

一个先进的班级，除了全体学生的共同努力外，还离不开坚强的核心——班委会。这个核心必须具有凝聚力和号召力，其成员必须由一些以身作则、有热情、有责任心、有一定的组织管理能力的学生组成。

（二）学习风气与集体舆论和班风研究

1. 有勤奋刻苦、勇于进取的学习风气

学风指学校师生在教学活动中表现出来的精神状态和工作方法。按照《教育部普通高等学校本科教学工作水平评估方案（试行）》的定义，学风评估包括教师风范、学习风气两个二级指标。

学风是校园文化的重要体现，是班风的集中反映，是治学的态度和方法，是学生在校学习生活过程中所体现出来的精神面貌，是学生学习目的、学习态度、学习纪律等的综合反映，是学生在校园中经过长期教育和影响逐步形成的行为风尚。

优良的学风会对生活在这个环境中的每个学生产生潜移默化的影响，一所学校能否树立良好学风是大学生成才的关键所在，对学生而言，影响自身的学习绩效，及今后的成长和进步。

大学生的基本任务是学习，形成优良的学风，使学生受到春风化雨般的熏陶，正确的学习目的，端正的治学态度，对于提高教育质量、促进人才培养具有直接推动作用。

2. 有正确的集体舆论和班风

正确的舆论是学生进行自我教育的重要手段，培养正确的舆论，具有举足轻重的巩固班级的作用。集体舆论是进行道德评价、自我教育的重要手段，是集体成员间通过信息沟通所产生的一种共鸣，是在集体中占优势的、为多数人所赞同的言论，是教师和班级干部了解班级成员思想、情绪的重要渠道，是一种群众性的心理现象，是个人和集体发展的巨大教育力量。班集体舆论对学生的影响往往要比辅导员个人的力量大得多、有效得多，正确舆论的形成是班集体形成的重要标志之一。

班风是指一个班级的作风。班风是班级中大多数成员的精神状态、道德品质、思想觉悟、意志感情的一种共同表现倾向，可以潜移默化地影响全班学生的思想和行为，是一种无形的教育力量，对集体的形成和巩固起积极作用。辅导员在带班过程中往往会体现出传统特色，优良的传统是巨大的教育力量。

班风、传统和舆论是密切联系相互影响的，优良的班风和传统一旦形成，本身就是强大的集体舆论。

（三）规章制度与精神风貌研究

1. 健全的组织和严格的规章制度

健全班级组织主要包括：讲民主，既分工又合作，职责分工明确，事事有人管，核心人物有能力，结构完善。

班级规章制度是全班学生共同遵守的行为准则，是每个学生健康、文明的学习、生活环境，具有高度的组织性、纪律性，是按一定程序办事的规程。

一个班级组织健全，有人负责，职责分明，有章可循，班级中的成员才能茁壮成长。

结合校规、校纪，从实际出发，为了管理、教育和良好班风的需要，必须经过全班学生共同讨论定出切实可行的规章制度，为共同的奋斗目标制订规划、法规，要求集体每个成员必须严格遵守执行行为准则。

2. 积极乐观、蓬勃向上的精神风貌

一个热爱美好生活、追求美好生活的集体，积极乐观、朝气蓬勃应是它的基本特征。在这个集体中，学生、师生相互之间团结友爱，生活态度积极乐观，学习互帮互学，生活方式活泼多彩，精神饱满，心理健康，具有共同的理想和目标，关心集体、关心社会，为建成社会主义的现代化强国而努力，充分展现出当代大学生热爱生活、追求生活的美的精神风貌。

有活力的班级形成需要以下六个条件：

（1）舆论在班级建设中发挥灵魂作用。
（2）精神风貌在班级中发挥号召引导作用。
（3）目标在班级建设中发挥方向作用。
（4）班级领导集体在班级中发挥核心作用。
（5）学风在班级建设中发挥动脉作用。
（6）组织制度在班级建设中发挥骨架作用。

三、班级建设课程化研究之班级建设的途径

（一）创造良好的班级"第一印象"

创造良好的"第一印象"，可以采用一下这几种方式。

（1）精心布置班级。
（2）开学第一周在新生中进行问卷调查，通过"我理想的辅导员""我心目中的班级"等，让学生初步体会为集体服务的光荣。
（3）开学第一周举行主题班会，使师生之间、学生之间通过"我的自画像""学生问，辅导员答""同学之间自我介绍"等，迅速地互相了解。

班级建设中的"第一印象"是至关重要的，因此，辅导员应该精心地做好各种准备，早在新生入学之前就开始酝酿使新生迅速形成"集体"的计划，胸有成竹地迎接新集体的诞生。

（二）建立平等和谐的人际关系

建立良好的班级必须有和谐的人际关系，学生之间平等的人际关系让学生感到自己置于集体一员的位置上。

班级内部平等的人际关系是人际关系和谐的基础，在思想上互相交流，在人格上彼此尊重，在尊严上不分贵贱。辅导员也是和他们一起建设

美好集体的成员,所以辅导员应该努力使自己成为学生的同志和朋友。

教育学生互相尊重,每个人的尊严是绝对平等的,要让学生认识到,人格平等、心灵相通、感情交融是建立平等和谐人际关系的重要标准,形成真正的平等意识。

(三)培养学生干部和积极分子,形成班级领导核心

培养班干部和积极分子,建立坚强的班级,辅导员要经常和班干部一起分析班级情况,注意做好学生思想工作,帮助班干部明确自己的职责,形成班级领导核心。

实现班级共同目标,抓好班干部的思想教育,班干部有明确的分工,指导他们制订班级计划,让他们树立为班级服务的思想,让他们意识到,班级好坏同自身工作的关系,让他们知道,班干部也是可以犯错误的,但能马上改正。

团结互助,摆正自己与同学的关系,以自己的模范行动去赢得全班同学的信任,带领全班同学共同进步,为了有更多的学生能参与班级工作,促进良好班级的形成,辅导员还要注意培养各类积极分子,扩大、积累班级中的积极因素,增强班级的凝聚力。

(四)开展丰富的班级活动

班级活动,有学习交流、思想讨论,有游艺娱乐、远足郊游,有学习活动、班会活动、校内校外实践活动等。

班级活动是建立和巩固良好班级的重要途径,是实现班级目标的根本保证。

从教育艺术的角度来看,一次又一次花样翻新、妙趣横生的活动,对集体活动培养集体观念,使班级学生保持生机都是重要途径,同时还可以通过淡化教育痕迹的方法来获得并未淡化的教育效果。

四、大学生日常事务管理班级建设课程化教学实例

(一)教学理念

大学生日常事务管理班级建设课程是为了引导大学生健康成长,加强和改进思想政治教育及维护高校稳定的有效措施。

辅导员在制订日常事务管理班级建设课程教案时,应该着重体现班级教学的计划性、组织性和创新性,通过以上的三种个性化管理,实现日常

事务管理班级建设的有效组织性和长效机制性。

在日常事务管理中,要尊重班级建设教学课程特有的教学理念、教学方式和教学模式,同时,加强思想政治教育、学风建设和日常管理,通过理念、方式和模式及思想政治教育,等环节充分的相互结合,帮助和提高学生健康成长和思想政治教育。

(二)教学方法

辅导员在进行日常事务管理班级建设课程教学时,首先要进一步完善和改进传统的教学模式,实现教学形式上的多样化和手段上的创新,其次是抓好教育培训,强化实践锻炼。

在教学过程中,辅导员要通过观察和单独接触,摸索出一种有效和贴近学生的有效管理方式。如为了能让学生积极地参与到班级建设和维护班级建设,辅导员应在课堂中积极发挥团体能动性,调动学生氛围,通过一种新颖的方式、方法,让学生在体验知识的同时还可以感受到轻松、快乐和无拘无束,这种体验和感受可以让高校的班级建设逐步在传统建设模式中寻找一种新的、有效的、高效的方式和方法,帮助大学生更好地树立人生价值观和健康向上的管理理念,对于培养大学生自我管理和自主规划都具有十分重要的作用。

(三)教学设计

辅导员可以在班级建设教学过程中,通过各种案例和实例,让学生通过观察和自主体验的方式,运用自己所了解和实践中的理论基础,达到增强班级建设和提升班级管理能力的目标。

班级建设课程教学过程可以通过学习小组的形式,在班级建设探索活动中,鼓励学生积极参与班级建设,在参与过程中体验反思,辅导员在一旁指导学生充分认识班级建设应注意的事项和具体步骤,通过引导学生在学习小组中对班级建设问题的探讨和沟通,让每一名学生对大学生日常事务管理班级建设都有清楚的认识和正确的价值观。

(四)教学内容

班级建设教学内容主要围绕学校建设和班级两个大的方向,在建设班级实践过程中,应当借助团体的力量,对学生的人生观、价值观和世界观,起到一定的引导作用。

首先通过全体体验的方式,让班级建设的实施更加灵活、生动、深入,最终通过自省、抉择、行动达到班级建设教学的效果。

其次辅导员应该通过学生的视角，来观察和了解学生，通过构建良好的氛围，增强班级的凝聚力和向心力。

（五）教学过程

在班级建设中，不仅仅是老师的责任，应该让每一名学生都参与到班级建设的课堂中，辅导员要做的是深入班级建设教学计划，通过认知和体验的方式让学生深刻地发挥自主意识，这种方式可以通过全体同步进行，进而做到充分发挥团体动力的体验。

通过寓教于乐的方式设计教学环节，教学环节的设计一般为四个环节，主要是一个主题，两个具体步骤，三种不同体验方式和四个阶段性体验过程，在这四个环节的设计中主要围绕一个主题，进行互动和分享，通过游戏体验、情景剧表演和实际案例体验三种方式，帮助学生理解班级和认知班级建设，在实际课程中，全程以班级建设的理念实现教育目的。

（六）教学概览

河北科技大学理工学院全体辅导员在对班级建设教学活动设计时，为了体现以学生为本，并充分调动学生积极性的原则，同时按照大学生班级建设教育模式整体设计的要求，结合不同学校在校期间班级建设面临的情况，制订出了班级建设训练手册，该手册一共分为4个单元，16个课时，教学内容见表6-2所示。 表6-2 教学内容一览表

单元	活动名称	单元目标	活动内容
1	相互了解	（1）通过相互认识，建立团体意识。 （2）了解和学习同学之间办事方式。	（1）破冰游戏：认识歌。 （2）认识团体。 （3）了解成员。 （4）总结。
2	班级建设问题	（1）通过学校小组的方式，找出班级存在的问题。 （2）通过个人长期以来对班级的认识，找出问题。	（1）破冰游戏：小品引出自己。 （2）自己心目中的班级。 （3）准确表达自己的想法。 （4）总结。
3	参与班级建设策划	（1）调动每位学生积极性。 （2）发挥学生的想象空间，提升能力。	（1）破冰游戏：情景剧表演。 （2）每位学生策划出自己的方案。 （3）多种方案相互结合。 （4）总结。

(续表)

单元	活动名称	单元目标	活动内容
4	实施策划方案	(1) 增强学生实践能力。 (2) 增强学生主人翁意识。	(1) 破冰游戏：班级建设猜猜乐。 (2) 将任务分配到每位学生，充分调动学生积极能动性。 (3) 总结。

（七）教学特色

构建教学模式，通过设计教案、设计活动（活动中体验分享）、获得知识、践行实践、升华认识，通过以上构建的教学模式，让学生自己学会如何获取自己需要的知识，并在这个过程中不断成长，学会反思自己成长过程。

（八）结语

辅导员作为学生教育的指导者和引路人，是高校建设的中坚力量，是班级建设的骨干力量，通过以上的步骤可以强化实践并从传统班级建设中创造出新的模式。

为学生打造辅导员工作和班级建设相结合的优化课程方案，通过自我认识促进大学生成长，最终达到自我实现的目标。

第七章 大学生职业教育与就业指导课程化研究

即将离开学校或初入职场的大学生难免会对就业产生一定的彷徨或憧憬情绪，他们想要实现自己的人生价值或者想要充分发挥自己的所学专业，又担心未来职业道路上的风险，这也正是辅导员的价值所在。本章，我们将就大学生职业教育与就业方面的指导课程进行详细阐述。

第一节 大学生职业教育课程化之生涯规划教育

所谓的职业生涯规划教育，就是通过详细而系统的教育，让学生掌握一定的求职或规划人生的科学技巧，在未来的职业或事业道路上能够尽可能少走弯路，最终实现自己的职业目标。

一、职业和职业生涯

离开学校这座象牙塔之后，人生中碰到的第一个难关就是求职就业。因此，辅导员在进行就业指导的时候要让学生认识职业、了解职业，并让学生在职业选择的道路上找准方向是非常有利的。

（一）职业

辅导员在对大学生进行就业指导的时候，首先就要让学生知道职业的概念。人类文明的标志之一就是职业的产生与发展，它同时也是人类社会发展与进步的客观反映。人们为了维持在经济上的生计而在社会中承担某一分工角色，同时实现社会联系和自我价值并发挥个性才能的一种持续性的活动方式就是所谓的职业。《中华人民共和国职业分类大典》总结出职业的以下特征。

（1）社会性，即职业是从业人员在特定社会生活环境中所从事的一种与其他社会成员相互关联、相互服务的社会活动。

（2）稳定性，即职业是在一定历史时期内形成，并具有较长的生命周期。

（3）目的性，即职业活动是以获取现金或实物等报酬为目的。

（4）群体性，即职业必须有一定的从业人数。

（5）规范性，即职业活动必须符合国家法律和社会道德规范。

（二）职业生涯

所谓的职业生涯，就是人在进入社会之后所从事的职业以及与其有关系的其他行为，同时还包括心理层面对职业的态度、观念等连续性的经历或过程。换句话说，职业生涯也就是一个人在其一生中所承担职务的相继历程并且要受到社会、个人、家庭等因素的制约。

二、职业生涯规划

良好的职业生涯规划能够帮助学生树立正确的择业观，辅导员在对大学生进行职业教育或就业指导的时候要让学生有一个良好的职业规划，将影响职业生涯规划的主要因素传授给学生。

（一）职业生涯规划

最开始并没有职业生涯规划这一概念，最早提出这一概念的人是著名的管理学家诺斯威尔。他在经过长时间的研究之后认为，任何一个人对自己想要从事的职业或将要从事的职业及其相关事项所进行的安排或计划。其内容主要包含以下两方面。

（1）个人对于人生理想、职业价值观、兴趣爱好、个性特征、能力状况等主体方面的认识。

（2）个人对其一生中职业发展、职位变迁及工作理想实现过程的设计。

职业生涯规划是一个人结合自己的兴趣、专长，并考虑外在条件影响的情况下，为了发挥自身优势，追求最符合自身综合素质因素的事业。职业规划是一个系统工程，主要取决于以下两方面因素。

（1）社会发展的客观需要，特别是社会职业的现实要求。

（2）大学生自身的实际情况。

职业生涯规划是一种个性化的职业设计方案，是在个人职业目标的统领下，结合自己的专业、社会职业岗位要求和就业形势等，根据自身综合能力、职业技能制定的个性化的实施方案。

（二）大学生职业生涯规划

大学生职业生涯规划就是指大学生在对主、客观因素与环境等条件进行分析的基础上，进行自我定位，设定自己的职业生涯发展目标，选择实现既定目标的职业，制订相应的教育、培训、工作开发计划，并按照一定的时间安排，采取各种积极的行动去达到职业生涯目标的过程。辅导员在对大学生的职业生涯规划进行指导的时候，要让学生做到以下几点。

（1）全面客观地认识自身和外在环境。
（2）确定个人的职业生涯发展目标。
（3）做好理想职业目标的确定、自我评估和环境分析、选择职业生涯路线、制订行动计划以及反馈调整等五个步骤。
（4）必须遵守循序渐进的时间安排。
（5）最终目的是要实现最初的职业目标。

（三）大学生职业生涯规划的要素

每个人的个人经历不同，在职业生涯规划的构成中所考虑的因素也就不同。我国人事科学研究者罗双平用一个精辟的公式总结出了职业生涯规划的三大要素，如图7-1所示。

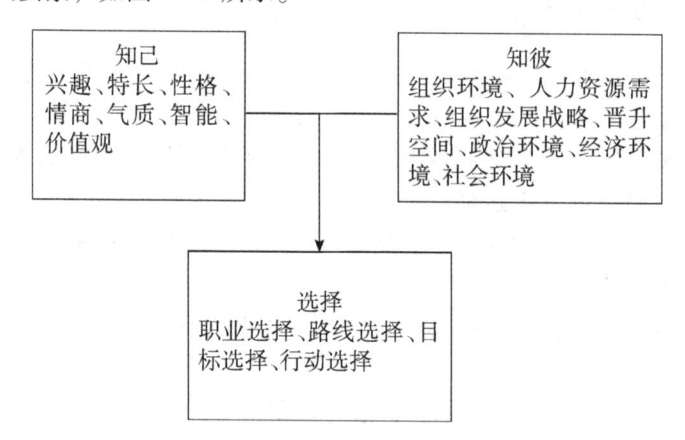

```
┌─────────────────┐      ┌─────────────────────┐
│      知己       │      │        知彼         │
│ 兴趣、特长、性格、│      │ 组织环境、人力资源需│
│ 情商、气质、智能、│      │ 求、组织发展战略、晋升│
│ 价值观          │      │ 空间、政治环境、经济环│
│                 │      │ 境、社会环境        │
└────────┬────────┘      └──────────┬──────────┘
         │                          │
         └────────────┬─────────────┘
                      ▼
            ┌─────────────────────┐
            │        选择         │
            │ 职业选择、路线选择、目│
            │ 标选择、行动选择    │
            └─────────────────────┘
```

图7-1 大学生职业生涯规划要素之间的关系

通过上图我们可以知道，在知己知彼的基础上推导出选择，而所谓的职业生涯规划＝知己＋知彼＋选择，只有这样才能在职业生涯中少走弯路，尽快实现自己的人生价值。

在职业生涯中，所谓"知己"，也就是对自己个性和能力的认知与了解;"知彼"也就是对周围环境的熟悉程度,特别是与生涯目标发展有关的工作世界。知己、知彼相互关联,确定的个人生涯目标要符合现实,而不是一厢情愿地对从事的工作发挥专长,利用了个人的强项,对工作的环境能够适应,而不是感到处处困难,难以生存。也就是说,要想正确规划自己的职业生涯,一定要做到在"知己""知彼"的基础上,做出正确的"选择"。

三、大学生职业生涯规划课程化研究

辅导员在进行职业教育或就业指导的时候,要因人而异。不同的人,其职业生涯规划也是不尽相同的,要受到诸多因素的影响,其中影响较大的因素有家庭、社会背景等。因此,要让大学生在规划自己的职业生涯时,要根据自己的实际情况,综合各方面因素,找出最有效的方向和方法,做出有利于自己的最合适的职业规划。每个人的职业生涯都会受到家庭、社会等多种因素的影响。

(一) 影响职业生涯的主要因素

职业发展是一个极其复杂的过程,任何一种因素的改变,都会对职业规划和发展造成不同程度的影响。以下是影响职业生涯的主要因素。

1. 受教育程度

一定程度上,职业发展的程度如何,很大程度上取决于他的受教育程度。教育能够赋予个人才能、塑造个人人格。一个人的知识结构、能力、才干是接受教育的结果,某人所受到的教育程度和水平,直接影响他的职业选择方向和他在喜欢的职业工作的概率。

2. 价值观

个人的价值观直接影响着职业发展。每个人面对同样的工作都会存在不同的态度与看法,即价值观,进而决定是否选择。在择业时,不同年龄段和阅历的人,会针对自己的主客观条件进行选择和调整,每个人都不尽相同。

3. 性格

不同的人拥有不同的性格,而不同的性格将会对人的职业规划选择和未来的职业发展造成较大程度的影响。一个人的性格主要取决于他的生长环境，人们只有从事与自己性格相符的工作，才能充分展现自己的才华，全心全意地投入到工作之中，进而实现自我价值。

4. 身心健康状况

大学生在对自己的未来职业进行规划的时候，不仅要考虑到自己的专业和能力，而且身体健康情况也是非常重要的一方面因素。身心健康是工作的最基本前提，直接影响到个人的职业生涯发展，几乎每个职业都需要健康的身心，这是走向职业成功的一个基本条件。当然，在职业的发展过程中，身体健康是充分条件，但并不是必要条件，如果一个人有坚定的信念和充足的能力，照样也可以完成伟大的事业，最具代表的人物就是霍金、张海迪、海伦·凯勒等，他们虽然在健康因素中与常人相比稍逊一筹，但他们的事业与健康人相比毫不逊色，甚至更高一等。

5. 家庭

家庭是人生的第一课堂，是造就一个人的能力和素质以及影响职业生涯的一个重要因素。一个人从幼年开始便受到家庭潜移默化的影响，进而会形成一定的价值观和行为模式。特别是在某些家庭中，会不知不觉地获得一些职业知识与技能。此外，家庭成员的态度和看法往往也对人的职业生涯产生很大的影响。

6. 性别

当前社会，虽然社会已经普遍接受了男女平等这个观念，并且也是我国的基本国策，但"性别因素"仍然影响着个人的职业生涯，这是一个不可回避的问题。因此，每个人都应该合理地考虑并确定符合自己的职业生涯目标，以便获得成功。

7. 机遇

机遇在很大程度上直接决定这一个人的职业生涯，它虽然是一个偶然性因素，但有时候却能起到至关重要的作用，很有可能改变人的一生。然而，机会总是留给有准备的人，也就是说，机会出现时，有准备的人更容易掌握主动权。

8. 社会环境

社会环境也是影响职业生涯的主要因素。社会的经济形式、就业形势、文化与习俗等决定了社会岗位的数量与结构，直接影响到人们的价值观以及对职业的基本看法。

（二）大学生职业生涯规划的原则

大学生如果采取正确的方式对自己的职业进行规划，并结合自己的专业和能力，在职业的进程当中自然就会事半功倍，相反，不正确的职业生涯规划也可能使一个人误入歧途。为了正确制定职业生涯规划，应遵循下列原则。

1. 可行性原则

职业生涯规划要以客观事实为依据，综合考虑个人特点、企业和社会发展的需要来制定，形成能够实现和落实的计划方案，而不是没有依据或不着边际的幻想。

2. 具体性原则

由于每个人所处的职业发展阶段不同，在能力、职业发展愿望等特点上存在差异。因此，每个人都应该制定符合自身职业发展的规划，应做到具体可行，而不是照搬他人。

3. 目标性原则

目标是指在一定时间内达到具有一定规模的期望值。正确的职业生涯必须以职业目标作为导向，以目标来促进行动，引领未来。

4. 阶段性原则

个人进行职业生涯设计时，要充分考虑自身所处的不同阶段，结合自身状况以及外界因素有计划、有目的、有步骤地调整安排各个阶段的职业生涯规划。

5. 长期性原则

大学生在对自己的职业生涯进行规划的时候，一定要目光长远，要将自己的人生追求目标作为自己职业规划的重点。职业生涯规划应贯穿人生发展的每一个阶段，通过不断地调整与持续的职业活动安排，最终实现职业生涯发展的目标。

6. 现实性原则

职业生涯规划目标的确立和实现必须要考虑个人自身的特征、社会环境、组织环境等其他相关因素，进而提高成功率。

7. 清晰性原则

职业生涯规划一定要清晰、明确、具体可行。

（三）大学生职业生涯规划的步骤和方法

一个完整有效的职业生涯规划应包括自我评估、外部环境分析、目标确立、实施策略和反馈评估五个环节。

1. 自我评估

大学生在对自己的职业生涯进行规划的时候，一定要对自己的专业和能力有一个清晰的认知，对各种因素进行全面分析之后，并以此为基础做出最佳的抉择和正确的判断。

2. 外部环境分析

外部环境对个人职业生涯发展有着巨大影响，有效的职业生涯规划需要对社会政治环境、经济发展环境和企业组织等外部环境进行分析，认清职业在社会大环境中的发展状况，进而时刻调整自己，以适应环境的要求。

3. 目标确立

职业生涯目标的确立是职业生涯规划的核心，是在完成自我评估和环境分析后进行的，即确立能够实现的最长远目标，包括人生目标、长期目标、中期目标和短期目标。

4. 实施策略

确定职业生涯目标后，就要制订相应的行动计划，制定具体可行，容易评价，包括职业生涯发展路线、教育培训安排、实践计划等方面的措施。

5. 反馈评估

任何一个人的职业生涯规划都不是一成不变的，随着时间的推移，不同的人会遭遇不同的境况，因此他的职业规划也就会发生相应改变。一个有效的职业生涯规划要求不断反省和修正目标及策略方案。由于受到外界种种不确定因素的影响，职业生涯的目标有所偏差无可避免，所以反馈评估是一个再认识再发现的过程,进而对规划的目标和方案做出调整,保证实现人生最高理想。

四、大学生职业生涯规划课程化教学实例

(一)教学理念

大学生职业生涯规划课程是引导大学生科学规划大学学业和顺利就业的有效措施。因此,辅导员在制定职业生涯规划课程教案时,要着重体现生涯教学的计划性、组织性和创新性,进而实现课程教学的有效性与针对性。在教学中,既要尊重生涯教学课程特有的理论体系、教学规律和教学方法,又要优化教学理念与教学方式,将理论教学与实践教学环节充分结合,以期将辅导员对学生的生涯指导与学生的职业发展兴趣和职业发展愿景相结合。

(二)教学方法

辅导员在进行职业生涯规划课程教学时,要进一步完善和改进传统教学方法,实现教学形式和手段的多样化创新。在教学过程中,辅导员要探索一种适于学生、贴近学生、触动学生的体验式教学方法。例如,为了让每一名同学都能全心地参与到大学生职业生涯规划的课堂中,辅导员在课堂中充分发挥团体动力的效能,将理论寓于活动和游戏中,让学生自然、快乐、轻松的习得知识的体验,这对于启发大学生生涯规划意识,帮助大学生树立积极向上的生涯价值观,培养大学生自主规划与管理能力具有十分重要的作用。

(三)教学设计

辅导员可以在教学中设置相应的情景,通过团队体验式教育方法,让学生在自主体验和探索中验证基础理论、运用基础理论,从而达到增强知识、掌握技能、提升能力的过程。课程教学过程可以以小组合作的形式,在生涯探索活动中,辅导员鼓励学生亲身体验反思,指导学生了解职业生涯规划的步骤和注意事项,并通过引导学生在小组中对生涯问题的探讨、沟通协调的过程,达到每一名学生对于职业生涯意义的分享,价值的澄清和能力的建构。其流程如图7-2所示。

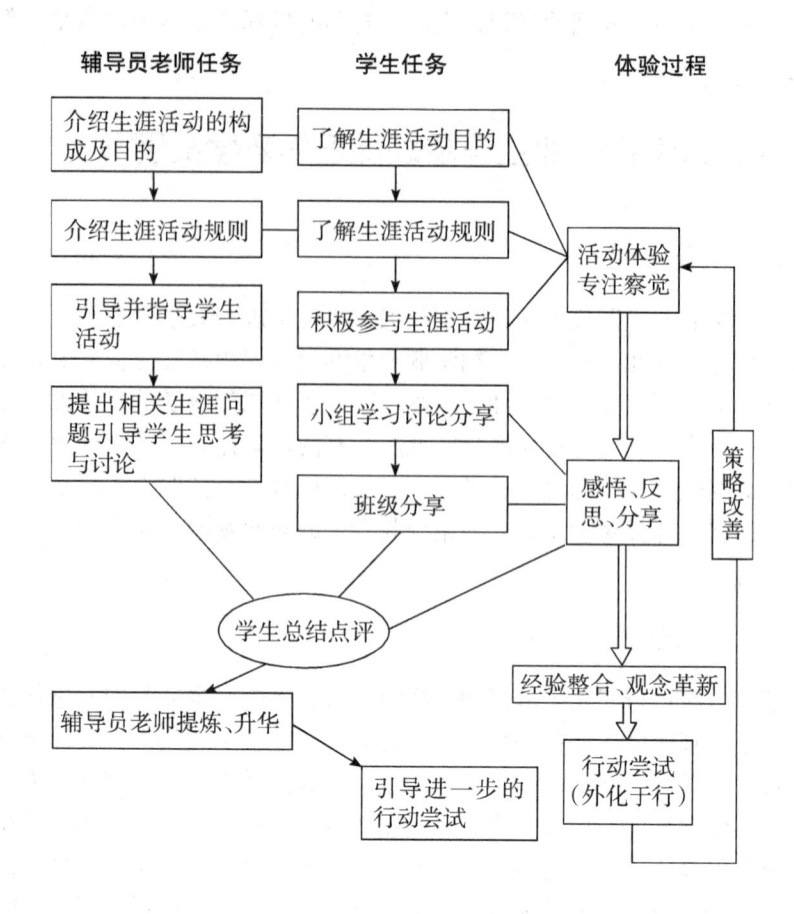

图 7-2 大学生职业教育生涯规划流程图

(四) 教学内容

职业生涯教学内容主要围绕自身、职业两个大的方向,在实践中,借助团体动力学理论,吸纳团体辅导活动课程的思想,通过全员体验式活动形式,让课程的实施更加灵活、生动、深入,最终通过自省、抉择、行动达到职业生涯教学的育人效果。

概括课程的核心内容包含三个方面,即知己、知彼、抉择。

教学内容设计的具体模块如图 7-3 所示。

监控

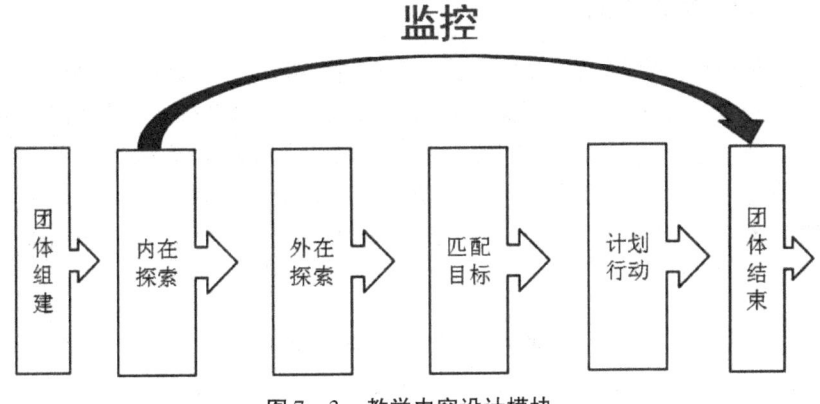

团体组建 → 内在探索 → 外在探索 → 匹配目标 → 计划行动 → 团体结束

图 7-3　教学内容设计模块

（五）教学过程

为了让每一名同学都能全心地参与到大学生职业生涯规划的课堂中，辅导员要努力将"认知"与"体验"深度融入进职业规划的教学，充分发挥团体动力的效能，将理论寓于活动和游戏中，让学生自然、快乐、轻松的习得知识的体验，并将每节课堂的教学环节设计为"一二三四"教学特色，即：一个主题，两个环节，三种体验，四个阶段。每一节职业生涯规划课程都是围绕生涯教学的一个主题，通过互动和分享两个环节，运用游戏体验、情景体验、实践体验三种体验方法，助力学生的理解与认知，课程全程以心理辅导的"起""承""转""合"四个阶段得以呈现（图7-4）。

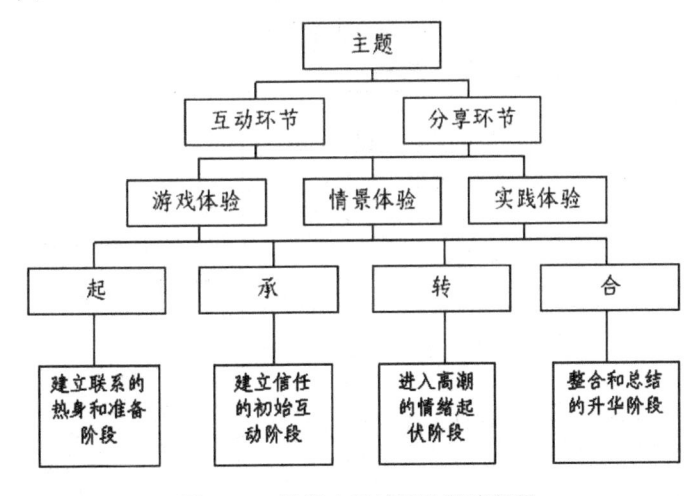

图 7-4　课程心理辅导阶段流程图

（六）教学概览

河北科技大学理工学院全体辅导员在进行职业生涯规划教学活动设计时，充分以学生为本，按照大学生职业生涯规划教育模式整体设计的要求，结合独立学院学生在校期间学业生涯和未来职业生涯将面临的各种情况，编写了《河北科技大学理工学院大学生职业生涯规划训练手册》，该手册分为7个学习单元，教学课时共计14学时，教学内容如表7-1所示。

表7-1 教学内容一览表

单元	活动名称	单元目标	活动内容
1	第一次亲密接触	（1）促使成员彼此熟悉、接纳。 （2）建立团体，澄清团体性质，了解成员对团体的期望。 （3）成员共同制订团体契约。	（1）暖身活动：采访星星 （2）认识团体 （3）成员心声 （4）盖章订契约 （5）总结
2	生涯观	（1）促进成员间的进一步熟悉，增强成员间的信任感。 （2）引导成员了解所学专业，启发对生涯的探索。 （3）协助成员对"职业""生涯"的认识，思考影响生涯发展的因素。	（1）暖身活动：猜猜我是谁 （2）理想与专业 （3）生涯十字路口总结
3	全方位的我	（1）帮助成员认识自己的人格特质、性格、能力等。 （2）引发成员自我探索，加强自我肯定。	（1）暖身活动：大风吹、粘一堆 （2）镜中的你我 （3）自我肯定训练 （4）总结
4	价值观大考验	（1）澄清成员对职业的价值观。 （2）协助成员深入了解，分析现在的生活形态。	（1）暖身活动：Seven Up （2）价值观大拍卖 3）总结

(续表)

5	工作的世界	（1）协助成员了解社会上工作的模式。 （2）让成员接触、体验不同类型的职业。 （3）澄清成员的职业倾向。	（1）暖身活动：职业猜谜乐情景剧表演 （2）我的职业倾向 （3）总结
6	职业大访谈	（1）促进成员彼此之间的默契共识。 （2）促进成员生涯多元化发展。 （3）协助成员更深入地了解自己。	（1）暖身活动：三人行 （2）职业大访谈 （3）条件大扫描 （4）总结
7	我的未来不是梦	（1）与成员共同回顾团体以前的经验，整统团体收获。 （2）帮助成员评估自己，建立初步的职业生涯规划。 （3）结束团体。	（1）暖身活动：轻柔体操 （2）我的生涯规划书 （3）真情告白

每节课课堂教学活动设计了"能力目标—任务—知识"的任务驱动体验式学习训练流程，即"提出学习能力目标—引导学生参与教学活动，完成设置任务—小组讨论，全班分享—知识总结，理论升华"，引导学生在教学活动中产生感悟，收获经验，促使学生思考自己的职业生涯规划。

（七）教学特色

学生通过自主探究，学会如何去获得自己需要的知识，学会反思，让学生在积极的体验中不断成长。构建的模式为：设计导案、创设活动—体验分享、获得认识—评价反思、强化体验—践行体验、升华认识（图7-5）。因此，根据学生心理发展特点，积极创设与教学目标相关的情境和条件，会使学生达到充分的认知体验与行为完善。

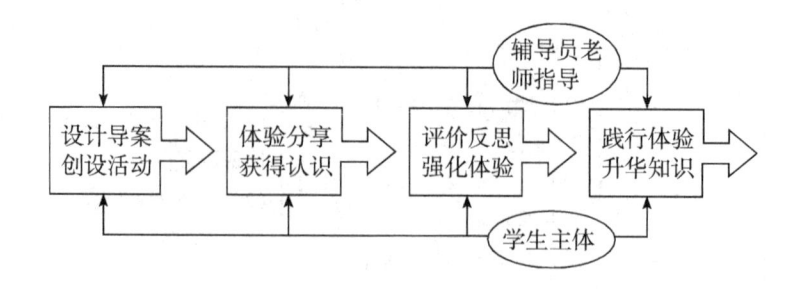

图 7-1-5　大学生职业生涯规划构建模式

在课堂中，辅导员老师通过活动对学生的引导，遵循一个由浅入深、由外及里的深层次渐入过程，可以从"事实""感受""认知""改变"四个层面对学生进行启发和提问。

事实层面：提示学生对于活动中"发生了什么"进行思考。
感受层面：启发学生对于活动中"感受了什么"进行思考。
认知层面：引导学生对于活动中"想到了什么"进行思考。
改变层面：鼓励学生对于活动中"学到了什么"进行思考。

四个层面的挖掘，最终实现了活动与教育深度的挖掘与嫁接延伸，实现了"做—知—省—行"深度认知、行为过程。（图 7-6）

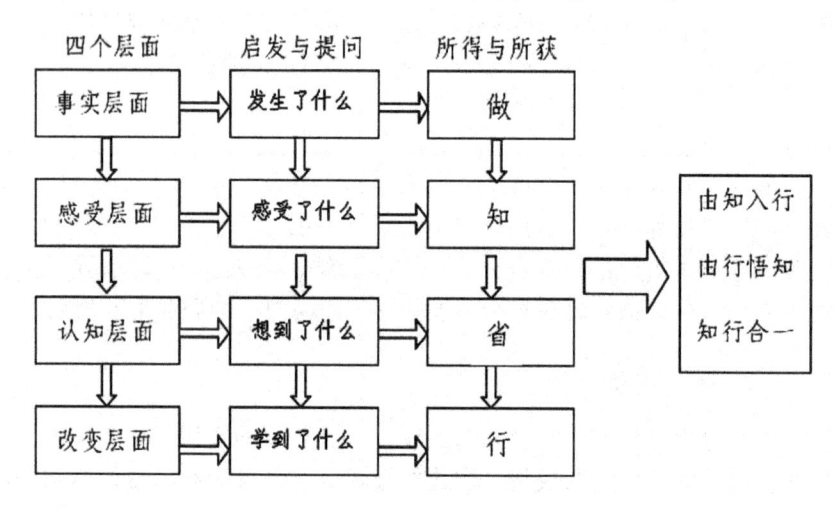

图 7-6　辅导员课堂上的教学流程

（八）结语

作为学生思想教育的领路人，如何正确引导和教育好新生是高校培育学生整个过程中最为重要的大事之一。当前，很多高校都在积极研究新生的"融入教育",试图缩短新生的"大学适应期",然而,大多数教育内容单一,缺乏系统性和针对性,对学生内心的影响和触动并不明显。河北科技大学理工学院推陈出新为新生量身打造了辅导员工作与大学生涯规划课程相结合的课程化方案,其实质和核心是引导大学新生通过自我认识、促进自我成长,最终达到自我实现的目标。既贴近学生内心,又直击学生弱点,实现思想教育与日常管理工作。经过三年多的教育实践案例证实,通过辅导员工作课程化的实施,可以真正让新生从"参与者"变为"主导者",学生在参与和投入中,自我学习与成长的热情就会被激发,这种以学生为主体的教育方式,让学生在步入大学的那一天起,不再因为无所事事而感到迷茫,因为在他们成长的每一个阶段都一直被感受、被尊重、被充实。"思想政治教育"不仅仅是"起步教育",更是一种"规划教育",从感知、认知到践行,这三重符合大学生社会主义核心价值观内化与外化一般规律的路径,亦是大学生自觉实现自我价值的有效路径。

第二节 大学生职业教育课程化之就业指导

即将进入职场的大学生对于未来的职业生涯一定会充满憧憬和好奇,甚至也会出现一定程度的彷徨情绪。而辅导员的一个重要职责就是对大学生的就业进行适当指导,让他们认清当前的社会现状,也认清当前的就业形势,就业指导相关内容对大学生就业具有重要的指导作用。

一、大学生就业课程化指导概述

大学生的就业指导直接影响高校大学生的意识形态和核心价值观,而随着教育体制的改革,高校的就业指导呈现越来越多的新特征。

(一) 大学生就业指导的含义

高等学校通过一定方式对大学生进行就业政策教育、就业形势分析、择业心理调适以及择业技巧等的培训,帮助大学生规划职业生涯,并树立正确的价值观和择业观的一项活动就是大学生就业指导教育。其实质是,高校通过就业指导帮助学生在对自我充分认识的基础上,引导大学生树立正确的世界观、人生观、价值观和就业观,确定最适合自己的职业,进而实现自我价值和社会价值。

(二) 大学生就业指导的特征

随着高等教育体制的不断改革和高校就业体系的不断完善，时代赋予高校就业指导以新的特征。

1. 政策性

高校的就业指导工作政策性极强。就业指导教育必须要根据国家和有关部门制定的有关就业的政策、规定、办法，来指导大学生就业。目前，我国高校大学生就业的基本政策文件主要有：原国家教委 1997 年制定的《普通高等学校毕业生就业工作暂行规定》、国办发〔2002〕19 号《国务院办公厅转发教育部等部门关于进一步深化普通高等学校大学生就业制度改革有关问题意见的通知》、中办发〔2005〕18 号《中共中央办公厅、国务院办公厅关于引导和鼓励高校毕业生面向基层就业的意见》、国办发〔2007〕26 号《国务院办公厅关于切实做好 2007 年普通高等学校毕业生就业工作的通知》、国发〔2008〕5 号《国务院关于做好就业促进工作的通知》、国发〔2009〕4 号《国务院关于做好当前经济形势下就业工作的通知》等。

2. 时效性

大学生就业、社会经济发展状况、国家的就业政策、从业人员的素质四者之间是密切相关的。因此，高校就业指导就必须以一定时期国家的就业政策规定为依据，按照当时社会经济发展形势及对从业人员的基本要求对学生进行教育引导，具有时效性。

3. 引导性

高校的就业指导主要针对择业观念、职业与自我认识、心理健康教育与调适、择业方法与技巧、就业形势等方面对大学生进行教育，帮助学生认清当前就业形势，树立正确和健康的择业心理，戒骄戒躁，克服就业过程中可能遇到的焦虑、攀比、自负或自卑、盲目从众等各种心理，因此具有很强的引导性。

4. 系统性

大学生就业指导教育已经发展了一定的年限，其教育内容日趋完善，随着社会的发展与进步，就业指导教育的系统和科学性也在不断完善，高校的就业指导教育由择业技巧指导转向心理调适，以引导学生树立正确的价值观和择业观为重点，同时对学生进行政策讲解、就业形势分析、择业技巧指导、敬业爱业的系统指导教育。

二、辅导员就业课程化指导的内容

我国大学生就业指导的内容从近几年的发展来看，经历了一个从就业教育指导向就业实践指导的不断扩充完善的过程。

（一）就业思想指导

就业思想指导教育是高校就业指导教育的重要内容。当前，受社会不良风气的影响，大学生在择业过程中凸显目的性、功利性的特点，盲目地效仿事业成功人士，择业标准脱离实际。因此，加强就业思想指导能够帮助学生正确处理个人和社会、奉献与索取的关系，从而树立正确择业标准。

（二）就业心理辅导

当前社会中，即将毕业的大学生面临着比较严峻的就业形势，随之而来的就是众多大学生因为择业而逐渐出现心理方面的问题，这种情况进而会对他们的就业造成严重影响，这样的恶性循环对于大学生是非常不利的。因此，高校的就业心理指导应从以下几个方面入手。

（1）择业心理的辅导。帮助大学生完成从学业到职场的转变，而良好的择业心理，是成功实现这一转变的前提。

（2）心理承受能力辅导。培养大学生自信、自强的心理品质，拥有良好的心理承受能力，指导大学生正确对待挫折。

（3）心理健康的辅导。及时的、有效的心理健康教育辅导，有助于学生心理问题的预防和解决。

（三）就业政策指导

1. 对就业政策进行解说

使学生掌握国家制定的全国性就业政策，有关部门和行业性、区域性的就业政策以及学校制定的有关具体实施意见，按有关规定引导高校大学生顺利就业。

2. 对劳动法规进行学习

让学生了解《中华人民共和国劳动法》《社会保险费征缴暂行条例》《国家公务员暂行条例》《国家公务员录用面试暂行办法》等相关的法律法规，让学生了解在就业过程中如何充分保护自身的就业权利。

（四）就业信息指导

通过加强就业信息指导，使学生掌握获取就业信息的主要方法，包括两个方面。

（1）国家、省市相关劳动就业部门或劳动力市场供需情况。具体主要是提供大型的人才招聘会信息或者是某一类专业或人才市场招聘的供需情况。

（2）具体就业信息的指导情况。帮助毕业生提高搜集、获取、利用信息的能力，提高信息筛选的有效性，分辨真伪信息等，进而做好就业信息指导。

（五）就业技巧指导

大学生由于初入社会，相关的就业技巧和实战经验相对比较欠缺，在就业的过程中自然就会遭遇到不断的挫折。因此，辅导员在进行就业指导教育的时候就要适当对这些方面进行教育和指导，通过培养和锻炼增加学生的就业信心。高校可以通过以下两方面来增加学生的就业技巧：通过模拟训练和案例分析，让学生体验实战经验；从商务礼仪、面试技巧等方面进行综合演练、提高，并请专业的礼仪教师和竞聘成功的同学来进行评价，让学生在实践中学会求职的基本技巧。[①]

三、大学生职业就业指导课程化教学实例

（一）教学理念

大学生就业指导课程是引导大学生科学顺利就业的有效前提和措施。该课程既强调职业在人生发展中的重要地位，又关注学生的全面发展和终身发展，在教学实施过程中，辅导员要重点加强对于大学生在态度、知识和技能三个层面的培养与训练。在态度层面上，鼓励大学生树立职业生涯

---

① 王幸. 大学生就业指导研究［D］. 河海大学硕士学位论文，2008.

发展的自主意识，构建积极正确的人生观、价值观和就业观念；在知识层面上，帮助大学生清晰地认识自身角色特性、未来职业的特性以及社会环境；在技能层面上，通过课程提高学生的各种通用技能，如沟通技能、问题解决技能、自我管理技能和人际交往技能等。

大学生就业指导课程旨在帮助大学生了解就业形势、掌握就业技巧、实现更好地就业。

（二）教学方法

通过辅导员对就业指导课程的讲解，学生要按照课程的进程，积极开展自我分析、职业探索、社会实践与调查、小组讨论等活动，提高对自我、职业和环境的认识，做出合理的职业发展规划。在教学的过程中，辅导员要充分利用各种资源，除了辅导员和学生自身的资源之外，还需要使用相关的职业生涯与发展规划工具，包括职业测评、相关图书资料等；可以调动社会资源，采取与外聘专家、成功校友、职场人物专题讲座和座谈相结合的方法。

（三）教学设计

在进行就业指导课程教学时，辅导员可以采用理论与实践相结合、讲授与训练相结合的方式进行。采用课堂讲授、典型案例分析、情景模拟训练、小组讨论、角色扮演、社会调查、实习见习等方法。同时，课程要结合学生专业特点，从学生对职业发展、职业选择、法律法规等相关知识的理解和掌握，以及实际形成的职业发展规划、求职择业能力提升等方面进行重点教授。此外，在教学时该课程的教学内容可根据不同阶段、不同专业学生特点各有侧重。

（四）教学内容

对学生进行全面、深入、系统的就业指导，需要结合专业实际及就业指导课的教学目的和新时期大学生的需求，制定教学内容。在实际教学中，可重点围绕大学生态度、知识和技能三个层面的培养与训练，开展就业形势、就业知识、就业能力、就业素养及就业技巧五个板块的教学。

（五）教学过程

辅导员就业指导工作课程化既要包含就业知识的传授、技能的培养，又要加强对于学生态度、观念的转变，是集理论课、实务课和经验课为一体的综合课程。因此，在教学中，辅导员要准确把握教学的核心，以专业为单位小班教学,通过采用互动教学法,充分发挥师生在教学中的主动性和创造性,让学生逐渐领悟到就业的相关知识及能力的重要性质。此外,在辅导员讲授相应的教学内容的同时,让学生按照课程的进程,积极开展自我认识、自我分析、职业分类和小组讨论等活动。以期让每一个学生都能建立起就业档案袋,认清对自我、对职业的了解以及对职业的决策等。

(六) 教学概览

大学生就业指导课程可以重点选择以目标导向的理论为指导实施,进一步围绕教学主题、目的和内容,创新教学方法,可分为5个教学模块,10学时的教学内容,如表7-2所示。

表7-2 教学内容一览表

模块	教学目的	教学内容	教学方法
1	了解就业形势	(1) 毕业生就业环境与形势总体分析与展望。 (2) 毕业生就业状况分析。 (3) 本专业毕业生就业状况分析。 (4) 国家、地方政府关于毕业生就业的有关政策。 (5) 毕业生就业工作的相关规定和流程,掌握《大学生就业指导手册》内容。	课堂讲授、专题讲座
2	掌握就业知识	(1) 了解现代职业对大学生知识结构的要求和就业的政策制度。 (2) 理解知识结构与能力结构的关系。 (3) 掌握就业的方式途径、程序和法规。	课堂讲授、小组讨论、模拟训练
3	提升就业能力	(1) 了解当今社会对大学生就业的基本要求。 (2) 理解专业技术能力和相关能力在就业中的重要作用。 (3) 掌握提高就业能力的主要方法,提升可持续发展能力。	课觉讲授、小组讨论、模拟训练、现身说法

（续表）

4	提升就业素养	（1）职业素质的内涵和基本内容。 （2）职业道德养成。 （3）通用职业能力训练。 （4）我校毕业生职业道德现状分析。	课堂讲授、模拟训练、团体辅导、社会调查、人物访谈、素质拓展
5	培养就业技巧	（1）求职定位。 （2）参加招聘会及网上求职的方法与技巧。 （3）面试、笔试的应对技巧。 （4）求职礼仪。	课堂讲授、专题讲座、模拟训练、经验分享

（七）教学特色

为了提高学生的积极性，课程的教学可以采用课上＋课下任务驱动模式，即在任务驱动教学中，通过给学生下发工作任务，鼓励学生动脑、动手、动心。辅导员可以把大的任务分解成几个小的单元任务，再把这些单元任务分解成课堂任务，让学生在每一次学习中，都有不同的任务，而且通过自己的努力可以完成。该任务驱动式教学使得每一名学生在每次课上、课下的学习过程中都充满了成就感，并且能利用上一次任务的成就感唤起对下一次任务的热情。如此一来，一个个小任务的完成，慢慢积累成一个单元任务的完成，再由一个个单元任务的完成，慢慢积累成整个大任务的完成。使得学生掌握的知识也由一个个小的知识点积累到整个单元的知识，最后完成对整个课程知识的学习。

（八）结语

就业指导课是一门帮助大学生认识自我、认识职业、认知社会的课程，对大学生价值观和职业观的形成具有不可替代的作用。在严峻的就业形势下，辅导员要积极探索贴近学生、贴近专业、贴近就业形势的大学生就业指导课程教学改革，发挥就业指导的功能，提高毕业生的就业竞争力。在就业指导课程化建设中，教学内容须与时俱进，辅导员应结合现实社会，把课堂从封闭的课本中解脱出来，让学生有机会与辅导员进行讨论，充分发挥学生的主体作用，真正由过去的简单传授转变为启发、诱导学生自学、互动，从而达到教与学的统一。

第三节 大学生职业教育课程化之创业指导

自主创业是就业的一种形式,所不同的是自主创业是为自己创造就业岗位,是对所从事工作的不断超越。创业者需具备一些特殊的素质和能力。因此,大学生要不断培养自己的创新意识,为将来的创业之路做好准备。这些也是辅导员职业教育和就业指导的一个重要内容。

一、什么是创业

辅导员在职业教育的课程当中,首先就要让学生明白什么是创业。创业应具备以下几点特征。

1. 创业是创造的过程

创造某种有价值的新事物,不仅对企业家,而且对其开发的产品、服务的某些目标对象都是有价值的。

2. 创业必须承担风险

包括市场风险、技术风险、财务风险、管理风险、精神风险、社会风险等。从某种意义上讲,创业就是风险投资。

3. 创业以获得报酬为目的

对于企业家来说,获得利润是永远的动力;当然,对于创业者来说,获得独立自主和个人满足也是必要和重要的。

4. 创业是一个决策过程

创业现象的发生,首先基于风险和机会认知,进而形成创业行为和组织创业精神,创业者面临一个不断判断和选择的过程。

二、创业者的素质与能力

创业者就是通过自主创业,在追求个人富足和自身价值实现的同时,创造社会财富和吸纳劳动力,切实为国家经济发展和社会进步做出积极贡献的群体。而自主创业是极具挑战性的,所以创业者必须具备以下素质和能力。

（一）创业者的素质构成

在知识经济时代，创业是一项具有挑战性的人生选择。因此，创业者应具备的素质包括以下几个方面。

1. 政治思想素质

政治思想方面的素质包括政治态度、政策法规水平、思想道德品质三大部分。创业者必须努力提高思想道德觉悟、提高政策法规水平，在个人利益与国家利益和集体利益相冲突时，服从国家和人民利益的大局，并且应具备爱岗敬业、诚实守信、遵纪守法等基本的职业道德。

2. 科学文化素质

创业者是企业的管理者、组织者，优秀的创业者不仅需要具备一定的专业技术，还应该掌握以下几方面的科学文化知识：基本的科学文化知识，外语、计算机等工具性知识；经济管理方面的知识，包括国家宏观经济发展趋势、有关政策法令，企业经营管理知识等，如领导学、人力资源开发、生产管理、市场营销、企业融资理财等；创业企业行业知识、产品和服务知识，以及与所创企业生产经营有关的政策动向等。

3. 心理素质

良好的心理素质是创业者成功的重要前提，创业者应具备坚强的意志、较强的自信心、创造性思维、创业意识，具有独立性、敢为性、坚韧性、克制性、适应性特点的创业心理品质及承担风险的意愿。

4. 自身修养

创业者只有加强自身修养，在知识、能力、心理、道德修养等各方面具备持久的先进性和持续的影响力，才能获得追随者，才能获得企业的持续发展。

（二）创业者的能力构成

创业能力是综合能力，是多种能力的集合体。通过对创业人群进行性格和技能方面的调查发现，作为创业者，至少要有以下几方面的基本能力。

1. 领导协调能力

领导行为的核心在于影响和推动，其特征在于能够担负目标使命并使其他成员贯彻实施。创业者必须具备通过激发他人跟随其一起工作，以达到共同目标的领导能力，这种能力完全是一种主观性的东西，无法客观测度出来，也不能通过学习获得，完全是通过日常积累形成的。因此，在创业过程中，创业者更多的是靠个人感召力来吸引他人。领导者不能单纯告诉别人如何去做，势必要起到模范带头作用，要为他人树立一个榜样。真正的领导才能不是表现在告诉别人如何完成工作，而是使得别人有能力完成工作，并且能够充分了解并满足小组中每个成员的需求，满足员工的需求，进而使得小组成员更忠诚、更有聚合力、更有活力。

2. 与人沟通的能力

良好的沟通能力是经营管理的桥梁和翅膀，不仅能够准确传达领导者意见、要求、决策，同时，还能广泛传播领导者的影响力。良好的沟通能够体现领导者的影响力。领导者通过与组织成员进行平等交流、协商，显示合作意愿，着眼于共同开创前景的同时，大大增强了组织成员的参与感和认同感，能够持续增加领导者影响力。

3. 观察能力

成功的领导者应具有敏锐的洞察力。成功的领导者具有广泛获取信息的能力，并且能够从全局的角度进行分析，进而确立目标，帮助组织成员建立信心，形成组织的信仰和价值观。在组织目标的确立过程中，领导者能够准确地观察业界的发展方向，形成独立的组织风格，确立企业的发展方向和服务范围，在这个过程中，直接体现领导者的洞察力。

4. 学习能力

随着社会的高速发展，信息更新的速度越来越快，导致产品、市场、人才、资源的竞争加剧，并且新的思想、概念、工具层出不穷，这就要求领导者时刻反省、不断学习，逐渐促使组织向开放的学习型转变。

5. 组建团队的能力

创业团队在创业过程中发挥着至关重要的作用。创业团队对创业成功的重要作用也已得到风险投资家的广泛认同。优秀的创业团队具有较高的团队素质、先进的管理理念。因此，组建优秀的创业团队是创业者能力的体现。

三、大学生自主创业迎来的机遇与挑战

随着经济全球化的到来，大学生自主创业迎来前所未有的机遇和挑战。因此，辅导员在对大学生进行职业教育和就业指导的时候，要将其中的利害关系讲解清楚，让大学生在对自己有充分了解的情况展开创业上的职业追求，这也就对当代的大学毕业生提出了新的要求。

(一) 大学生自主创业需求增加

随着高等教育普及化趋势的加强，大学毕业生数量急剧增加，2000~2009 年，中国大学生毕业人数从 107 万增加到 611 万。受金融危机的影响，一些实力薄弱的中小企业停产甚至破产，而其他企业也在不同程度上受到冲击，利润下降。因此，大部分企业都采取裁员来维持企业的发展。在 2008 年，广东破产的企业约有 4900 多家，直接造成约 59 万人下岗，导致大学生就业越发的困难。因此，大学生自主创业的需求不断增加。根据西方经济学基本原理，需求创造供给，当大学生自主创业需求不断增加时，社会给大学生自主创业的机会也将随之增加。

(二) 有利于大学生自主创业的政策支持

为了支持和帮助大学生开展自主创业，国家、各级政府和各所高校都制定了一系列相应的政策。2003 年 5 月国务院办公厅在《关于做好 2003 年普通高等学校毕业生就业工作的通知》中规定："凡高校毕业从事个体经营的，除国家限制的行业外，自工商部门批准其经营之日起一年内免交登记类和管理类的各项行政事业性收费。有条件的地区由地方政府确定，在现有渠道中为高校毕业生提供创业小额贷款和担保。"同年，为鼓励高校毕业生自主创业和灵活就业，财政部、国家发改委联合发出通知，提出六项有利于高校毕业生自主创业的政策规定。劳动与社会保障部明文规定："各地劳动保障部门要积极组织面向高校毕业生的创业培训，并与就业指导、咨询服务、后续扶持有机结合起来，充分利用各级劳动保障部门远程创业培训网络和创业培训的项目，集中开发一批创业信息，为高校毕业生创业提供帮助。"国家工商行政管理局还就高校毕业生从事个体经营、灵活就业和自主创业制定了一系列有关收费优惠政策，促进高校毕业生自谋职业、自主创业。

如今，高校毕业生创业将享受到四项优惠政策，包括免交行政事业性

收费、提供小额的担保贷款、享受职业培训补贴和享受更多的公共服务。针对大学生创业初期资金难的问题，国务院的通知明确要求，在当地公共就业服务机构登记失业的自主创业高校毕业生，自筹资金不足的，申请不超过5万元的小额担保贷款；对合伙经营和组织起来就业的，可按规定适当扩大贷款规模；从事当地政府规定微利项目的，可按规定享受贴息扶持。

（三）金融危机带来的机遇

对于普通的民众或上班族来说，金融危机可以说是一场灾难。但对于刚毕业的大学生来说则不一定，机会往往存在于危机当中，只要大学生能抓住机遇，在困难中找到适当的商机，自然也就能化危机为转机，成为创业的机遇。其机遇主要表现在以下三个方面。

（1）小企业的生存是与其生产或经营成本息息相关的。大学生自主创业，通常是创立小型企业，低成本对其生产和持续发展十分重要。在金融危机条件下，各种成本如原材料、劳动力成本等都会不同程度地下降，这有利于大学毕业生自主创业，扩大其利润空间。

（2）行业内很多企业在金融危机的冲击下难以维持或者倒闭，这就使市场竞争激烈程度下降，有利于大学毕业生创业入市。

（3）在金融危机的爆发过程当中，市场经过优胜劣汰，一些落后的企业或产业能得到清洗，有利于大学毕业生更清楚地认清市场形势，冷静地做出分析[1]，进而找到创业点，抓住创业机会，实现自己的人生价值。

四、大学生职业创业指导课程化教学实例

（一）教学理念

创新创业教育课程是以培养大学生创新意识、提高大学生创新能力、完善大学生综合素质为主要目标的，其核心是面向全体大学生将通识教育、专业教育、素质教育以及实践教学相融合，从而达到对学生创新意识、创新能力、创业素质和创业能力的培养。通过创新创业教育，不仅能提高学生遇到问题、解决问题的能力，更使得大学生在毕业时能有多一种选择。在教学中，辅导员可以根据学生的基础和教学条件，有计划、有条理地制定创业教育课程，同时，设计一系列的系统性创业体验活动。

---

[1] 吴丽清，林少峰. 大学生自主创业利弊的SWOT分析 [J]. 教育导刊，2010（2）.

（二）教学方法

作为培养、引导学生形成创新思维模式和综合技能的创新创业教育必须建立在一定的情境、实践当中，传统的填鸭式、灌水式的教学容易引起学生的反感、没法实现学生在体验、实践中形成的创新思维和综合技能的培养。因此，辅导员在进行创业教育时最有效的教学方法就是实践教学法，在做中学。在教学中设计组织一个活动、改造一个产品、解决一个具体问题、完成一个项目、迎接一项挑战，通过玩耍、移情、创造、试验、反思等方法培养学生的创新思维和综合技能。越是体验式的教学法，创新学习的效果越好。

（三）教学设计

多途径推进创业课程的实施，辅导员要根据课程内容，灵活选择课堂教学、项目教学、案例教学、情景教学、网络教学、实践教学等多种教学方法，通过形式多样的创业活动体验，将理论教学与实践教学融会贯通。此外，积极培养学生的创新精神，通过实践体验帮助学生建立创新思维和行动方式，帮助学生熟练掌握创业综合技能，进而使创新创业成为大学生自我发展的内在需求和动力，力求在今后的职业生涯中取得更大的成功。

（四）教学内容

创业课程教学内容与大多专业课程不同，其特殊性在于实践环节比重更高，课程也更为注重知识结构的广泛性和完整性。创业课程既要有横向的交叉，也要有纵向的贯穿，核心教学内容可分为两大模块和三个层次。其中两大模块包含理论教学和实践教学，三个层次包含创业基础教育、创新创业模拟实践、创新创业实战训练。

（五）教学过程

面对不同专业、不同层次的学生需求，教学实施过程中可以分类别、分阶段开展教学工作。基础阶段主要以理论教学为主，旨在培养学生创新意识、批判性思维、责任意识等基本能力；专业阶段以理论与实践教学相结合，旨在培养学生运用本专业的知识进行创业的意识和能力；提高阶段主要以实践教学为主，旨在培养学生真正的实践创业能力和企业管理能力。

(六) 教学概览

大学生创业课程既要包含传统课堂理论教学内容，又要采取灵活性、参与性、互动性的探究式、启发式、案例式教学模式，增加实践教学的比重，使教学过程贯穿学生动手、操作等综合能力的培养。因此，可围绕理论教学与实践教学，具体细分为 5 个教学方向，10 学时教学内容，如表 7-3 所示。

表 7-3　教学内容一览表

教学模块	教学方向	教学内容	教学方法
理论教学模块 1	基础理论	(1) 创业概述。 (2) 创业机会。	课堂讲授、头脑风暴法、集中小组讨论等
理论教学模块 2	案例教学	(1) 创办新企业。 (2) 管理新企业。	专题讲座、人物访谈、典型示范等
实践教学模块 3	项目申报	(1) 设计思维训练。 (2) 创新方法训练。	市场调研、人物访谈、典型示范、头脑风暴法、角色扮演法、创业计划竞赛活动等
实践教学模块 4	模拟训练	(1) 从创造力到商业化训练。 (2) 创业计划书训练。	模拟训练、团体辅导、社会调查、人物访谈、素质拓展、小组讨论、创业计划竞赛
实践教学模块 5	实战训练	(1) 创业项目训练。 (2) 实战模拟训练。	模拟训练、团体辅导、社会调查、人物访谈、素质拓展、小组讨论、创业计划竞赛、经验分享

(七) 教学特色

创新创业教育课程中最核心的就是实践教学部分，这部分应具有较大的灵活性和开放性。辅导员在对学生进行创新创业实战训练过程中，可采取经验学习加实战演练相结合的方法。经验学习方面，可以邀请创业成功人士以及优秀校友到课堂中分享自身创业经验，也可与企业建立对接合作，为学生搭建实践与学习的平台，真正实现了"课上""课下""课内""课外"的多维度结合。同时，辅导员要鼓励学生以小组讨论、头脑风暴等形式学习并完成创新创业项目的撰写和申报，构建初期的创新思想和创业理念，为后续的学习打下基础。

（八）结语

创业教育是一项庞大的系统工程，需要政府、社会、学校和教育工作者齐心协力，充分发挥自身相应的作用。创业教育的成功开展，需要完备的课程体系、专业的师资队伍、健全的实践平台和及时的质量监控。我国高校目前的管理体系中，辅导员作为基层工作者，处于学生工作的第一线，在大学生的成长过程中发挥着重要作用。因此，无论是创业教育课程学习、时间活动，还是新媒体时代下对创业教育的动态把握，都离不开辅导员的组织和参与。对学生进行创业辅导是辅导员的职责之一，通过为学生提供基本的就业服务，解决一定的实际问题，从而达到对学生进行思想政治教育的目的。创业教育是职业生涯辅导的重要内容，辅导员要重视大学生创业教育，推动大学生的全面成长。

第八章 大学生社会实践课程化研究

对于高校大学生们来说，以往纯粹的课堂教育已经不能使其更好地适应现代社会的发展需要，反而会因为缺乏必要的实践经验，在进入社会时错过很多很难得的机会。因此，必要的社会实践教育对当代大学生具有不可忽视的教育作用。在当代高校的教育体系中，社会实践已然成为其中占据重要地位的一部分。本章内容就社会实践的具体内容展开论述，包括社会实践的概念、意义、目标、实现形式和途径，同时，还会重点分析高校辅导员在社会实践中所起到的重要作用。

第一节 社会实践概述

在现代高校的教育体系中，社会实践发挥着极其重要的作用。众所周知，一个人的人生观、世界观和价值观通常是在青少年时期开始萌芽，直到大学阶段，才会初步构建完整。通过社会实践，可以帮助当代大学生们更好地形成这些基本的人生观念，从而积极阳光地面对生活。

一、社会实践的概念

高校社会实践是针对当代大学生开展的一类目的性极强的教育活动，参与活动的主体是所有的在校学生，活动的根本目标是使这些大学生们更好地认识当前的国际与本国的基本情况，接受符合社会发展潮流的思想政治教育。通过积极参与学校组织或学生自己发起的社会实践活动，学生的各种能力和才干都可以得到很大程度地提升，与此同时，大学生们的社会实践活动也会为社会与国家的发展做出贡献。

社会实践并不是学生盲目参与的活动，而是以更加具有针对性地紧紧围绕当下流行的时事政治，或者与大学生们自身的文化或学习生活紧密相关的话题为主旨，制定详细的实践计划，有组织性地进行活动。在社会实践的过程中，还提出了"积极探索和建立社会实践与专业学习相结合、与服务社会相结合、与勤工助学相结合、与择业就业相结合、与创新创业相结合的管理体制,增强社会实践活动的效果,培养大学生的劳动观念和职业道德"。因此,在组织大学生社会实践活动的过程中,应当坚持"四个结合",即社会实践活动与加强大学生思想政治教育相结合、大学生社会实践活动与专业知识学习相结合、大学生社会实践活动与就业创业工作相结合、坚持大学生社会实践与服务地方经济和社会发展相结合,积极探索新形势下开展大学生社会实践活动的新形式和新思路,促进大学生社会实践活动的健康发展。

社会实践的主体是大学生,其手段往往是走出校园、走进社会,根据计划实施观察、调研、研究,其目的是全面促进大学生了解社会、了解国情、增长才干、奉献社会,从而实现毅力锻炼、品格培养,增强大学生的社会责任感,提升大学生的综合素质。在现代高校的教育体系中,为了保证学生更好地参与社会实践活动,实现对大学生良好的思想政治教育,社会实践已经逐渐发展成为一门高校教育中必修的课程。大学生在校期间,在活动指导教师和辅导员的共同教导下,将社会实践作为一门需要考察的科目进行学习,同时伴有亲身参与感,真正做到理论与实践相结合。大学生社会实践在高校学生自身发展及为国家培养人才等方面发挥了极其重要的作用,在我国高等教育中产生了良好的综合效应。

二、社会实践的意义

(一)实施素质教育

社会实践活动对当代大学生们的素质教育具有重要的作用,现代的学校教育不仅仅只是为了培养高智商人才,更重要的是,对学生们道德和素质方面的培养。

1. 培养高等教育人才

高校是培养"四有"青年(即有文化、有道德、有纪律、有理想)的花园,为了更好地建设社会主义,现代高校有责任、有义务培养更加优秀的祖国接班人。以更加积极地建设社会主义为基本奋斗目标,紧紧贴合为了广大人民群众创造更加美好幸福未来的宗旨,当代大学生不论从理论知识储备,到实际操作能力,都需要通过社会实践进行锻炼和检验,也只有通过亲身的社会实践,学生们在校园中所学到的理论知识才能被真正吸收和运用。现代高校的教育理念要秉承着培养能够更好地为新中国的建设而服务的精英式人才,不能一味地只是为了学习而学习,更重要的是,将所学到的知识真真正正地运用到实践中。

在现代高校的教育中,课堂式的理论教育已经不能满足学生对知识的需要,更重要的是,如何将所学变为所用。社会实践活动与课堂理论教育并重,教师通过引导学生正确地参与社会实践活动,不仅教会学生"知其然",更让学生明白何为"所以然"。社会实践活动对于学生的实际操作能力是很好的锻炼,最大程度的将其能动性和创造力调动起来,帮助学生更好地消化从课堂上所学到的知识。

2. 提升大学生综合素质

当今社会高速发展,社会对人才需求的标准日益提升。社会主义高等教育的重要任务既要提升大学生专业知识与技能的学习能力,还需要有较高的思想道德素质、科学文化素质、艺术审美素质、劳动素质和身心素质。

实践活动具有帮助大学生掌握和应用专业知识的功能。大学的理论教学往往重视对知识的模仿与继承,而实践活动则强调知识的获得要遵循从现实中学、从实验中学、从研究中学的路径,突出大学生对知识的概括、提炼和领会,重视大学生读书学习的最终目的是运用知识、解决问题。通过开展实践活动,大学生得以实现对知识的深入掌握,完成对知识的聚合与整合,实现新思想、新观点的涌现。大学生构建知识体系、提升学习能力的综合水平得到完整性的优化与提升。

实践活动能够有效全面提升大学生的综合素质。大学生在实践活动的过程中,从群众中学习,强化各种知识和技能的学习,注重身心健康,追求全面发展,坚定社会主义信念,逐步成长为社会主义建设的合格建设者和可靠接班人。

(二) 促进学生就业

随着社会主义市场经济体制的建立与完善,社会对大学生提出了越来越高的要求,不仅要掌握丰富的科学文化知识,而且必须具备较强的社会实践能力。大学生参与实践活动既是学生自身成才的客观要求,也符合社会对大学生的基本需求。大学生通过实践活动提前了解了社会,锻炼了综合实践能力,为以后参加工作,进入社会打下了坚实的基础。

1. 锻炼学生综合就业能力

积极地参与社会实践活动,可以培养大学生在面对生活中出现问题时的解决能力，锻炼其生存的基本技能。课堂上单一纯粹的理论知识需要通过不断的实践在现实生活得到求证，大学生们在不断实际运用所学知识的同时，还能够将自身的能力进行极大的提高。通过参与社会实践活动，大学生们可以更好地了解社会上的各行各业，熟悉各种职业对于所需人才的需要和要求，从而能够更加具有针对性地培养自己的能力。

2. 强化社会生存意识

大学生开展实践活动，除了包含对生存知识与能力的学习，更包含对生存意义的追寻与探求。特别是在当前的经济社会条件下，大学生模拟"社会人"的身份参与到社会生活与实践中，能够以更加全新和全面的视角认识自我，以便更好更快地融入社会、立足社会。实践活动为高校辅导员强化大学生挫折教育，历练生存意志提供了非常好的途径。大学生在实践活动中了解用人单位的人才需求信息和趋势，认识到来自社会职业竞争的压力，调整自身的立业目标以适应社会，矫正心态转变观念，抓紧机会，以"先就业后择业再创业"的方式学会立业和生存。

3. 提高修养完善人格品质

健康的人格既有利于个体的成长成才，也有益于社会。正处于步入社会前"成人早期"的大学生，人格依然具有较强的可塑性。大学生在实践活动过程中，同各种各样的人打交道，逐步学会如何与人分工合作，怎样与群众配合学习，如何处理人际关系、学会关心和尊重别人。实践活动的现场也就成为考验和养成大学生修养品行的好环境。

实践活动能够极强地促进青年学生准确定位自身价值，培育大学生具有远大的奋斗目标和强烈的道德责任感，推动提高自我意识和形成良好的情绪调控能力，构建良好的社会适应能力与和谐的人际关系，具备乐观向上的生活态度和崇高的审美情趣，塑造健康的人格。

（三）学生服务社会

大学生不仅是学习者，而且是创新和奉献的主体，是宝贵的人力资源。实践活动架起了学校和社会之间的桥梁，实现了校外生活与校内教育之间的有效对接。大学生在实践中亲身接触国家建设取得的成就，切身体会国家经济、文化、政策对人才的强烈需求，感受社会对大学生的期望。这一过程不仅提高了大学生自身素质，还使大学生将自身储备的知识、技能和智慧奉献给社会，凸显出自身面向现代化、服务社会的积极作用。

1. 体验生产劳动

大学生完成学业后，必然以普通劳动者的身份进入社会，从事一定的职业。开展实践活动，参与生产劳动。首先，可以培养大学生对劳动者的尊重与感情，得到思想陶冶。其次，在劳动中可以锻炼思维能力，养成反复思考和总结的习惯。最后，生产劳动既是对大学生立业心智的一种必要磨炼，也是对其综合职业素质的试运行和试检验。

大学生在实践活动中积极参与公益服务、生产实习、学习参观、勤工俭学、挂职锻炼等活动，可以与生产劳动紧密结合，充分发挥自身的知识特长和优势，为实际生产生活服务。

2. 紧密联系人民群众

坚定不移地走与人民群众相结合的道路，是有志青年锻炼成长的一面旗帜，是中国青年团结进步、奋发成长的必由之路。"与人民群众相结合"的思想，是指引着青年大学生成长成才的正确方向。引导大学生积极参与实践活动，与人民群众相结合，是对其自身政治觉悟和精神境界的演练与提升。在校大学生的知识体系并不完整，只有坚持推动其与人民群众相结合，才能真正做到理论知识体系与实践相结合、能力发展与社会需求相统一。

三、社会实践的目标

（一）提升大学生的社会化水平

在社会实践中，大学生受到社会全方位的教育和锻炼，不仅能巩固自身的知识技能，还可以检验自身行为模式、价值观念，及时内化社会认同的文化规范和价值准则，从而提高自身的适应能力，为将来真正进入职场、步入社会做好准备。同时，大学生在社会实践中与社会各个层面的人沟通交流，处理各种事务，应对各种问题甚至困难，可以使大学生增加更多的社会经验及为人处世的能力，不断提高自己、完善自己，向一个真正意义上的社会人靠近。

（二）保障大学生全面健康发展

我国教育的目标是培养德智体全面发展的人才，不仅是知识传授和技能习得，而要使人在身体、知识、智力、审美、道德、批判性思维、创造性精神及价值操守等方面都得到发展。在社会实践过程中，大学生身体力行参与活动、组织活动，深入感受社会生活，朝着积极上进的方向迈进。在社会实践的打磨下培养健全的人格，保障了大学生全面健康的发展。

（三）践行终身教育理念

学校开展社会实践活动的目的是为了培养能力健全的大学生，这一点与终身教育强调的学校教育应该培养学生终身学习的态度、动机和能力完全符合。终身教育注重运用非正规、非正式的学习与教学方法，以弥补正规教育的不足，而社会实践教育在弥补第一课堂教育教学方面承担了主要角色。社会实践活动已经成为高校践行终身教育的有力抓手。

四、社会实践的特征

（一）创新性

随着科学技术的迅速发展，以往普通的社会实践内容已经不能满足现代大学生们的发展需求。在当下形势严峻的社会发展中，大学生们需要依照具体情况进行社会实践的创新，其中包括社会实践具体内容、所采用的方式方法、评价实践活动的机制等，在现有基础上，进行更加先进且符合当下时代流行的创新与改进。这就要求大学生要提高服务社会的品质和能力，展现新的精神风貌，同时也对大学生的创新精神提出了更高的要求。

（二）综合性

社会实践活动是一项综合性的高校教育，其在实际操作中所体现的教学目标和价值大致可以归纳为两个方面：①对于大学生们今后的认知发展有着极其重要的作用，同时对于自身能力的培养也有很大的影响；②社会实践活动可以从思想层面对大学生们进行教育，帮助其树立正确的、符合社会主义潮流的人生观和价值观。通过参与社会实践活动而受到的教育不是单一的知识层面的教育，更重要的是思想品德上的教育。

（三）社会性

大学生作为社会政治生活、经济生活、文化生活的一员，广泛参与到广阔的大自然改造和丰富的实践生活之中，亲自接触和感知各种人和事，通过了解社会，增加了对社会生活的积累，并获得对社会物质文化、精神文化和制度文化的认知、理解、体验和感悟。在参与中，学生的社会性主体地位得到充分的体现。

（四）开放性

社会实践活动引导大学生从只关心书本知识、只关注校园生活的局限中走出来，积极参与到改革开放的实践中去，到大自然和人类社会的广阔天地中去学习和发展，了解更多的社情民意，切身感受中国改革开放取得的辉煌成就，这不仅拓宽了大学生的思维视野，也使大学生以开放的态度去面对生活、感受生活、热爱生活。

（五）协同性

社会实践活动需要家庭、学校、社会相互配合，形成合力，协同完成任务。在要求学生充分发挥自主性，自己参与设计、自己选择主题、自己组织实施、自己进行评价的同时，还要与合作伙伴相互交流、分享成果，在实践中锻炼人际交往能力，培养团结合作精神。

五、实践育人基本理论

（一）基本概念

所谓的实践活动，指的是人类主动地把自然和社会改造的一切活动。有关学生的实践活动有很多，大致上可以分为广义的学生实践活动和狭义的学生实践活动两类。所谓广义的学生实践活动，是有关课堂之外的一切实践活动，与社会生活有关的实践活动属于这个广义的学生实践活动的范围，与课堂学习有关的实践活动也属于这个广义的学生实践活动范围。例如，以教师为主导的生产实习、军政训练，涵盖科技创新竞赛、学生社团工作、校园文体活动等在内的校园"第二课堂"实践活动，学生到学校外面参加的一些社会实践活动等。所谓的狭义的学生实践活动，指的是与教学计划没有关系，学生到社会中参加的一切实践活动，也就是说那些与课堂教学有关系的实践活动不属于狭义的社会实践，那些在学校里参加的一切实践活动也不属于狭义的学生实践活动的范围。大学生的实践育人体系是特征比较明显、一种特殊的实践活动体系。所谓的大学生实践育人体系，指的是大学生通过高等院校和社会培养目标相结合的引导下，大学是基础，把社会作为舞台，开展了让学生与社会有所接触、对社会有所理解、为社会服务，并从这个活动中接受到一定的教育、培养其综合素质的既有组织又有计划的一系列活动的总称。一般情况下，人类实践活动体系的重要组成部分是大学生实践育人体系,大学生实践育人体系起到两方面的作用,一个是大学生在成长成才过程中把主观世界给改造了;另一方面是对自己的全面发展有一定的促进作用。大学生在走向社会过程中不但与生产劳动相结合,还与人民群众相结合,使其可以适应社会,为社会承担一定的责任。大学生的实践育人体系是辅导员对大学生进行思想政治教育的重要途径。

1. 实践育人是组成人类实践活动的重要部分

实践的观点是马克思主义哲学首要的和基本的观点。在马克思和恩格斯看来,物质生产活动不仅是人类最基本的实践活动,而且在这一活动中,人类的实践实现了物质性、现实性和能动性、创造性的统一。大学生实践育人体系是人类实践活动体系的重要组成部分,既拥有人类实践活动体系的共有本性,也具备大学生群体独特的个性。

(1) 大学生实践育人体系与人类实践活动体系具有共性。概括起来表现在:首先,大学生实践活动是一种客观物质性的活动,这是指大学生作为实践活动的主体、实践对象、手段都是可以感知的客观实在;实践活动的开展过程以及活动本身的发展,都受客观物质条件的制约,与自身、家庭、学校、社会的投入程度密不可分;实践活动的结果同样是独立于人们主观意识之外的客观存在。其次,大学生实践活动是一种自主能动性的活动,这是指大学生总是将自己的理想追求、个人价值的实现作为实践的目的,深深融入活动之中,而且会根据主客观条件的变化适时调整活动,以保证预定目标的实现,并对实践活动结果积极进行总结、评价、反馈,以促进今后实践活动的拓展与深化。最后,大学生实践活动是一种社会历史性的活动,这是指大学生作为人类社会群体中的一员,其生存、发展活动本质上都是实践,这些实践构成大学生社会存在的现实基础;生活在不同的历史时期、社会关系中的大学生,所面临的社会环境、问题和所承担的历史使命各有不同,大学生实践活动也就呈现出鲜明的历史时代特征和民族性、青年性特点。

(2) 大学生实践育人体系具有自身的特殊性。大学生实践育人体系以大学生为实践主体,当然具有与其他社会群体不同的特征属性。首先,大学生实践育人体系具有适应青年发展的阶段性特征。比如,大学新生进入大学后的学习活动实际包括从中学到大学转换阶段(大一年级)、大学学习活动相对稳定的阶段(大学二、三年级)和即将毕业走向社会的转换阶段(大学四年级),在不同阶段分别承担着基础课学习、专业基础课学习、专业课与专业技能学习等不同的学习任务,因而实践活动也表现出不同的阶段性特征。其次，大学生实践育人体系具备教育综合性的特征。大学教育要求大学生全面系统地掌握知识、提升能力、锤炼品格、了解社会，成长为社会所需的高素质复合型人才，主要表现在：大学生实践活动要实现自我教育、学校教育和社会教育的有机结合，突出实践活动形式的多样性；大学生实践活动要实现主观与客观、理论与实践的有机结合，彰显实践育人理念的包容性。最后，大学生实践育人体系具有预演性的特征。实践活动是大学生对未来社会生活、工作方式与学习方式的一种预演，对于青年成长具有积极影响。有利于培养成人感受和社会性情感，锻炼自理能力，培养日常生活、工作技能；有利于大学生尽快融入社会，加快社会化进程，早日成才。

2. 实践育人属于社会化实践体系

教育过程的本质其实也就是帮助大学生完成社会化，让他们养成关于社会的一些基本认识，把基本的社会技能给掌握的这一过程，实践活动在这方面是其他任何活动都没有办法将其替代，也就是发挥着独一无二的作用。大学生实践育人体系是一种大学生的社会化实践体系。所谓的社会化，指的是大学生接受高等教育到底是为了什么，其也在大学生社会实践活动中发挥着重要的作用，具体表现在以下几个方面。

（1）学习性实践。所谓的学习性实践体系，指的是其基本特征为学习、应用和创新知识的实践活动体系，其主要以两种方式存在：其一是大学生承担的各种不同类型的一些专门学习的活动，其二是有大学生参与的任何一切实践活动。

（2）成长性实践。成长性实践体系所面临的主要任务，包含着深化学业、完善精神、健康的成长，这是优秀人才所追求的人生目标，这也就是说，大学生要想全面发展，其基础就是大学生的成长性实践活动体系，也只有大学生的成长性实践活动体系才可以保证大学生全面成才。

（3）社会化实践。社会化问题是人一生面临的课题。大学生实践育人体系作为社会化实践体系，一方面是因为大学生所接受的主体教育过程是在学校完成的，学校相对社会来说，又是一个比较封闭的环境，很容易让大学生与社会有一些脱离；另一方面，大学生还是马上该离开校门走向社会的参加劳动的人。实践活动直接把大学生带向了社会生活，让他们接触的社会群体更加的广泛，不像在校园里接触的只有老师和同学，对国家和社会的实际情况要深入了解，为即将在社会中要承担的一些社会职责做好准备，缩小校外现实与社会之间的差距，就是为了让他们在学校学到的东西现在运用到社会上，更好地为社会服务。

3. 实践育人可以更好地使学生接受思想政治教育

所谓的思想政治教育，说白了就是通过把人的主观世界给改变（由之前不好的变成好的），把人的思想、政治、道德素质给提升上去，从而可以协助人们把客观世界给改变的一系列的教育实践活动。实践活动和思想政治教育的关系非常密切，不能够将它们分割开来。实践育人体系在大学生思想政治教育中占有非常重要的地位，在大学生思想政治教育活动中也发挥着非常重要的作用，具体表现在以下几个方面。

（1）大学生实践育人体系是高校思想政治教育的活动载体和实现途径。大学生实践育人体系作为高校思想政治教育的活动载体，大学生实践育人体系承载并传递思想教育的相关信息和内容。关于实现大学生思想政治教育的方法是大学生实践育人体系，它在活动中把关于大学生的思想政治教育融入其中，就是为了让大学生在实践中不但参与了实践活动还学到了教育，把所学的知识学会应用，从而把其觉悟给提高上去。

（2）大学生实践育人体系是高校思想政治教育发展深化的动力。其一，开展一些更加深入和更加广泛的实践活动，这相当于给思想政治教育提供了最好的素材、最好的思想政治内容，也是一种极好的方式；其二，通过积极参与一些实践活动大学生就能够主动地进行一些关于自己对自己的教育活动和自我提高。所以，实践活动是一种发展的动力。之前都是辅导员给大学生进行一些思想政治教育，学生是被动地接受，现在是大学生自己对自己进行一些思想政治教育，是主动地接受。

（3）大学生实践育人体系是辅导员政治教育效果的检验标准。通过参与一些实践活动，辅导员可以对大学生对思想政治教育的接受的效果进行检验，以及青年学生的思想政治教育道德素质、知识和综合能力的构成状况和思想政治教育活动的有效性。

（二）发展历程

实践育人体系作为一个不断发展的概念，在不同的历史条件下表现出鲜明的时代特征。大学生实践育人体系，是高等教育与生产劳动和实践活动相结合的必然产物。学习了解大学生实践育人体系坚实的历史基础和不断完善的发展过程，对当代大学生开展实践活动，承载青春使命和时代责任，具有重要的历史意义与启发价值。

1. 实践育人的萌芽。

中国有着优良的教育传统，尽管真正的大学生实践育人体系及其概念的提出时间并不长，但是实践教育的渊源和影响确实是深远的。本书将中国古代和近代的实践教育活动定位为中国大学生实践育人体系的萌芽与发轫。

（1）中国古代的实践教育。中国古代学校教育的历史悠久，重视学生实践教育的传统源远流长。早在中国的唐虞夏商时期就有了学校。中国古代的学校教育尽管不同于现代意义上的西方高等教育，但也讲究学以致用。经过几千年的发展，到了明朝的书院，留下了"风声、雨声、读书声，声声入耳；家事、国事、天下事，事事关心"的著名对联，勉励天下学子以关心国事民生为己任。

中国知识分子素来有经世致用、崇尚实践的传统。中国的"知行观"在思想境界与实用价值上都有其卓越之处。春秋时期，孔子为实现其治国安邦之道，曾率众弟子，求仕于列国诸侯，虽到处碰壁，但其"修身、齐家、治国、平天下"的入世思想泽被后世，绵延不绝。中国古代学校教育还注重科技道德的养成。中国古代教育家特别强调"鄙薄名利，献身科技""经世致用，爱国仁民""务实求真，刻苦谦逊"等道德观念，并将言传身教、身体力行作为最基本的教育方法。学习与实践的知行关系也不断发展，明代王阳明提出了"知行合一"的思想；明清之际，王夫之提出了"行可兼知"的思想，认为行是知的基础和根据，不得离行以为知。

由此可见，我国古代重视实践活动的传统由来已久。但在古代社会，"青年"的划分十分模糊，也没有现代意义上的青年群体。实践的主题内容往往限于道德伦理实践，讲究待人处事方面的仁礼学问，而对生产实践等则往往持有漠视的态度，不能算作严格意义上的实践活动。

（2）中国近代的实践教育。真正严格意义上的大学生实践教育是近代的产物。

伟大的民主革命先行者孙中山提升了知行观的意义，不仅超越了古代认识论的水平，而且在一定程度上克服了旧唯物主义的缺陷，比较接近辩证唯物主义认识论的观点。他认为人类的知与行是随着社会的发展而发展的，大体经历了三个时期，即从"不知而行"到"行而后知"。行在先，知在后，"行先知后"，知是从行中来的，能实行便能知，能知便能进步。在知行关系上，他提出了"知易行难"，以"行而求知，因知以进行"。

民国时期，在国民党统治区，高等教育参照外国模式，引入了"实习"等实践活动的环节。比如，民国政府教育部在《大学规程》中规定："农、工、商学院学生自第二学年起，须于暑期内在校外相当场所实习若干时期，没有实习证明者，不得毕业。"除了实习以外，国民党统治区典型的实践活动是大学生的爱国民主运动。抗日救亡时期，声势最为浩大的是1935年的"一二·九"运动。在解放战争时期,大学生的爱国民主运动震撼了国民党反动派的统治。广大青年学生在爱国民主运动中更多也更加深刻理解了马克思主义。

在近代,中国共产党人对实践育人也作了探索。1921年7月中国共产党成立后,许多著名的共产党人为了发展和壮大革命组织,实现党的政治纲领,通过办学校或从事工农文化教育,宣传马克思主义,普及科学文化知识,培养了许多革命骨干。这些学校中,学生与生产斗争和革命事业紧密结合,既学习文化知识又从事革命实践。比较有代表性的有:1921年毛泽东创办的湖南自修大学,1926年邓中夏、刘少奇在广州为"中华全国总工会"创办的劳动学院,毛泽东等在广州、武汉创办的农民运动讲习所等。这些学校都十分重视学生参加实践活动。1933年中央工农民主政府成立后,各根据地的党组织依靠群众力量创造性建立起各种新型学校,1933年后在瑞金成立的共产主义大学、红军大学等都把生产劳动列为必修课,教学内容紧密结合当时的生产、生活和革命斗争。长征到达延安后,党组织先后创办了抗日军政大学、延安大学、鲁迅艺术学院等一大批高等学校和专科学校。1944年5月24日,毛泽东在延安大学开学典礼讲话中,要求大家"要为实际服务",朱德要求"大学把学与用联系起来,要自己动手,要参加生产工作,在生产中学习,学工科的与工厂结合,学农科的与农场结合"。根据以上的一些指示,解放区的高等学校都十分重视实践活动。其主要形式包括:有组织地到工厂、农村进行实习和考察;针对边区建设的急需,解决生产实际中的问题;在"自己动手,丰衣足食"的大生产运动中学习和锻炼等。

2. 完善和发展

1949年12月,新中国第一次全国教育工作会议确定了全国教育的总方针,强调"建设新教育要以老解放区教育经验为基础,吸收旧教育某些有用的经验,特别是,要借助苏联教育建设的先进经验"。六十余年来,新中国的教育改革和建设,始终把教育与生产劳动相结合作为一条重要的内容和方针,大学生参加实践活动的状况与此紧密相连。大学生实践活动也由此从不自觉变成自觉,由无计划、自由发展变成有目的、有计划、有组织地培养人的高等教育重要组成部分,不断完善和发展。

(1)探索兴起。中华人民共和国成立之初,百废待兴。党和政府充分认识到建立一个美好的社会主义要经历一个长期的艰苦过程。要通过生产劳动和实践活动,使青年学生了解国情,认识到国家建设任务的艰巨性,树立正确的人生观和价值观,青年学生除了学好书本知识外,需要学习马克思主义，培养勤俭朴素、艰苦奋斗的精神，成为德智体全面发展的社会主义劳动者。

从20世纪50年代起，新中国的高等学校在党的领导下开展了规模宏大的教育改革，全国范围内的院系进行了调整。在这一阶段的教育改革和建设中，大学生的实践活动开始从教学计划的安排上加以确定，并且在制度建设上有了许多有益的探索。这一阶段大学生实践育人体系的主要特点表现为以下几个方面。

第一，实习作为一个必需的、重要的环节列入教学计划。实习是结合学生所学专业进行的实践活动。1950年政务院《关于实施高等学校课程改革的决定》中指出："有计划地组织学生实习和参观，并将其作为教学的重要内容。"同年教育部成立了直属高等学校学生生产实习指导委员会，颁布了《学生实习指导委员会暂行组织规程》。从1956年起，又在部分高校专业中实行固定实习场所，摸索建立一套比较健全的实习规章制度。当前，我国高等学校的很多实习制度也是由那时延续而来的。大学生在实习中接触了工农，参加了生产实践，了解了社会，促进了理论与实践的结合，取得了明显的效果。

第二，生产劳动成为教育过程的重要组成部分。在生产劳动中，组织学生下厂下乡是大学生实践活动的主要方式。1958年9月《中共中央、国务院关于教育工作的指示》明确地把毛泽东提出的"教育必须为无产阶级政府服务，必须生产劳动相结合"，培养"有社会主义觉悟的有文化的劳动者"规定为党的教育方针和我国的教育目的，并规定高等学校必须把生产劳动列入教学计划，组织学生参加生产劳动。这使得在20世纪五六十年代，生产劳动成为大学生实践活动的最主要形式。

另外，中华人民共和国成立初期对大学生实践活动的探索还包括倡导和开展半工半读、勤工俭学，参加政治活动和运动等。但是，当时受"左"的思潮的影响，有些方面片面强调实践，致使大学生实践过程中安排劳动过多，大学生参加政治运动的范围、规模、时间都有所扩大，影响正常的教学秩序。体现较为极端的是在"文化大革命"期间，片面强调实践，造成"以干代学"，冲击了理论教学，违背了教育规律。这方面的教训和经验是应该汲取和思考的。

（2）完善发展。1977年恢复高考以后，高等教育开始走上了正轨，高校组织学生开展的实践活动开始蓬勃兴起。针对改革开放后大学生社会实践教育，国内学者有将其分为三阶段的，也有分为四阶段的和五阶段的。这里将其划分为三个阶段。

①再次兴起阶段（1977—1982年）。从1977年开始，高等教育开始

走上了正轨。1978年,邓小平在教育部召开的全国教育工作会议上指出:"各级各类学校对学生参加什么样的劳动,怎样下厂下乡、花多少时间,怎样同教学密切结合都要有恰当的安排。"此后,教育部重申了学生参加生产劳动的规定。1980年,清华大学大学生提出了"振兴中华,从我做起,从现在做起"的口号,在全国大学生中引起了强烈的反响。许多高校从开展"学雷锋做好事月""五讲四美三热爱"等活动入手,引导大学生把思想付诸实践。1982年2月,北京大学一百五十余名家在农村的大学生受原国家农委委托,在寒假期间,就农村实行家庭联产承包责任制以来各方面的情况进行调查研究,取得了重要成果,这就是有名的"百村调查"。大学生在实践活动中亲身感受到了改革开放政策带来的广泛影响,对国情有了初步的认识。大学生实践活动在新的历史条件下再次兴起。

②走向规范阶段(1983—1997年)。1983年10月1日,邓小平为景山学校题词"教育要面向现代化,面向世界,面向未来"。这个题词是对我国教育方针的时代特征和时代要求的高度概括。1983年10月,团中央、全国学联发出《纪念"一二·九"运动48周年开展社会实践活动周的通知》,文件指出:"社会实践活动,是近年来高等院校中涌现出的一种思想教育的有效形式,是共青团和学生会在适应改革方面迈出的可喜一步。用知识作桥梁,把学校和社会连接起来,在可能的条件下组织学生走向社会,向人民学习,为社会服务,这是促进大学生健康成长的重要措施。"这份文件第一次提出了"大学生实践活动"的概念,标志着高校实践活动开始逐步向正规化方向迈进。1984年5月,团中央在辽宁省召开了高等学校实践活动现场观摩会,时任共青团中央书记处书记的胡锦涛正式提出了大学生实践活动"受教育、长才干、做贡献"的论述。这一原则被确立为大学生实践活动的指导方针。1987年5月,《中共中央关于改进和加强高等学校思想政治工作的决定》强调:"青年学生只有在学习科学文化知识的同时,积极参加实践活动,更多地了解国情,了解社会主义建设和改革的实际,了解人民群众的思想感情,才能树立起为社会主义祖国献身的信念,逐步锻炼成为有用的人才。"1992年邓小平南方谈话和党的十四大的召开,进一步解放了思想,高校的实践活动也进入了适应社会主义现代化建设进程,为两个文明建设服务的全方位深化发展的新阶段。1993年12月,共青团十三届二中全会通过的《在建立社会主义市场经济体制进程中我国青年工作战略发展规划》,提出实施"跨世纪青年文明工程"和"大学生科技文化服务"活动,成为大学生实践活动的主要形式。在这一阶段,大学生实践活动有了规范性的文件和明确要求,高校逐步认识到大学生实践活动在学生思想政治教育等方面的重要作用,通过加强学校教育与

社会教育相结合，组织青年学生深入社会，了解国情民情。大学生实践活动在这一时期走向制度化、规范化阶段。

③深化完善阶段（1998年至今）。1998年，江泽民在庆祝北京大学建校一百周年大会上的讲话中指出："我们的大学应该成为科教兴国的强大生力军。教育应与经济社会发展紧密结合，为现代化建设提供各类人才支持和知识贡献。这是面向二十一世纪教育改革和发展的方向。"并希望大学生要"坚持学习书本知识与投身社会实践的统一"。

1999年6月，第三次全国教育工作会议召开，标志着我国教育事业进入了一个深化改革、积极发展的新阶段，高校的实践活动也进入深化完善阶段。会议通过的《中共中央、国务院关于深化教育改革全面推进素质教育的决定》中指出："要从实际出发，加强和改进对学生的生产劳动和实践教育。使其接触自然，了解社会，培养热爱劳动的习惯和艰苦奋斗的精神。高等学校要加强实践活动，组织学生参加科学研究、技术开发和推广活动以及社会服务活动。"

2002年，共青团中央、教育部、全国学联下发了《关于实施"大学生素质拓展计划"的意见》，决定开展"大学生素质拓展计划"试点工作，为配合学校文化素质教育工程的实施并为学校深入教学改革提供实证经验。

2004年8月，中共中央、国务院颁布了《关于进一步加强和改进大学生思想政治教育的意见》，明确指出："高等学校要把社会实践纳入学校教育教学的总体规划和教学大纲，规定学时和学分，提供必要的经费。"

2005年2月，中宣部、中央文明办、教育部、共青团中央下发了《进一步加强和改进大学生社会实践的意见》，要求："要充分认识加强和改进大学生社会实践的重要意义，进一步明确大学生社会实践的总体要求和工作原则，要把大学生社会实践纳入教学计划、不断丰富社会实践的内容，全面深入开展'三下乡'和'四进社区'活动，探索建立大学生社会实践的长效机制，切实加强对大学生社会实践的领导。"

2012年1月，教育部、中宣部、财政部、文化部、共青团中央等七部委联合下发了《关于进一步加强高校实践育人工作的若干意见》，指出："加强新形势下高校实践育人各项工作""切实加强对实践育人工作的组织领导"，对实践活动育人工作的持久深入开展提出了更高的要求。

总的来看，改革开放以来的大学生实践育人体系，经历了一个由自发、分散、仅依靠共青团组织的小规模考察，发展到有组织、有系统，上自中宣部、国家教委、团中央，下至各校党委、校长亲自负责的大规模的实践活动。大学生实践活动形成了诸多有益探索。例如，1999年起，教育部、团中央等单位在全国高校中组织开展了两年一届的"挑战杯"大学生课外学术科技作品竞赛和创业计划竞赛,为大学生在实践中运用理论知识提升专业技能,促进大学生团队合作精神与创业意识产生了深远影响;同年,教育部、团中央在全国部分重点高校组织了中国青年志愿者扶贫接力计划研究生支教团的工作,每年选一批品学兼优的大学生在国家级贫困县开展了为期一年的支教工作。进入 21 世纪以来,已逐步有高校把实践活动纳入了教学计划,成为一门课程;有的学校实行一周五日上课、一日实践的制度;也有高校把课程集中在三年半上完,用一学期的时间到基层开展教学实践。许多学校都联系建立了长期固定的实践单位以及校办工厂、农场,作为大学生的实践活动基地。当代大学生实践育人体系正在日趋系统化、正规化、制度化,成为高等教育培养社会主义建设人才不可缺少的有机组成部分。

(三) 内涵理解

实践活动是大学生在接受高等教育过程中,除了理论知识学习以外的一个必要环节。对于大学生实践育人体系概念与内涵的理解,要从以下几方面入手。

1. 大学生是大学生实践育人体系的主体

也就是说,大学生是实践活动的发动者和执行者,是实践活动的实际运作者。一方面,大学生实践育人体系中只有大学生一个主体,所以大学生实践活动必须要充分激发大学生自身的主观能动性,发挥其主体性地位的作用。另一方面,大学是大学生实践育人体系的基础和平台,这就要求辅导员们有必要对大学生的实践活动加以教育引导,充分发挥其主导作用,避免使大学生的实践活动成为一种盲目的、低效的、缺少教育意义或社会价值的活动。

2. 社会是大学生实践育人体系客体

"社会"是大学生实践育人体现客体的统称。这一方面说明实践育人体系的对象为全社会,除了有社会矛盾、社会主体之外,还有社会系统、社会过程、社会认识等。另一方面可知:实践育人体系是以社会科学方法论为指导的,是基于社会科学研究方法而开展的实践体系。因此,大学生开展实践活动,要系统学习和掌握与实践活动相关的社会科学方法论体系。

3. 社会性是大学生实践育人体系的重要特点

对于实践活动主体的大学生来说,实践活动本身是一种社会化实践,这与大学生青年时代的成长发展特点以及高等学校的教育目的是一致的。

4. 大学生实践活动本质上是实践的,是一种实践认识活动

大学生实践育人体系本质上是实践的,是一种实践的认识活动体系。这表明,大学生实践育人体系不是简单的理论学习或研究,是需要实地参与性的认识过程和方式的。大学生实践活动可以根据学生的实际情况,选择与自身学习相关的内容。从这个意义上讲,大学生实践育人体系是对课堂教育教学的延伸、补充、完善和提高,可以促进大学生学习主动性的提升,促进大学生思想方面的认识不断升华。

理解大学生实践育人体系的概念与内涵,能够使辅导员帮助大学生更加正确地看待实践活动,把握好实践活动的方向,使实践活动开展得更有意义。

(四) 理论基础

马克思主义关于实践活动有着丰富的论述。在学习实践育人体系相关理论的基础上,辅导员能够更好地引导大学生理解实践教育的功效,使其对实践活动有更加深刻的认识。

1. 认识论

实践的观点是马克思主义认识论的基本观点。实践是认识的基础,表现在:实践是认识的来源,实践是推动认识发展的动力,实践是检验认识真理性的标准。

马克思主义哲学认为,认识来源于实践。没有人的实践,客观存在着的自然现象和社会现象是不会自动地反映到人们的头脑中来的。客观事物只有成为实践活动的对象,才会成为认识的对象。

实践不仅是认识的来源,而且是认识发展的动力。实践活动总是一步又一步地由低级向高级发展的,人类的知识也是随着实践活动不断由低级向高级,由浅入深,由片面向更多的方面发展。

真理问题是认识论的重要问题。马克思主义认为,实践活动是检验真理的唯一标准。真理是符合客观事物及其规律的正确认识,这就决定了在意识范围内不可能解决认识是否符合意识之外的客观事物的问题,认识不能成为检验自身是否正确的标准。毛泽东说:"判定认识或理论之是否真

理，不是依主观上觉得如何而定……真理的标准只能是社会的实践。"

2. 教育与实践相结合

马克思主义哲学的认识论认为：人的一般认识过程大体由实践到认识与认识到实践两个阶段组成。教育过程也是一个认识过程，受教育者的认识过程也应遵循一般的认识过程的规律，要以一定的事件得到感性的认识为基础，才能获得新的理论认识。受教育者所学到的理论知识最终要付诸实践，到实践中去接受检验。

生产实践是人类最基本的实践活动，是人类生产、生存和发展的前提和基础。教育与生产实践的关系是密不可分，相辅相成，相互促进的。一方面，生产实践是教育的基础，是教育的源泉、出发点和归宿；另一方面，教育又推动和促进生产实践的不断发展和提高。

3. 在实践中成长

人的全面发展是马克思主义三个组成部分的实质和核心，是实践的唯物主义的立足点。马克思认为，"全面发展的个人"是指不受外在力量约束，而能够充分和全面发展"本身才能的一定总和"的人。人的全面发展是一个实践过程，只有通过实践来检验，探索人的全面发展。

青年要健康成长和全面发展必须注重参与实践活动。从实践中获得感性认识，把感性认识上升到理性认识，再把理性认识付诸实践，从而促进自己的提高和发展。青年只有参加实践，才能出真知识、长才干，在实践中实现全面发展，成长成才。

（五）基本特征

实践育人体系作为教育范畴与其他形式的教育体系相比有共性，也有自身所独有的特性，主要包括以下几个方面。

1. 教育体系属性的双重性

实践育人体系既有学校教育体系的属性，又有社会教育体系的属性，它是连接学校教育和社会教育的重要纽带。正确认识实践育人体系的属性，既不能单纯强调实践育人体系的学校教育体系属性，将实践育人体系理解为第一课堂的延伸或作为第二课堂，也不能片面强调实践育人体系的社会教育体系属性；排斥课堂教学和理论知识，以实践代替教育。作为实施素质教育的重要切入点，实践育人体系的加强与课堂理论教育的改革同等重要。两者应同步进行、相互促进。

2. 开放灵活性

实践育人体系具有开放灵活性，这一特征要求教育者彻底改变一切从书本出发、从教师出发、以教师为中心的传统教学观念，引导学生充分认识到自身的主体地位，在实践活动过程中架设起理论与现实沟通的桥梁。实践育人体系的开放灵活性包括活动内容在科学、专业领域的开放性、活动空间与形式的灵活性、活动运作管理及评价模式的多样性等，协同合作性。实践育人体系不仅要求各类学校、各科教师之间，学校教师与家长及社会有关机构人员之间相互配合，家庭、学校、社会形成合力，协同完成任务，而且要求学生在充分发挥自己能动性的基础上，充分利用与合作伙伴相互交流、分享成果的机会，培养锻炼人际交往能力和团队合作精神。

3. 学生自主性

实践育人体系为大学生提供了一个接触社会、认识自我的有效平台。这促使大学生以一种开放的态度，主动认识和了解社会，自觉反省，提高自主发展的内驱力。实践育人体系为塑造大学生知识、能力、修养品性提供了环境，使其能在实践活动的过程中自主学习，实现自我教育。在向社会实践和人民群众学习的过程中，大学生能够逐渐养成坚忍顽强的优良品性、求真务实的学习态度和艰苦朴素的生活作风，有利于大学生树立正确的世界观、人生观和价值观，走与实践活动相结合的成才之路。

第二节 社会实践课程化的做法、形式、途径

对于当代的大学生来说，社会实践是正式踏入社会前，一种真实情景的演练。大学生们可以通过参与不同的社会实践，对当下的社会环境、行业概况等有一些基本的了解，同时培养自己的社会责任感，构建更加端正的人生观。在学生参与整个社会实践的过程中，辅导员发挥着极其重要的作用。

一、社会实践课程化的做法与形式

社会实践在现代高校的教育体系中，除了理论上必需的思想政治教育，亲身实际地走出校园，真正意义上进入社会的大环境中，通过一些方

式手段开展社会实践活动，才能逐渐将其向课程化转变。事实上，社会实践作为现代高校教育中不可或缺的一门科目，在转变发展的过程中，已经总结出多种常用的课程实践手段，下面以其中较为典型的几种实践课程化的做法与形式做简要论述。

（一）社会调查

社会调查是最常见的社会实践形式之一。大学生利用时间较长的节假日，有目的和有组织地去企业、农村、部队、商场、社区等相关组织和部门，进行参观、访问，开展调查研究，提出解决问题的意见或者建议，最后形成调研结果。

通常情况下，大学生所开展的社会调查活动都会有一个提前确定的主题。在社会实践课程化中，学生作为活动的主体，对将要进行的社会调查活动进行主题设计，活动指导教师对其主题进行评估后给出一定的修改意见，综合多方面的因素，做出一份实际可行的调查方案报告。大学生所在专业的辅导员利用自己以往参与或主持社会实践活动的经验，在完整地看过大学生呈交的调查方案后，对其中存在细节问题以及实际操作的难处提出建议，帮助学生完善调查报告。

大学生根据事先拟定的社会调查方案的主题进行实际操作，在辅导员的帮助下，汇总调查结果，撰写调查报告，总结调查经验。在社会实践的课堂上，对学生的实践活动进行打分时，活动指导教师通常是以学生所呈交的调查报告作为主要核定成绩的依据。

（二）生产劳动

生产劳动是大学生为社会服务的一种方式，其目的是培养学生的劳动观念、群众观念、无私奉献精神和全心全意为人民服务的思想，使学生逐步养成艰苦奋斗、勤俭节约的思想习惯和生活作风。

在社会实践课程化中，生产劳动是活动指导教师经常采取的一种实践形式。学生在从事生产劳动的过程中，自己具有的政治思想、具备的社会实践技能，都可以得到很大程度的提高。生产劳动作为社会实践课程化主要的实现途径之一，除了课堂上的活动指导教师之外，辅导员也在其中发挥着重要作用。辅导员在生产劳动活动中一般担任组织者和领导者的角色，其同活动指导教师在课堂上就学生将要进行的生产劳动制定一份合理、切实可行的计划，包括活动具体时间、地点、劳动形式等。生产劳动课程对大学生进入社会后实践技能的提高有很大帮助。

（三）志愿者服务

大学生参与志愿者服务活动，是以自愿且不图物质报酬的方式参与社会生活、促进社会进步、推动社会发展的活动方式。随着志愿者服务理念在全社会的广泛传播，参与志愿者服务活动也逐渐成了新的社会风尚。

与其他类型的社会实践形式相比，志愿者服务是其中规模稍大的社会实践活动。大学生在活动指导教师和辅导员双重的指导引领下，自发策划、组织想要完成类型的志愿者服务，其中，大学生参与的志愿者服务类型应该由活动指导教师在社会实践课程化进行过程中向其一一展示。辅导员在大学生们参加志愿者服务时，除了扮演引领者的角色，更重要的是起到对大学生进行思想政治教育的目的。志愿者服务是一项颇具奉献精神、不掺杂任何功利性目的的实践活动，除了活动指导教师在课堂上所进行的思想理论教育之外，在实践过程中，辅导员要为学生们提供足够的思想政治的保障，重点是学生在参与志愿者活动时获得的成长。

志愿者服务结束后，活动指导教师应在课堂上帮助学生总结该次活动的经验，吸取相关教训，将最后呈交参与志愿者服务的实践报告作为教学成绩评定的依据

（四）公益活动

公益活动旨在让学生通过直接参与社会服务活动，培养学生的服务社会和关爱他人的公益精神，增强学生对个人、家庭和社会的责任感。

大学生在参加社会公益活动的过程中，辅导员可以抓住教育的契机，有意识地引导学生主动参加公益服务，推动学生自发组织各种公益活动，提倡和宣传在服务他人过程中自我的成长。辅导员不仅要促使学生积极参与其中，还要保证学生能用心地投入到服务工作中，避免无效劳动，使他们在活动中得到真正的成长。

（五）科技发明

科技发明的主要目的在于提高学生科研能力和知识应用水平，以培养其适应社会经济和科技发展所需要的全面素质，为经济发展做出贡献。按照开发领域的不同，科技发明分为基础理论研究和应用发明研究。

科技发明具有一定的专业性，辅导员要尽可能为学生科技发明提供便利条件，争取资源支持，如联系相关指导教师、协调实验地点、指导申请项目基金等。同时以此为契机，鼓励其他学生学习这种勇于探索的科研精神，在学生中树立科学和技术创新的榜样。

（六）勤工助学

勤工助学活动是学生利用课余或者节假日时间，从事校内外后勤、家教、社区和社会服务等，并取得相应报酬的一种助学行为。开展勤工助学活动，是高校帮困助学的重要工作。同时，参加勤工助学活动为大学生走向社会、了解社会、服务社会提供舞台，有助于大学生树立勤劳朴素的作风和正确的劳动观念，有助于大学生缓解经济压力，顺利完成学业。

勤工助学的岗位大多由学校提供，因此辅导员首先要做好信息的传递工作，及时通知学生申请岗位等相关信息。其次，要做好贫困生的筛选审查工作，保证那些确实存在贫困事实需要帮助的学生能申请到助学岗位。再次，可以对参加勤工助学工作的学生进行工作、心理等方面的指导，帮助他们协调好工作和学习的关系。最后，辅导员要善于发现勤工助学学生中有突出表现者，组织安排思想、经验交流活动，启发其他学生的社会实践意识和独立成长的意识。

二、社会实践课程化的实现途径

（一）社会实践课程化的作用

在现代高校的教育体系中，社会实践课程化是为了更好地对学生进行思想政治教育，树立正确的人生观、价值观，可以更好地融入社会环境。社会实践课程化的主体是学生，除此之外，辅导员也是参与其中非常重要的一个角色，作为高等学校教师队伍的重要组成部分和高校大学生思想政治教育与学生管理工作的主要承担者，辅导员在高校的社会实践课程化中，发挥着重要作用。

1. 引导学生更好地进行社会实践

一般而言，思想政治教育贯穿于辅导员的各项工作中，是高校辅导员最重要的职责之一。其内容包括对学生实施人生观教育、政治观教育、道德观教育等。

实践活动是学生科学人生观、政治观、道德观形成的重要途径之一。在社会实践课程化中，辅导员的教育引导作用主要体现在以下几个方面。

（1）激发学生学习方面的热情和进行实践的动力。

（2）积极对学生积极健康类的实践活动予以引导。

（3）树立社会主义核心价值观并围绕其引领学生的实践活动。

2. 指导学生正确地参与社会实践

社会实践课程化希望学生能够主动、积极、自主地去选择参加实践活动，可这不是让学生可以为所欲为。这就需要辅导员承担学校制订的落实到辅导员工作计划内的实践教育活动监管任务。

辅导员对学生展开实际性社会实践活动指导，主要体现在以下几个方面。

（1）实践过程中：
①将实践主题确定下来。
②对实践方案进行规划。
③展开对实践内容的实施。
④收集必要的资料和信息。
⑤着手准备调研报告的撰写。

（2）实践活动结束后，首先进行梳理总结，其次分析实践取得了哪些效果，最后查找进行实践时出现的问题。

3. 维系社会实践的课程内容

（1）辅导员为学校实践育人工作的顶层设计提供参考。实践育人工作需要教务处、学生处、学团委、就业办、后勤等职能部门协同推进、齐抓共管，学院具体落实工作。

辅导员作为实践育人工作的基层教育管理者，要适时向学校有关部门反映大学生的思想状况、学习状况和实践状况，为学校决策实践育人工作的总体规划提供依据。

（2）辅导员协调大学生的实践活动。总体而言，辅导员是实践的具体内容、形式等的协调者，是实践活动有效实施的不可缺少的一部分。

辅导员参与学生实践活动，具体体现在以下几个方面。
①实践活动目标的构建。
②小组成员彼此的分工。
③实践过程中如何保证安全，要采取哪些措施。
④实践活动的时间是什么时候，地点在哪里等。
⑤实践活动过程中的人员、场地的落实。
⑥了解实践活动的效果及反馈评价。

4. 积极参与社会实践课程化中的实际操作

在进行实践活动时，辅导员应亲自参与到活动中去，亲身实践一番。

这样,不但能够提升学生参与活动的兴趣,又能够通过实践活动使自身修养得到提升,利于个人全面发展,同时还可以"教学相长"。

辅导员的参与主要体现在以下两个方面。

(1) 在提升学生主动性的基础上与学生一起制订实践活动方案、一起探讨活动中的细节。

(2) 对活动的整个进程心中有数,能立刻给予及时有效的活动指导,保证活动的顺利进行。

5. 综合评价学生在社会实践中的表现

在社会实践课程化中,辅导员应积极发挥评价者的作用,辅导员对实践活动的评价应贯穿活动始终。

辅导员的评价职责体现在以下几个方面。

(1) 发现和肯定实践活动的正面价值。
(2) 鼓励学生的创新性实践活动。
(3) 提升学生实践活动的积极性。
(4) 鼓励学生在实践活动过程中多参与人际交往活动。
(5) 如果学生分析、解决问题能力有所提高,要对其予以充分肯定。
(6) 要鼓励学生实事求是的科学态度,推动学生科学素养的养成。

应当注意的是,实践育人任务不是辅导员单方面能够承担和完成的,如在学生专业实践、毕业实习、创业实践等实践育人类活动中,辅导员需要与专业教师、团委、就业办等相关职能部处协同配合,发挥实践育人的显性效应。所有高校教师都有责任实践育人,这样才能提高学校实践育人的整体效益。

(二) 社会实践课程化的实现措施

1. 营造先进的校园文化

高等学校需要尽可能将先进校园文化创设而出,使校园文化潜移默化的功效得以发挥,对大学生主动投身到积极健康的实践活动予以支持。

辅导员应从工作出发,对学校文化发展予以一定引导,积极促进校园文化和大学精神的营造和培养,促进高校隐性课程内容体系相关方面建设,促进人文环境与文化设施建设,组织各类文化体育活动等。同时,注意提高大学生的法制教育、诚信教育和心理健康教育的力度,对大学生参与实践活动予以重视,使大学生的良好品格得以塑造,使其形成严谨的学习和学术风气,形成良好的校园实践活动的氛围。

2. 积极鼓励学生组织活动

大学生社团是大学生进行自我教育、自我管理和自我服务的一个重要载体，也是使学生课余生活得以丰富、提升其自身素质，校园文化得以繁荣、高素质创造性人才得以产生的重要平台。

辅导员应尽量发挥学生社团、学生会等学生组织在大学生思想政治教育和实践活动里的价值。比如，促进社团的扩大，使社团的学生基础得以提高；引导学生社团在校园文化建设实践下功夫，多举办一些校园文化类活动。同时，对学生社团走出校门予以支持，支持他们多走社区，多服务社会。支持学生社团开展实践活动方面的创新，使其实践活动的实际内涵价值得以扩宽。

3. 大力推动实践体系建设

实践活动是学生受教育、长本事、做贡献的一个重要方式，因此全面、科学的活动体系一定要建立和完善。

辅导员应促进学校有关部门和学生做好大学生实践活动的基地建设。辅导员应以稳定的实践基地为基础，引导大学生走出校门、深入基层、深入群众、深入实际，帮助学校相关职能部门和专业课程教师构建符合大学生需求的实践活动体系。一方面，以教学为基础，深入开展各项课内教学与实践类工作（如专业实习、创新实验等）以提高学生对专业知识相关方面内容的了解；另一方面，进行就业见习、社会调查、志愿者服务和勤工助学等活动，尽可能地锻炼学生的综合能力，推动学生素质的提高，为学生以后的就业、创业等积攒一些经验。同时，辅导员要尽可能地促进各项实践活动的项目化，对实践活动内容予以优化整合，支持视野开阔、实践效能有益的活动项目。

（三）社会实践课程化的教学内容

在社会实践课程化的教学计划中，坚持"全过程、多层次、精致化"理念，扎实做好社会实践的选题策划、组织培训、过程管理和支持保障工作。

1. 选题抓实情

成立院级实践项目，引导学生调研项目着眼现实政治、经济重大决策，引导同学们带着专业眼光和问题意识，实地走访考察现实改造有益模式，发现规律，总结经验，拓展专业学习的切入点和落脚点，实现经世致用之效。引导同学们走基层、访民生、懂国情、长才干，提升专业学习的责任感，实效兼济天下之效，开阔眼界，启迪智慧。

2. 培训务实效

把握实践团队实际需求，发挥辅导员思想优势和往年优秀团队经验优势，组织开展多次专题培训，为团队确定选题提供有力支持。各团支部分别召开社会实践行前培训会，从安全、宣传等角度加强自我培训。邀请校团委负责人开展团队长行前培训，从访谈调查、宣传总结等方面提供专业化指导，并为团队出征授旗，激励同学们精心做好实践过程。

3. 交流谈实需

在新学期第一周即组织实践团队长召开成果转化交流会，邀请往年社会实践金奖团队负责人交流总结答辩经验，各团队分享实践照片、讲述实践故事、分析实践不足，为提高实践总结的质量和深度打下良好基础。

4. 答辩出实招

主动开展团队预答辩，邀请专业教师、研究生等多角度、一对一指导各团队答辩展示的形式、内容、特色，有效帮助团队把握答辩规律、完善答辩设计。在社会实践答辩会上，充分运用PPT、演示板、道具、实物等开展多样化展示。

（四）社会实践课程化成绩的评价机制

1. 多元化的考核评价

在社会实践课程化中，辅导员在大学生实践活动中应致力于推动活动考核和评价奖励机制的建立，依托大学生素质拓展与素质拓展学分认证工作，依托各级团学组织，依托各类学生社团，将大学生实践活动列入相应的考核和评比表彰大框架中，努力推动建立社会评价、学校评价、社团组织评价、学生评价相结合，真正将实践活动与大学生成长需要、素质教育要求及社会人才市场的评价机制有机结合起来，使学生深切感受到实践活动对其自身发展的重要作用。

2. 量化指标奖励体系

辅导员在积极探索实践活动的考核评价奖励体系时，重点建立学生实践活动考评的量化指标体系，推动评价结果在学生职业资格认证获得、技能等级提高、综合素质测评、奖学金评比、团员教育评议、推优评优、素质拓展学分认证等工作中的权重，以考核评价、奖励表彰为切入点，提升学生参与实践活动的积极性，调动学生投身于实践活动的主动性、创造性。

（五）大学生社会实践课程化教学实例

1. 教学理念

随着现代高校教育理念的发展，建设大学生社会实践课程化，将社会实践活动发展为每个在校大学生的必修课目之一，这是当下社会对高校教育的重要要求。大学生社会实践的课程化，将社会实践活动从"课外"发展到"课内"，从传统意义上的"第二课堂"发展至当下最紧要的"第一课堂"，在不断地实践过程中，教师根据学生现有的生活经验和必备的心理需求，综合现有的社会实践活动的通常做法，如社会调查、生产劳动、志愿者服务、公益活动等，编排出教学所需的内容，与现有的教学大纲相衔接，依据一套完整的教学体系，制订出具体的教学目标、教学内容、教学方式、教学进程以及完善的评分标准。

事实上，通过大学生社会实践活动课程化，可以更好地以具体的教学理论和思想对所要进行的实践活动加以指导，在教学科目的范畴中，使得社会实践成为应用领域广泛，综合性较强的交叉课目。

2. 教学方法

辅导员在进行社会实践课程教学时，不能直接沿用传统课程教学时所使用的方法，在此基础上需要依据具体需要做出改变和完善。与传统的课堂式教学不同，社会实践课程更多地需要学生亲身参与和体验，而辅导员更多的作用是帮助学生更好地融进实践活动中，同时伴有一定的理论指导和思想教育。学生在参与社会实践活动的过程中，可以接受多方面的教育，像智育、体育、美育、德育等，一方面，学生可以通过社会实践活动，丰富自己的知识储备，锻炼一些基础的技能；另一方面，社会实践活动大大地增加了学生的人生经历，可以说，社会实践活动是一种"知情意行"的综合过程。

3. 教学设计

在社会实践教学的课堂中，除了必备的理论知识和思想教育，辅导员还可以帮助学生建立群体模式，以一个较为完整的团队共同参与社会实践活动，让学生在自主体验和探索中对基础理论进行验证和运用，让自己所掌握的知识和能力可以进一步提高。在整个实践活动的过程中，最重要的是学生自己的亲身体验，辅导员能够产生的作用大多是辅助性的，但是在思想理论教学的层面上，辅导员要注意自己的总体领导地位。

4．教学内容

依据大学生社会实践课程基本的体系、结构和目标，辅导员在书写教案时，应积极响应该项课程的教学大纲，本着牢牢坚持理论教育与实践教育相结合的原则，以培养合格优秀的社会主义建设者为己任，将具体的教学内容大致分为三个模块，即思想政治教育、学科专业知识教育和实践体验教育，让学生在课堂上充分掌握基本知识和技能。

5．教学过程

在社会实践课堂中，辅导员在设置具体的教学内容时，应该具有一定的基本框架，大致可以分为四种，即基本知识、基本技能、案例教学、法律法规。基本知识是学生在参与社会实践之前必须掌握的基础理论，辅导员对其具体专业的业务理论进行讲解；基本技能是以技能实验、实训为依托，训练学生参与社会实践的能力；案例教学是在一定教学目标的基础上，以具体的社会实践案例为根据，逐渐使学生掌握到正确的社会实践方法；法律法规是指与大学生社会实践相关的国家与地方的法律与规章制度，既能够有效地对大学生所进行的社会实践内容进行约束，又可以保障其安全，使其能够健康发展。

6．教学概览

以《毛泽东思想和中国特色社会主义理论体系概论》的实践教学为例，依据党的教育方针和育人目标，创造性地开展实践教学。在具体的课程课时安排上，大致可以分为三个阶段。

（1）第一阶段：课程一般在前三周，学生根据辅导员的前期指导，进行实践策划并撰写实践提纲。辅导员进行全班动员和指导，把实践课程的具体通知、详细要求、模板下载等信息详细告知学生，并把以往实践报告撰写中易出现的问题向学生讲明，明确各项具体要求。

（2）第二阶段：通常在第一学期国庆节后、第二学期五一节后第一周提交实践报告提纲。根据辅导员意见和要求修改实践策划，并完成实践报告。

（3）第三阶段：这个阶段往往集中在学期末，一般在教学日历的第

11~15周，学生进行提交报告与成果展示，并请辅导员验收。针对学生提交的调查报告或论文，在教学班级上组织相应的交流或报告会。辅导员应对社会实践及调研情况进行总结、分析、评价，以深化学生对调研取得结果、问题的认识。

7. 教学特色

与其他学科相比，大学生社会实践课程教学有其特殊性，它既进行能力的培养，又注重思想品德的教育；学科本身具有鲜明的时代性，与社会主义现代化建设的实践活动密切相关，是一门国情教育的课程。它是高校人才培养与社会服务体系的重要组成部分，是广大青年向实践学习、向人民群众学习的重要载体，也是师生深入基层、了解国情、服务社会、增长才干、坚定信仰的有效途径。并为学生树立以人民为核心的价值追求和精神信仰，形成以厚重为核心的意志品质和创新能力，掌握以理论联系实际为核心的方法论搭建坚实平台。因此，大学生社会实践课程教学必须首先突出社会实践活动，在进行实践性教学过程中，应始终遵循针对性、实效性、时效性原则，使学生在社会实践活动中得到感知、认知，直至理性认识。

8. 结语

社会实践是当代大学生按照学校培养目标的要求，有计划、有组织地参与社会政治、经济、文化生活的教育活动。马克思在《资本论》中明确指出："生产劳动同智育和体育相结合，不仅是提高社会生产的一种方法，而且是造就全面发展的人的唯一方法。"让学生参加社会实践，是解决理论脱离实际、知识远离生活、厘清为何而学和学而为何等问题的有效途径，是完善知识与技能，丰富情感和体验，磨炼品质和意志，增强学习使命感和社会责任感，提高思想修养和理想抱负水平，培养完满个性的人的过程。因此，全面和深入开展大学生社会实践成为高等教育的重要组成部分，也是全面贯彻党的教育方针、推进大学生素质教育、培养高素质创新型人才的重要途径和必要环节。

在当前全面实施素质教育和人才强国战略、深入贯彻以人为本的教育理念以实现人的全面和谐发展的条件下，传统的应试教育模式下的重理论、轻实践，重课堂内单向灌输、轻课堂外自主探索，重共性塑造、轻个性化发展等弊端进一步凸显。近年来，虽然大学生社会实践的形式和内容不断得到改进，但教育资源严重不足，社会实践的延续性和稳定性差；虽然进行了课程化建设的有益探索，但针对性和灵活性不足，可操作性不强。社会实践总体上仍处于一种零散、无序、多变的状态，急需社会各界统一认识，集聚社会力量创造条件，建立相应的运作机制和保障体系，推动实践教育向规范化、制度化和系统化发展。站在系统论和协同论的角度，结合大学生成长成才规律和教育规律，在对各类社会实践活动进行梳理整合的基础上，将社会实践进行系统的分类并据此形成各自独立的实践课程，在此基础上，构建针对性、多样化、柔性化的课程体系，并将其全面纳入学校教育教学计划总体框架中，强化对大学生实施全过程、全方位、立体式的实践育人模式，为造就与知识经济相适应的个性化的高素质创新型人才提供制度性保障。

第九章 新形势下高校辅导员职业化、专业化发展研究

本章我们主要围绕新形势下高校辅导员职业化、专业化发展进行具体论述,内容包括辅导员职业化、专业化的目标诉求、路径选择以及自我发展与提升的课程化研究。

第一节 辅导员职业化、专业化的目标诉求

从理论与实践的综合角度来看,教师在高校教育中扮演着举足轻重的作用。高校教师的种类有很多,其具体的划分我们可参照图 9-1 所示,且每一类型的教师在学生的学习与生活过程中都起到很大的教育与引导作用,是高校教育中不可忽视的群体。

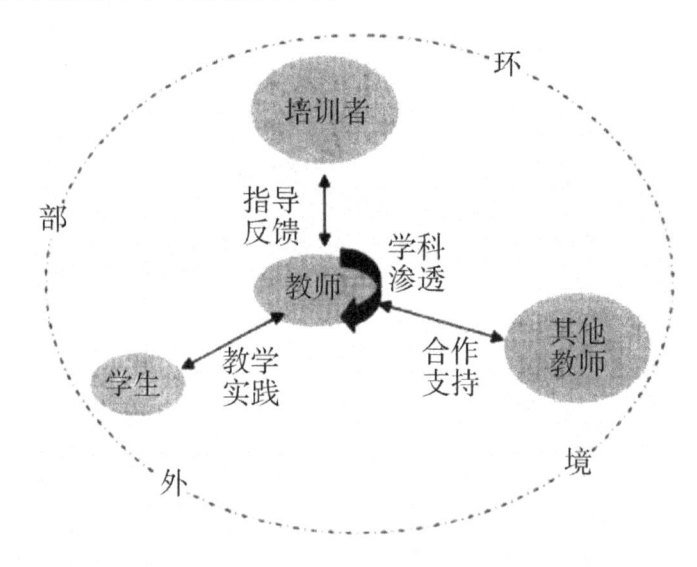

图 9-1 教师的重要性

在众多教师中,尤其不能忽略的就是辅导员,他们可以说是整个高校

教师团队中的核心人物。从其工作内容上来看，高校辅导员的工作内容很广，按照不同的类别进行分类大致可划分为如下几大类别，具体如图9－2所示。

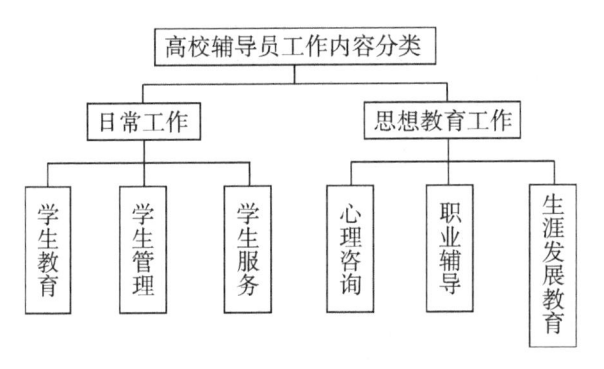

```
高校辅导员工作内容分类
├── 日常工作
│   ├── 学生教育
│   ├── 学生管理
│   └── 学生服务
└── 思想教育工作
    ├── 心理咨询
    ├── 职业辅导
    └── 生涯发展教育
```

图9－2 高校辅导员工作内容分类

学生是当代社会发展的主力军，因此，高校教师要想尽一切办法让学生在各个方面得到提升，这才能体现出教师的价值所在，这对高校辅导员教师来说才是至关重要的。而辅导员的自身素质是决定其本质的重要因素，这不仅对学生本身的学习产生一定影响，还直接影响学生的思想动态。正是因为这样，近些年来高校才更加注重对高校教师包括辅导员的团队建设，目的就是为学生的教育保驾护航。换句话来说，只有一个强大的、具有高素质的教师团队才能教育出高素质的学生。

虽然这些理论大家都很清楚，但是，通过对高校教师团队的深入调查与综合分析之后发现，高校教师尤其是辅导员队伍的教育程度并不理想，并且有些辅导员老师"在其位不谋其政"，可以说是大大降低了辅导员老师在教师团队中的地位。更有甚者，对于学生毕业后的工作去向无一指导，对学生的就业生涯没有丝毫帮助，这是当前大部分高校辅导员教师的困境与现状，同时也是制约辅导员队伍向更高、更好方向发展的重要因素。

综合上述我们所说的这些即可得出，组建一个更为专业化的教师团队势在必行。一方面来说能提升教师团队的整体文化素质涵养，为教师打造一条更为宽广的教育之路，同时也是对学生负责，对学生的招生与就业率都能产生正能量影响。

下面我们就几个中心问题来着重展开分析。

一、从个人素质角度看辅导员职业化的目标诉求

从人力资源管理的角度来看,职业化有三层含义,分别是从业人员体现出的职业素养、从业人员掌握相当程度的专业技能以及本行业特定的行为规范或行为标准。这三个方面,站在任何角度上来看都是为更高水准地完成特定的工作所必须的条件,以此来保证工作质量。

上述三点与我国高校的现实状况结合在一起,我们即可汇总出三点适应高校辅导员的必备素养,具体内容如下。

(一)术业有专攻

所谓"闻道有先后,术业有专攻",这里我们将重点放在后半句,通俗来解释这句话的意思就是各门技术技巧都有专门人去研究。这就像学习各个专业的学生一样。我们都非常清楚,大学课程的类别很多,从大的类别上来看可划分为文科和理科,像思想政治类、文学类、地理学类、汉语言文学类等都属于文科,理科类的有机械工程、电子信息技术、物理学、数学等。这些不同的专业有不同的人去学习,从某种程度上来说,也可以视作"术业有专攻"。

从辅导员的工作内容上来看,辅导员之所以能承担其他教师不能参与的工作,正是因为他们本身具备其他教师所不具备的素质与技能,这也是在高校中,我们随处能看到各学科教师奔走于各个教室中,除了上课就是在上课的路上。而辅导员教师则需要将学生的各个方面进行汇总再分类进行研究,以便更好地适应学生的发展,从而促进学生的学习效率,提高学生的整体素质。

(二)举止有方寸

从字面意义上来理解,所谓"无规矩不成方圆",这里我们所说的方圆实际上我们可以将其等同于方寸,"举"则为动,"止"则为停,这句话实则是告诉我们日常生活中的所作所为都要有据可依,工作中切不可鲁莽行事。将"以理想信念教育为核心,以爱国主义教育为重点,以思想道德建设为基础,以大学生全面发展为目标,解放思想、实事求是、与时俱进,坚持以人为本,贴近实际、贴近生活、贴近学生,努力提高思想政治教育的针对性、实效性和吸引力、感染力,培养德智体美全面发展的社会主义合格建设者和可靠接班人"作为工作的指导思想。

(三) 处世有追求

"处世有追求"主要是从精神层面来对辅导员的工作来进行规范，具体来看，主要表现在以下五个方面。

第一，敬业，这也是我国社会主义核心价值观的基本要求，教师作为一项光荣而又赋予社会教育意义的职业，从事教育事业的人员首先要做到的就是敬业。

第二，责任，作为教育事业的工作者，在爱岗敬业的基础上要做到的就是责任，这里我们所说的责任主要表现在两个方面，一方面是对社会的责任，另一方面则是对学生的责任。

第三，团队，在这里我们也可以将其等同于团队意识。高校教育是一个非常复杂的环境，也不是某一位教师单独"战斗"就可以取得最后的胜利，需要每一位从教人员齐心协力，共同为教育事业做出贡献。

第四，创新，在从教的过程中，社会大环境的变化会对校园教育产生一定的影响，因此，教育工作者要善于观察社会变化，从而在工作方法上加以创新，创造出更适用于学生的教学模式。

第五，学习，在从教过程中，并不是一味地向学生输送文化知识，作为学生的辅导员，自身的学习要终身进行，只有这样才能源源不断地为学生服务，提升自身素质。

综合上述我们所说的这五点即可得出，辅导员工作能力是值得我们学习的，他们不仅要将同事之间的关系协调好，正确引导学生，还要在闲暇的时间来提升自己，可以说是教师队伍中非常重要的构成部分。

二、从组织环境视角看辅导员职业化的目标诉求

从组织环境视角来看，辅导员职业化意味着以下三点内容。

（1）辅导员成为一种社会认可的、具有很强专业性的社会职业。作为一种科学性、专业性很强的社会职业，必须形成其特有的职业体系、行为规范、就业标准和职业成就的评价方式，并得到社会的广泛认同。

（2）辅导员有特定的从业资格，有相应的社会角色标准和压力约束，培训、考评和晋升机制健全，内部管理完善。

（3）整个辅导员队伍实现相对的稳定性，其职业可以成为从业人员的事业。

（一）广泛的社会认同

在新时代背景下，辅导员工作被赋予了新的意义，不再仅仅局限于政治教育，而是延伸到涉及大学生成长的思想教育、道德教育、心理辅导、职业辅导和生涯发展教育等各个方面，体现的是大德育的内涵。随着经济体制转型、高校扩招、就业体制改革，独生子女和困难学生增加，大学生当中出现许多学业困难、经济困难、就业困难、情感困扰、人生发展困惑、网络游戏成瘾的现象，学生思想压力加重、心理问题涌现。同时在全球化语境当中，中西文化的交流和碰撞对大学生思想影响甚大。因此，对大学生进行思想政治教育的需要非但没有削弱反而愈发增强，辅导员的思想政治教育工作日趋重要。

人们的广泛认同，是所有职业产生的基础。而且任何职业都基于人们的广泛认同，并以人们的广泛认同作为其最终形成的重要标识。对辅导员职业化的广泛社会认同则需要在政府发挥主导作用的同时，社会和高校共同努力，营造积极的社会舆论氛围，使人们对辅导员的心理认同感得到显著提升。

（二）规范的职业资格认证体系

辅导员工作的重要性不言而喻，其教育、管理、组织技术的获得也非自然而然的过程。确认辅导员为一个独立职业的依据，首先在于它的专业技术体系，这一体系以集体记忆的方式延续下去，形成集体的职业性意识。专业技术体系的获得、集体职业意识的培养、职业理念和道德规范的构建，必须以思想政治教育专业为依托，通过专业教育来实现。

对辅导员工作的专业性质和专业教育的认定，最终要通过职业资格认证来实现。职业资格认证制度的建立意味着对从业人员的保护和对非专业者的排斥，从而确立专业权威，它一方面可以提高人们对辅导员职业的心理认同感，提高社会认可度；另一方面，可切实提高行业准入的门槛，规范准入渠道，增加职业声望。显然，职业资格认证制度的确立须得到国家的承认和支持，有关行政部门的政策性引导与措施推动，以及社会和高校的通力合作。

（三）通畅的职业发展通道

职业的稳定性要求辅导员工作要成为一门职业，必须提供通畅的职业发展通道和乐观的职业发展前景。只有这样，才能吸引从业人员长期稳定地投入其中，并以此为事业不懈奋斗。目前对辅导员队伍的激励，是借助于行政体系或教师体系的晋升机制。行政管理职位的稀缺往往束缚了辅导员的发展，不能起到很好的激励作用。教师职称评定体系中重科研轻工作实绩的特点，也置辅导员的发展于不利境地。为了实现对辅导员队伍的有效激励，可开辟双重职业生涯晋升阶梯，即组织针对不同的辅导员，建立相应的职业晋升阶梯，总结各类辅导员成长的内在规律，明确其发展方向，让辅导员看到自己的职业前景，避免出现优秀辅导员只能通过单一的行政或教师晋升体系来实现自身的发展。除此之外，还可建立一种独特的辅导员职业发展通道，不依赖于行政或教师体系现有的晋升机制。而这种独特的晋升机制和职业发展通道的建立，需要制度性的保证和各方的配合，还需要各种体制的建立与完善，包括培训考试制度、考核监管制度、薪酬福利制度等。

第二节　辅导员职业化、专业化发展的路径选择

路径即方法，发展是一条长久性的道路，需要一定的方法才能持续进行，辅导员的发展同样也不例外。本节内容中，我们将着重对此部分内容进行分析，大致可分为三大方面，其具体内容如下。

一、运用人力资源相关理论原则建立辅导员选配机制

"能岗匹配"原则包括以下两层含义。

（1）是指某个人的能力完全胜任该岗位的要求，即所谓人得其职；

（2）是指岗位要求的能力这个人完全具备，即所谓职得其人。

这一原则要求人的能力、特长与岗位基本上是相互匹配的。在进行辅导员选聘的过程中，应依照学校制定好的规划（长期规划、思想政治工作的发展规划）将辅导员的总体人数和群体结构制定出来，从源头就严格把控，依照相关要求使辅导员队伍专业化得以实现。另外，在辅导员选配时，还要对"帮助年轻辅导员进行职业生涯规划管理"这一点予以重视，把"以此为生、精于此道[①]"当作是辅导员职业化的一个实实在在的目标。

[①] "以此为生"是指辅导员要做好自己的职业生涯规划，视岗位为资源，经营好辅导员职业，热情、负责地投入，从大学生思想政治教育工作中得到乐趣和成就感。"精于此道"是指辅导员对自己的大学生思想政治教育专业能力精益求精，着力打造辅导员职业品牌，提升辅导员职业能力，提高辅导员工作效益。

二、实施科学的绩效评估

绩效是人们从事某一活动所产生的成绩和成果，绩效考核是整个人力资源管理的核心。

在对高校辅导员进行岗位绩效评估时，观念的改变往往才是最大的阻力，终极业绩指标应该是工作成果产生的价值而不是工作成果本身。

在此基础上我们认为：辅导员岗位绩效应该以"工作、学习、研究"为基本要素，实施绩效评估。

（一）工作绩效评估

所谓工作绩效评估，是指辅导员工作的考核应该从学生这个服务（教育）对象出发，按照市场营销学的顾客满意度原则，寻找绩效指标。其原因在于，学生是教育质量提高的根本受益者，最有利害关系和积极性，这种积极性一旦获得释放，将成为极大的管理资源。

由此我们不难看出，绩效的指标可以从学生投诉率、责任事故率以及具体案例等方面设定。

（二）学习绩效评估

从岗位性质来看，学习应该是辅导员工作任务的一项基本的构成要素，也应成为辅导员工作考核的内容。

学习的绩效指标包括很多方面的内容，如政治学习和业务学习的出勤率、阶段性的学习和非学历进修以及获得有助于辅导员工作的资格证书等。

（三）研究绩效评估

在科学的绩效评估里面，除了以上两点以外，还有一点需要我们在这里进行具体论述，即研究绩效评估。

从对辅导员工作现状的观察、分析来判断，辅导员在工作中往往有"重事务，轻总结；重实践，轻研究"的倾向，因此要以研究绩效评估作为政策杠杆，进行协调和平衡。研究绩效的评估，要从简单的追求数量转向质、量平衡。所以，在对年度论文发表量、课题承接量进行统计和评估时，依据所发表刊物等级与课题等级，对不同论文与课题区别对待，设置不同的权衡标准；要关注研究对实践工作的推动，主要从以下两方面入手。

（1）要鼓励从实践中总结出经验、方法。

（2）要对经验的传播和推广予以鼓励，对总结出经验的、对为经验的推广过程和成果努力的、对自觉学习和运用经验的都要有相应的奖励。

在这里，需要注意的一点是，辅导员考核要把定性和定量相结合，其中以定量为主；工作态度、工作能力和工作成效相结合，其中以工作成效为主。通过规范化、科学化、制度化的考评，实现辅导员队伍的严格要求，严格管理，促进辅导员工作的专业化、职业化，促进工作的高效创新。

三、开辟更为广阔的职业发展道路

所谓双重职业发展通道，是指组织针对不同的专业人员，建立相应的职业晋升阶梯（图9-2），总结各类专业人员成长的内在规律，明确各类专业人员发展方向，让各类专业人员看到自己的职业前景，避免出现优秀员工只能通过担任行政管理职位来体现自身价值的现象。双重职业发展通道能产生一系列积极影响，主要体现在以下两个方面。

（1）有效应对组织行政管理职位稀缺与员工晋升需求之间的冲突。

（2）及时认可员工成长，只要能力提升，就进行评价鉴定并给予相应待遇，并指明下一步努力方向，强化对员工的激励。

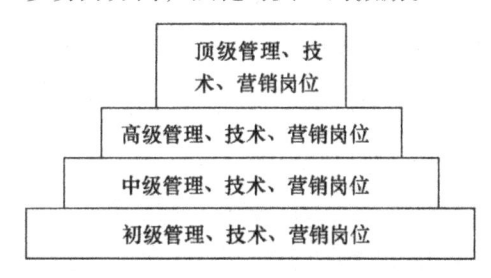

```
┌─────────────────────────┐
│   顶级管理、技术、营销岗位   │
├─────────────────────────┤
│   高级管理、技术、营销岗位   │
├─────────────────────────┤
│   中级管理、技术、营销岗位   │
├─────────────────────────┤
│   初级管理、技术、营销岗位   │
└─────────────────────────┘
```

图9-2　职业晋升阶梯

很明显，辅导员队伍建设可以参考双重职业生涯晋升阶梯模式，即在辅导员队伍里评定专业技术职务体系，让从事辅导员工作，并且喜欢这一工作的人员看到自己的职业发展机会（包括这一职业的社会地位），使得他们在工作中获得成就感。这样，可以对辅导员的工作进行更科学、更有效、更全面的引导，促使他们自身潜能的发挥，最终对稳定辅导员队伍也更为有益。[①]

开辟双重职业生涯晋升阶梯，建立辅导员激励机制，正是体现了《意

[①] 对于那些中途发现自己不适合辅导员工作的人员可以提供另外不同的晋升通道，但也要让其意识到只有做好目前的工作才可以晋升，在无形中就起到了激励作用。

见》所强调的"要建立完善大学生思想政治教育专职队伍的激励和保障机制。完善思想政治教育队伍的专业职务系列,从思想政治教育专职队伍的实际出发,解决好他们的教师职务聘任问题,鼓励支持他们安心本职工作,成为思想政治教育方面的专家[①]"精神。

第三节 辅导员自我发展与提升课程化研究

高校教师团队中的辅导员在处理学生的相关工作中扮演着两个角色,其中一个角色是学生工作的组织者,另一个角色是学生工作的实施者,这两个角色的由来相信读者朋友都非常清楚,在此我们不再做过多阐述。都说兴趣是最好的老师,但是只有兴趣是万万不行的,在整个学习和生活过程中,还要有一个给予正确方向的引路人,丰富的指导经验与不断完善的工作经验是对学生强有力的保障。

一、辅导员自我发展与提升课程化的必要性与意义

经过很长时间的研究与分析,我们对辅导员自我发展与提升课程化的必要性与意义做出了总结,主要归纳为以下三个方面。

(一)促进大学生全面成长成才的必然要求

大家都清楚,大学生是校园里的一支社会群体,既具有学生群体才有的那种独特性,又具有社会人的社会性。其性格特点不成熟,思想行为却偏向于多样、复杂,凡此种种都对辅导员工作提出了更高的要求。

1. 准确把握大学生思想特点的需要

大学生的思想特点除了包括公民道德、心理健康等,还包括理想信念、民族精神等方面的内容。影响大学生思想特点的因素各式各样、不一而同,不仅有很多客观因素(如时代背景、家庭环境和地域特征等),还有不同年级、专业、学习成绩、自身特点等主观因素。

大学生处于理念、道德品质等形成的极为关键的阶段,心理也正处于向成熟期过渡的时期,一些大学生的判断、自制方面的能力不强,极需正

---

① 张革华,彭娟. 高校辅导员工作探索与创新:一名高校辅导员的职业化践行之路 [M]. 北京:中国社会科学出版社,2009.

确的引导。因此，要求辅导员除了自身思想政治素质高、心理辅导技巧多样等，还要有得当的方法，拥有较强的观察与分析方面的能力，只有在此基础上才可因学生的特点，采取不同的对应的处理手段，帮助他们正确认识自身的缺陷，改正缺点，发挥所长。

2. 做好大学生教育、管理、服务工作的需要

现在来看，很多深层次的社会问题，如青少年犯罪问题、青年恋爱观及性观念问题等，给高校的思想政治教育工作带来的难度是非常大的，要求辅导员要掌握相关的理论知识，具备行之有效的教育方式和措施，并推动丰富多彩的大学生活动。而怎样提高学生网络行为的规范与引导的力度，是当前大学生思想政治教育的难题之一，需要高校辅导员予以细致深入的研究。

紧急事件的处理、学风建设、家庭经济困难学生的资助以及评奖评优等学生管理工作要求辅导员在熟悉工作流程的基础上，学会掌握尺度，有情有理，公正、公平、公开地进行妥善处理。

学生班级和党、团组织是辅导员开展工作的主要支点，提高党、团、班组织建设的力度，多发展学生骨干，需要从制度建设和文化建设方面同时着手，这不仅需要辅导员有相应的组织建设、管理和指导能力，还需要具有一定的亲和力甚至是人格魅力。另外，随着每年毕业生人数的大幅度增加，高校毕业生就业遇到了前所未有的困难，给在校大学生带来了巨大的压力。如何提高学生社会实践指导和职业生涯辅导的力度，引导学生正确地认识自身和社会需求之间的关系，也成为高校辅导员需要认真思索的课题以及重要工作内容。

（二）提高辅导员队伍专业化、职业化程度的必然要求

建设一支高素质、专业化、职业化的辅导员队伍是提高辅导员队伍建设水平的指导思想。辅导员自我发展与提升的课程化，体现了辅导员队伍专业化、职业化发展的趋势和要求。

1. 符合辅导员队伍专业化建设的需要

通常而言，我们对辅导员的专业化程度的把握主要通过职业素养和职业技能的高低来判断，这些对工作成效可以产生直接影响。一所好学校往往离不开好的教师，一个好辅导员也会对学生将来的发展产生很大影响。

要成为一名合格的辅导员，需要以"政治强①、业务精②、纪律严③、作风正④"为标准，想办法促使自身素质不断提升。

2. 符合辅导员队伍职业化发展的需要

高等学校辅导员的工作是由学生的日常管理、思想政治教育、素质教育、就业指导等组成的，是多种角色、多重身份的集合体。但从另外一层意义上而言，辅导员把日常思想政治教育、心理健康教育、服务育人等工作做好就基本完成了其主要职责，如培养大学生解决困难、面对挫折不放弃的能力；组织开展好帮困助学、就业指导、心理健康教育等与大学生学习成才、择业交友、健康生活有关的工作，处理好与学校和社会的安全稳定有关的事件等。

概括来说，辅导员队伍的职业化要求辅导员除了要将自身的岗位职责落实到位，还需要有自己熟悉和擅长的专业领域。如辅导员还是一位心理辅导老师，可以为学生提供职业生涯规划和就业方面的指导，负责学生心理健康方面的教育和学生群体心理的研究。

二、辅导员自我发展与提升课程化的基本途径

经过长期的研究与分析，我们对辅导员自我发展与提升课程化的基本途径做出了总结，主要归纳为以下三个方面。

（一）通过学习全面提升自身素质

"社会活动"这个词说起来会让人觉得很复杂，实际上，人在社会环境中生存本身就属于社会活动的一种。由于时代的不断发展，促使人在这个大环境中不断提升，越来越多的人接受教育，随之而来的现状是人逐渐成为受教育的主体。而高校辅导员的主要任务就更为具体的表现为教学生学什么、怎么学以及如何将所学付诸实践。概括来讲，主要可以从以下三

---

① 政治强就是要求辅导员具备较高的思想政治素质，有坚定的理想信念和追求，在政治原则、政治立场和政治导向问题上始终能与党中央保持一致，具有政治坚定性，政治强还要求辅导员有爱心和责任心。

② 业务精是指从事辅导员工作的人员，不论专职还是兼职，都必须掌握与思想政治教育相关的专业知识，具备相关的专业技能，熟悉工作规律。

③ 纪律严就是要求辅导员有较强的组织纪律性，有大局意识和责任意识，能模范遵守岗位规定。

④ 作风正就是要求辅导员具有良好的道德品质，具有艰苦奋斗、无私奉献的工作作风，对学生怀有一颗爱心、一份责任，有激情，敢于打硬仗，善于解决难题。

个方面得到体现。

1. 政治理论

从进入学校学习的初级阶段，每位学生就接触到了思想政治方面的学科，一直贯穿于我们学习生涯的整个过程。即便是辅导员教师也同样不能例外，通过对这些基本思想政治理论的再学习不仅能在原有基础上提升教师的基本素养，还能从一定程度上提成教师自身的思维能力，逐渐培养辅导员的全局意识，使共产党人更具政治的敏锐性，正确并能及时处理学生所出现的问题。

2. 专业知识

大学时代，学生基本都已年满 18 岁，再也不是懵懂无知的少年，他们对于知识的渴求比年少时更具有针对性；另外，此年龄阶段的学生求知欲很强，很多解决不了的问题他们都会非常有耐心去寻找正确的答案，思维能力最为活跃，遇到问题能在短时间内找到最行之有效的解决办法，正是由于这些特点的存在，才要求辅导员教师在工作期间储备足够量的专业知识，来满足学生的求知欲。不仅如此，辅导员教师还要对与学生相关的（譬如心理学、教育学、哲学等）相关学科进行"修炼"，一方面是能增强人格魅力，另一方面是能从其他学科的角度更为全面地了解学生的思想动态。

3. 工作技能

在辅导员自我发展与提升的基本途径中，除了以上两点以外，还有一点需要我们在这了进行具体论述，即学习工作技能。

高校思想政治教育突出人的全面发展，由于工作对象的特殊性，对辅导员工作也提出了更高的要求。只有努力学习基本工作技能，创新工作艺术，更新工作技巧，才能做好思想政治教育工作。辅导员不仅要有良好的公文写作、计算机操作等技能，还要具有较强的判断分析能力、语言表达能力、激励和感染能力等技能。辅导员工作繁杂、细微而又艰巨。只有不断提升工作技能，才能将教书育人、管理育人、服务育人的理念有机融合在一起，做好各项学生事务工作。

（二）通过实践全面提高自身工作素养

都说实践出真知，理论知识的学习终归要运用到实践中才能发挥其最大的作用，再多的理论知识储备也抵不上亲身实践，所谓纸上谈兵，一切都只是美好的向往。因此，辅导员教师不可只沉迷于理论构架中，一定要将脑子中的理论转化为实践的动力，在实践中求证理论的可行性，而后进行总结所得出的理论才是真知。

1. 通过实践养成健康的人格特质

人格特质要通过学习和实践养成。王国维曾明确指出"感情发达以致完美之域"这是从美学意义上对人格特质的论述。辅导员良好的人格特质表现在积极的心态、良好的心理素质、诚实守信的人格操守等方面，还包括性格、爱好、学识、智慧、风度、魄力等。辅导员良好的人格魅力和亲和力，可以激发学生参与各项活动的积极性与主动性，同时学生还会以优秀的辅导员作为自己的人格榜样。

2. 通过实践来提升团队精神与交往能力

任何技能都不是与生俱来的，就连最简单的吃饭、洗衣、做家务这些日常生活中的琐事都是我们在逐渐成长的过程中慢慢学习的，就更不要说语言沟通方面的能力和爱国、自强等精神层面的学习了。都说人的欲望是很难满足的，但是从另一个角度来看待这个问题我们会发现，实际上人的欲望是非常好满足的。人生活在这个社会环境中，最基础的欲望那就是生存，而人自身早已做到了这一点。在后期的学习生活中，我们与其他人之间免不了要交流、沟通，那么交往能力也是我们所必需的一种能力。在日常工作中，同事之间的协作不仅能提高工作效率还能让团队之间的关系更加紧密，共同创造更大的价值，由此而衍生出来的团队协作精神也是我们所必需的。

3. 通过实践来提高业务素质

实践是检验真理的唯一标准，只有通过实践我们才能将所学到的理论应用到实际工作中，从而检验理论的可实施性。就辅导员的工作来看，在辅导员工作过程中，学生会对其言行进行一定程度的模仿，也就是说辅导员教师的工作态度会在某些方面影响学生的态度。如果是积极的态度，一定会对学生产生正能量的影响，而消极的态度则会对学生的学习态度乃至人生观产生巨大的影响。因此，教师在处理学生事务过程中，对自己的言行以及处理工作的方式要特别注意，切记不要对学生产生不良影响，以致对学生产生不可逆转的后果。

第十章 高校辅导员工作课程化模式下的绩效考核与创新

本章是对高校辅导员工作课程化模式下绩效考核与创新的介绍，主要内容是高校辅导员工作课程化模式下的绩效考核和高校辅导员工作课程化模式下的工作创新。具体内容如下。

第一节 高校辅导员工作课程化模式下的绩效考核

一、高校辅导员工作课程化模式概述

高校辅导员工作课程化模式即以科学发展观为指导，于2009年正式提出并不断推进和发展，以"发展性、科学性和普适性"为特点，以"将辅导员从事的教学工作整合为基础指导课和专项指导课两大模块，每一模块又设若干单元，每一单元又设置了若干子课程，对每一子课程都规定具体的教学内容、教学要求、教学学时和教分"为基本内容的高校辅导员的最新的工作进展。

二、绩效考核概述

据了解，高校辅导员绩效考核是最近这几个年头我国高校专家、学者研析的一个比较热点的话题，各高校在结合自己具体状况的基础上，制定、实施了不少十分有作用的措施，也取得了非常明显的成绩和效果。

在高校辅导员工作课程化模式下，一定要做好对辅导员的绩效考核工作，使辅导员工作的主动性、创造性得以提高，以此为基础，促使高校辅导员工作课程化一直向更深层次发展。

（一）绩效考核的概念

绩效考核是依据一定的要求，实施合理的措施，检、评员工对职务所要求的职责的履行程度，以确定其工作效果的一种很有效的管理措施。

它能体现员工的具体能力与对某类工作岗位的适应程度。

它以员工为考察点，想要通过对他们进行全面考核，判断他们到底是不是很称职，并以此作为组织人力资源管理的依据之一，使员工的报酬、晋升、激励等方面得以保障，让其可以具备必要的合理性。

（二）绩效考核的基本内容

1. 工作态度

工作态度表示纪律性、主动性、团队意识等，在考核中是一个不可缺少的因素[①]。

对员工的工作态度进行考核，就是提倡员工尽情展现现有的工作能力，尽最大限度地创造出优秀的业绩。

2. 工作能力

工作能力是个体业绩的基础和隐含条件，工作能力包括几个要素：知识、技能、工作经验等。

能力考核是希望能够了解员工在哪些方面还存在不足，哪里在将来的培训里需要提高，哪些岗位的任职条件需要变化。

3. 工作业绩

工作业绩主要表示员工的工作成果与效率。一般，其从数量、质量和效率等进行评价。

工作业绩也可以被认为对员工职务行为的直接结果进行评价的结果，这个评价结果不单能够反映各级员工的工作哪些完成、哪些未完成，还可以促进员工有计划地完善工作，以实现组织向前发展的目标。

4. 工作潜力

工作潜力测评基本上表示的是：把握好员工的价值，针对员工在现在

---

① 其中缘由是：哪怕是有不弱的工作能力，缺乏良好的工作态度，往往也不能够完成工作业绩。

工作中缺乏机会展现出来的能力评价，以便有益于规划员工的职业发展道路和方向。

5. 适应性评价

适应性评价基本上是为了处理好以下两个关系。
（1）人与工作的关系——人的性格能力可以达到工作的标准。
（2）人与人的关系——人与组织、与周围人的人际关系。

（三）绩效考核的基本原则

1. 客观考评原则

客观考评是最基本的考核原则，一方面在考核方式的设定和要求的选取上要确保客观性；另一方面，在考核结果的研究和谈论方面也得和实际考核结果应有的结论一致。

也可以这样理解：第一要"用事实说话"，第二要把被考核者与既定要求对比，而并非人和人之间的比较。

2. 公开、公平原则

绩效考核的考核要求与考核程序要对受考核者公开，尽量降低考核者与被考核者二者对考评工作的不了解程度；考核最终的结果是什么也需要让考核者知道。

这是考核实现民主的不可缺少的方式。一方面能够使被考核者发现并结合自己的具体情况（优缺点），让考核成绩好的人继续努力，让考核成绩不佳的人也无话可说；另一方面，还能避免考核中可能产生的误解，确保考核的科学、公平。

3. 全面性和完整性原则

全面性和完整性原则与绩效考核的多维性相关。

绩效考核过程中对被考核者的分析要从多方面进行：多方面收集信息，多角度观察各位被考核者，实现综合考评。

考评途径一般要多元化，考评方式常常需要多样化，考评结果必须全面化，形成多途径、多样化、全面化的立体考评体系。其中包括不同方面，如上级考核、下级评议等。

4. 常态化、制度化原则

对于组织来说，工作绩效考核并非开展一次就足够了，员工的工作质量提高与工作效率的提高是一直都值得开展的过程。

所以，组织绩效考核工作也一定要当作一项常态化、制度化的工作应对，这样才可以最大可能地展现出绩效考核的所有功能，对刺激员工提高工作效率、提高工作质量的目的是有帮助的。

5. 注重沟通、迅速反馈原则

沟通对于考核效果来说不可缺少，对员工工作的情绪是高是低、领导和下属的关系亲近与否都存在很大的影响。

沟通可推动考核目标的实现：经由绩效沟通，员工不仅对自己的工作状态和问题有所认识，还会知晓组织对自己工作绩效的期望和自己与他人绩效能力之间的差距到底有多大。

考核信息的迅速反馈也是不可缺少的，绩效考核的结果若不迅速进行反馈，将失去考核的实际意义。在考核之后，再进行面谈，把考核结果迅速反馈给被考核对象，并了解被考核者有没有什么意见，在此基础上形成完善的方案，实现考评的最终目的。

6. 差别原则

考核的等级要有很明显的差别，针对不一样的考评结果，要求评语在工资、晋升等方面应体现出一眼就可以看出来的差别，让考评能刺激员工的上进心。

7. 可靠性与正确性

可靠性也叫作可信度，是指某项测量的一致性与稳定性。

员工绩效考核的可信度主要表示考核措施保证收集到的人员能力、工作绩效、工作态度等信息的稳定性与一致性。它重点说明的是不同评价者之间对同一个人或同一组人评价的一致性。效度重点说明的则是内容的效度，即测评体现特定的工作内容的程度。

可靠性与正确性是保证绩效考核有效性的充分必要条件，因此一个绩效考核体系要取得成功，就一定得拥有良好的可信度与效度。

（四）绩效考核的功能

绩效考核作为一项不可缺少的人力资源管理职能，功能是各式各样的，基本能够总结为以下几类。

1. 管理决策功能

绩效考核通常为一种控制方式，是制定人事决策的基础。企业经由对员工工作绩效的考核，获得相关的信息，就能在其基础上制定相应的人事决策，由奖惩、淘汰等手段，完成调整控制的任务。

除了这些，绩效考核还是进行薪酬管理的重要工具之一，按企业既定的付酬原则，通过合理的绩效考核结果对员工的薪酬等进行相应调整，能够发挥其应有的激励作用，完成提升工作绩效的任务。

2. 培训开发功能

绩效考核能够确定培训标准，绩效考核是按制定的绩效要求展开的，考核结果得出的问题，也可以当作员工的培训方向。

管理者能够据此制定培训的相关计划，培训结束后再对员工进行绩效考核，能够对培训计划与措施的具体效果进行分析。

除了这些，绩效考核也是开发人力资源的不可缺少的手段，绩效考核给了管理者与员工一个机会，一个对员工长期事业目标和发展计划进行探讨的机会。这一机会是经由反馈考核绩效结果来确定的。在以前绩效的基础上，管理者向员工提出明确的建议，能够快速地找到提高绩效的措施。

3. 增强沟通能力

将绩效考核的结果向员工反馈，能够促进上、下级的顺畅沟通，使二者知晓互相之间的期望，经绩效考核并进行沟通能够有效地提高现有的绩效。

这是由于：不管是在东方文化还是在西方文化里面，几乎每一名员工都想要知道自己何时能很好地完成某项工作。同样，改进绩效不佳的措施不少，但最有效的措施常常需要上下级之间沟通才能实施和实现。

三、高校辅导员工作课程化模式下的绩效考核现状

（一）高校辅导员工作课程化模式下的绩效考核概念

一般我们常说的辅导员工作绩效考核，主要表示的是利用系统的措施，对辅导员工作行为及其效果进行评测的过程。

高校辅导员工作课程化模式下的绩效考核，指的就是依照高校思想政

治工作的课程化任务和标准,在高校辅导员工作特征的基础上运用合理的评估方式,由人事部门、学生工作部门、院系和学生一起参与,对辅导员的思想道德素质、工作能力等方面展开全面评估,并将评估信息反馈到辅导员本人的过程。

(二) 高校辅导员工作课程化模式下绩效考核的特点

1. 工作对象的特殊性

高校辅导员的工作对象与科学研人员、经管人员不一样,它是作用于社会生产力中最积极、最主动的因素——人的身上。

世上每个人都是独特的,一个学生代表一个"世界",每位辅导员辅导的几乎都有一二百个学生。因此说辅导员面对的是特殊的对象。这些对象的心里想法是跟着时间的演变一直在变化的。辅导员要想对自己的工作客体予以有效引导,就一定要先去研究学生的思维活动,在研究其思维活动的基础上,再由分析得出每一位学生的想法、思维模式等,在此条件下找到针对学生的最有作用的应对措施,并对其想法、行为等加以改变,让其正确的学习观、人生观、价值观等得以树立起来,成为对社会有益、健康的人。

2. 工作内容的类烦琐性

辅导员始终是和学生打交道的,只要学生有课堂学习、课外生活方面的事情都能找辅导员解决;学校学生工作部(处)、教务处、组织部等各个部门,只要是和学生相关,最后都要由辅导员去落实执行。

从新生进校开始,至学生完成学业离开学校,或者离校之后的学生要办理的一些手续或相关事件等,都要找辅导员。所以,辅导员也被称为"学生的高级保姆"。

3. 工作时间的非固定性

辅导员的工作与一般的教师不一样,其工作时间不是一成不变的,没有一个固定的时间,一定要全天任何时间都做好准备,手机要一直保持畅通,哪怕是节假日也不例外。因此,辅导员好比一块会走路的砖,哪儿有问题就到哪儿去查缺补漏。

4. 工作价值的无限性

辅导员的工作成果难以量化,辅导员的劳动价值也不能够拿标尺去量。可是高校辅导员的工作却是至关重要的，具体表现在政治价值和社会价值两个方面。

政治价值：第一是高校与社会稳定的基础；第二是对现代化建设人才进行相应的培养基地。

社会价值：一方面其可以对个别学生的思想等进行影响甚至改变，对其以后都有帮助；另一方面让学生树立起纪律意识，培养良好的道德修养。

辅导员全部的工作价值反映在从量变到质变的过程里，反映在开展工作时的悉心和责任感。

（三）高校辅导员工作课程化模式下绩效考核的现状

1. 操作性不强

很长时间以来，定性评价是高校对辅导员考核的惯用方式，因此，考核指标没有什么可操作性，考核结果的主观性过强，客观性不大。

2. 体系不够合理

很多高校还没有制定合理的辅导员工作量折算方案，在绩效考核中，仅有考核和工作结果方面的少数硬性指标。

（四）高校辅导员工作课程化模式下绩效考核的问题

1. 怎样设定合理的辅导员工作课程化模式下考核内容体系

在辅导员工作课程化模式下考核内容方面，每个高校一直都在依据干部考核，从德、能、勤、绩等几点对辅导员进行考核。

但在依照辅导员工作特点制定这4个方面的具体考核项目上，各校做法是不一样的。因此就产生了怎样设定合理的辅导员工作课程化模式下考核内容体系的问题。

2. 怎样设定合理的高校辅导员课程化模式下绩效考核评估操作体系

现在，对辅导员工作课程化模式下考核的方式、措施都在摸索期。但有一些高校常常是为考核而考核，缺乏对辅导员工作及考核结果的重视，对辅导员在考核里呈现出的优劣势缺乏迅速反馈，辅导员不知道怎样去做好工作、怎样去改进工作。

同时，工作考核得出来的结果也没有得到合理利用，在辅导员岗位晋升、培训机会等方面体现不出来，考核结果缺乏真正的应有的作用，没有实际价值。

四、高校辅导员工作课程化模式下绩效考核的办法

（一）高校辅导员工作课程化模式下绩效考核目的及指导思想

1. 课程化模式下绩效考核的目的

为符合新阶段高等教育改革和发展的期望，做好新形势下大学生思想政治教育工作，全面展现辅导员在应用创新型人才培养里面的重要作用，推动辅导员工作的制度化、合理化，满足学生文化知识学习和思想品德修养等方面的要求，设定出全员、全方位、全过程的育人格局。

2. 课程化模式下绩效考核的指导思想

坚持科学发展观，更深层次地贯彻好《中共教育部党组关于印发＜高校思想政治工作质量提升工程实施纲要＞的通知》（教党〔2017〕62号）、《普通高等学校辅导员队伍建设规定》（教育部43号令）的建立和健全辅导员工作课程化体系和绩效考核体系，提升辅导员的职业化素质和专业化水平，提高辅导员工作的实际效用，培养一支作风正、业务能力强的辅导员队伍。

（二）高校辅导员工作课程化模式下绩效考核的内容

高校辅导员工作课程化模式下，绩效考核内容包括以下几个方面，它们分别指的是：《基础指导课》《专项指导课》、成果加分项、扣分项，计量单位为教分。辅导员学期工作绩效考核结果就是把4个方面得到的教分进行考量的结果。

1. 《基础指导课》

《基础指导课》按照其教学大纲所列的基本考核点进行考核，并得出教分。

2. 《专项指导课》

《专项指导课》与《基础指导课》一样，也是按照其教学大纲所列的主要考核点进行考核，并得出教分。

3. 成果加分项

成果加分项依据以下内容展开考核，并得出所加教分。
(1) 辅导员辅导的班级、团体得到了哪些荣誉。
(2) 辅导员自己得到和学生工作有关的奖励等。
每项教分值由院系自己来定，每人加分最多不超过 20 教分。

4. 扣分项

扣分项依据以下内容展开考核，并得出所扣教分。
(1) 辅导员没有完成自己在学生工作方面的任务。
(2) 对学生紧急事件处理得不到位。
(3) 因自己工作过失导致的严重事故等。
每项扣分值由院系自己把控，每人扣分最多不超过 20 教分。

（三）高校辅导员工作课程化模式下绩效考核的程序

1. 个人总结

辅导员考核标准课程化教学大纲，要对自己一学期的工作概括，并向所在院系提交相关的需要用到的材料。

2. 学生评议

各院系组织对被考核辅导员所带班级的学生，进行工作满意度测评（参加测评学生人数原则上不少于所带班级学生总数的 10%）。

3. 院系考核

院系学生工作相关的负责人按照辅导员工作绩效考核内容对辅导员的工作进行考核。

一般情况下，考核结束也还需要在院系党政负责人同意之后，才可以对院系考核结果进行确认。

4. 校党委学生工作部审核

各院系将本院系辅导员工作绩效考核结果交由校党委学生工作部进行接下来的审核流程，审核通过后就可以得出最终的考核结果。

（四）高校辅导员工作课程化模式下辅导员酬金的计算及发放

1. 辅导员酬金的计算

（1）院系专职辅导员个人所得酬金。院系专职辅导员个人所得酬金＝该专职辅导员《基础指导课》考核所得教学酬金＋该专职辅导员《专项指导课》考核所得教学酬金＋该专职辅导员成果加分项所得酬金－该专职辅导员的扣发酬金。

（2）院系专职辅导员《基础指导课》考核所得教学酬金。院系专职辅导员《基础指导课》考核所得教学酬金＝（该专职辅导员所在院系学期专职辅导员额定酬金的总和×70%／该专职辅导员所在院系专职辅导员《基础指导课》额定教分的总和）×该专职辅导员本学期《基础指导课》考核所得教分。

（3）院系专职辅导员《专项指导课》教学酬金。院系专职辅导员《专项指导课》教学酬金＝（该专职辅导员所在院系学期专职辅导员额定酬金的总和×20%／该专职辅导员所在院系专职辅导员《专项指导课》额定教分的总和）×该专职辅导员本学期专项指导课考核所得教分。

（4）院系专职辅导员成果加分项酬金。院系专职辅导员成果加分项酬金＝（该专职辅导员所在院系学期专职辅导员额定酬金的总和×10%／该专职辅导员所在院系专职辅导员成果加分项教分的总和）×该专职辅导员本学期成果加分项所得教分。

（5）院系专职辅导员学期工作中的加分项。

①该专职辅导员所带的班级、所指导的学生团体有下列情形的：

第一，获得集体荣誉或者是个人荣誉。

第二，获得科研方面的立项支持。

第三，在省级以上刊物发表论文。

②该专职辅导员个人有以下情形的：

第一，获校级以上与学生工作有关的表彰（含学校职能处室）。

第二，获学生思想政治教育方面校级以上科研立项或在省级以上刊物发表学生思想政治教育相关论文。

第三，在校级以上（含学校职能处室）会议上做学生工作先进经验介绍或学生工作论文获省级以上奖励等。

院系专职辅导员的成果加分由该专职辅导员所在的院系确定。

（6）院系专职辅导员学期工作中出现其他情形的酬金。

院系专职辅导员学期工作中出现如下情形时，视情节轻重按一定比例扣发其酬金：

①因个人工作过失造成重大恶性事故。

②存在违法违纪行为。

③对学生中突发事件预防、预控、处理不当。

④因缺失职业道德修养产生恶劣影响。

⑤无故未完成上级交给的工作任务。

⑥所带班级因教育工作不到位，出现学生违反考试规定受到纪律处分。

⑦所带班级学生对其工作评价满意度低于80%。

院系专职辅导员的扣发酬金由其所在院系确定，扣发金额的总和不超过该专职辅导员的额定酬金。

2. 辅导员酬金的发放

校党委学生工作部和人事处对各院系和职能处室报送的学生思想政治工作人员实得酬金进行审核，审核合格后发放。

第二节 高校辅导员工作课程化模式下的工作创新

一、高校辅导员工作课程化模式下的辅导员工作方法

法国有位杰出的方法论者曾表示：最有价值的东西就是方法。

随着时代的演变，高校辅导员工作方法、措施等也在不断变化，高校辅导员在工作课程化模式下，更应一直展开对辅导员工作方法的探索、创新。

（一）高校辅导员工作课程化模式下辅导员工作方法及分类

1. 辅导员工作方法

一般我们常说的高校辅导员的工作方法，也可以被认为是辅导员依照大学生的各种特点，坚持从实际出发，结合课程化模式标准，有针对性地对学生进行教育、管理工作时所采取的一系列措施。

它是高校大学生思想政治教育成败的重要部分，更是大学生成长成才的保证。

2. 辅导员工作方法分类

高校辅导员采用的工作方法各式各样，每一种措施、方法都并非万能的，都有一定的适用范围和使用条件。依据范围、条件，能够把辅导员工作的措施、方法划分为很多类型。

依据教育职能划分，包括理论教育法、实践教育法等，都是辅导员工作的基本方法。在整个辅导员工作阶段，都是很重要的，而且不能彼此替代。

依据教育方法划分，包括疏导教育法、对比教育法等。其方法适用于各种教育内容和教育受众群体，是辅导员往往会实施的方法。

依据受教育者自身进行教育的方法划分，有自我修养法、自我管理法等。这些方法是辅导员工作一直需要关注、提倡和发展的方法。

不考虑教育方法的选择，或在辅导员工作过程中盲目使用某一教育方法，都会使辅导员工作朝不利的方向发展。

所以，辅导员在选择教育方法时，必须考虑所选择方法的适用范围和条件到底是不是和具体状况相适应，合理地选择工作方法。

（二）高校辅导员工作课程化模式下选择工作方法的要求

高校辅导员在课程化模式下，在进行具体工作过程中，要依照教育目标的各个标准，教育内容的不同特点，以及教育受众的性质等，选择合适的方法，要按照以下标准展开工作。

1. 针对性

针对性即从具体出发，用不同的方法实现不同的目标，处理不同的问题。其根本上是要求辅导员工作方法的运用要符合思想政治教育过程的客观规律，符合人思想品德培养的客观规律，这是现代思想政治教育合理发展的不可缺少的要求。

有针对性地运用辅导员工作方法，具体需要做到以下几点。

（1）依照课程化模式下思想政治教育的目的和具体内容选择和运用方法。方法是人们实现目标、达到目的的工具，是为目的和任务服务的，受到目的和任务的约束。依照课程化模式下思想政治教育的目的任务，选择和运用方法，正是目的任务与具体方法的辩证关系要求，反映了思想政治教育方法的目的性特征。

(2) 针对课程化模式下教育受众的实际特征选择和运用方法。教育受众有个体和群体的不同，更有年龄、职业等的差异。辅导员在课程化模式下选择运用工作方法时，一定要具体问题具体的分析，一方面要考虑教育受众的家庭环境、个性特征等，还要考虑不同的人在思想道德水平方面与思想道德活动特征方面的差异。

2. 综合性

在现实生活里，很难非常有作用地处理大学生思想问题，一定得综合运用多种方法。这就需要辅导员在实际的工作里，综合分析课程化模式下思想政治教育体系内部各要素的特征，综合将多种教育方法运用于教育过程，并在了解不同教育方法各自特征及趋向的基础上，协调方法体系，形成整体性优势和综合性效果。

3. 创造性

在课程化模式下，有创造性地运用工作方法，是辅导员认识能力、实践能力向前发展的实际反映。需要辅导员尽量做到以下几点：

第一，坚持实事求是，与时俱进，自觉对新情况进行分析探讨，并处理好新问题，寻找新方法。

第二，吸取和运用现代科学研究成果，创新工作方法。坚持综合运用相关学科研究新成果，使辅导员工作的科学方法论体系变得愈加丰满。

二、高校辅导员工作课程化模式下的具体工作策略

随着我国工业化、信息化、市场化、国际化进程的快速发展，以及高等教育大众化、社会生活网络化和建设社会主义和谐社会的新要求，大学生思想政治教育面临新的机遇与挑战。

要想从更深层次分析教育环境、受众、途径和社会需求等多方面的变化，高校辅导员工作课程化模式一定要使用全新的工作策略。

（一）更新工作理念

1. 树立以学生为本的理念

大学是培养人的机构，这是它存在的最重要的意义，没有这个意义，它就没有存在价值。其拥有教育职能，该职能的关键为把人当作目标，以培养"人"为天职。

在高等学校的不同工作里，学生工作以"人"为对象的特性表现尤为明显。所以，要做好学生工作，就一定要改变过去的将学生作为被管理者，对其主体地位忽略的习惯，树立起以学生为本的理念，把关心爱护学生当作课程化模式下学生工作的基本，把鼓舞学生当作学生工作的根本措施，把学生成才当作学生工作的目的。

在工作观念方面，完全摒弃以工作为主、以教师为主，要实实在在树立以学生为主的教育理念。

在工作内容方面，要由最初的以"事"为主，发展到以"人"为主。

在工作模式方面，要对学生的主体性给予必要的尊重，尊重其发展道路中的自我选择，推动其个性化发展，这也可以被认为是我们进行工作的基础。

2. 树立、促进学生全面向前发展的理念

人的全面向前发展是马克思主义理论的一个重要的构成要素。如何培养德、智、体、美全面向前发展的社会主义建设者和接班人是高校学生工作的核心内容。

以此为基础，我们认为，课程化模式下高校学生工作要树立起推进学生全面向前发展的理念，不要再以考试成绩定优劣，要切实开展主体性教育措施，完成自律和他律的融汇贯通；进行素质性教育，实现从短期控制向长远服务转变；推动多维性教育发展，完成复合型人才的造就任务；进行专业性教育，完成学生工作的合理化安排。使学生变成接受科学大学的理念、富有创新意识的学生。

3. 树立可持续发展的理念

古人说"不谋全局者不足以谋一域，不谋万世者不足以谋一时"。

大学教育关注学生的整个人生发展，所以要在课程化模式标准下树立学生可持续发展的理念，让学生工作具有连续性、层级性。

充分展现高校的育人功能，带领学生在向前发展的同时，对他们树立远大理想和长远的发展目标也有一定帮助，树立终身学习的观念和创新的精神，努力为以后的人生之路打好坚实的基础。

4. 树立全员育人的理念

高等学校是造就人才的地方。虽然高校还扮演着科学研究、文化传承等角色，但这些角色的实现都一定和人才培养有机相连，主要目的是希望可以培养高素质人才。

在高校课程化模式下想做好学生工作，必须树立全员育人的理念，动员和鼓励学校所有力量，在全体教职员工的努力下一起做好相关工作，让广大教师、干部可以在每一天进行的学生工作层面，有方式或想法去做育人这方面的工作。

5. 树立服务的理念

一般来看，高校的建设目标有以下几点，它们分别是：教学、管理、服务。

如今，学生在学业上、在就业上不免存在很大压力，所以，我们要树立服务至上的理念。

具体来讲，我们要从思想方面将学生当作是被服务的人，要从根本上改变部门在和学生打交道时，不能耐心细致做工作，对学生各种刁难的不良现象。

6. 树立创新制度、规范管理的理念

创新是一个民族、国家、政党赖以生存和向前发展的推动力，这已被历史规律所证明。

如今，学生工作制度的创新应在健全原来规章制度的情况下，把近年来新使用和贯彻的工作理念、工作方法等创新成果用制度予以落实并推广和传承，建立一系列与学校特征和当代大学生相匹配的学生工作制度。

在此条件下，还要对现有的各种规章制度的执行力进行再次加强，防止将个人主观放到学生工作中，实现用制度规范管理的目的，让学生可以感受到学校工作不同方面的公正面貌。

除了这些，高校辅导员工作课程化模式下，还专门倡议辅导员去树立协同创新的理念等，也提出了一些配套建议。

（1）鼓励辅导员要擅长使用现代管理措施和信息方式创造适合学生向前发展的、与学生身心特征相符的工作方法，让工作更有劲、更有前景。

（2）要常常渗入更深层次的学生的学习与生活层面，尤其要注意学生中的特殊群体。

（3）要从更深层次中发现青年学生中的优秀典型，并树立道德榜样，让工作的吸引力变得显而易见。

（4）要提升学习与研究，定期进行学生状况的调查分析，目的是希望可以为制定文件与措施研究提供一定帮助，迅速总结新做法，推广新经验，且一直不断地为提升工作能力而努力，让工作有进一步的影响力和源源不断的创造性。

（二）做好教学准备

1. 坚持调查研究，准确把握学生思想脉搏

辅导员工作课程化模式施行提出辅导员工作一定要保持调查研究的进行，了解大学生思想状况，运筹帷幄，有利于让思想政治教育含有一定的针对性。

社会的向前发展、时代的发展都不可避免会让大学生思想有一定改变。思想工作的进行一定要熟知大学生在不同阶段的心理规律，在尊重学生主体性的基础上，结合具体情况，迅速展开相应的说服教育。

实践表示，对于大学生中出现的一些倾向与问题，最好采用"疏"而不是"堵"的方式，"堵"往往会产生对立，"疏"则相反会更通顺一些，如互联网对大学生的意识存在很大的影响性，必须主动引导网上言语，严格对域名和 IP 地址及 BBS 进行监管，保证网络信息的健康向上。

2. 编写教案

编写教案往往被认为是一项做好辅导员工作课程化工作中必不可少的准备工作。

做好辅导员工作课程化工作，要求辅导员必须在努力学习教学大纲、熟悉教材、对学生有所分析的基础上，依照授课计划与教案模板，创编出教案。

编写教案需要做到以下几点：
（1）重点要突出。
（2）对难点进行化简。
（3）语言方面相对精练。
（4）层次方面比较分明。
（5）时间安排上科学合理。
（6）方法选择较为灵活多样。
（7）过渡进行得相对巧妙自然。
（8）教学环节要齐全。
（9）教具的运用熟练、正确、得当。

教案的正文通常为教案的重点部分，正文的第一个教学环节应包括新课导言，这是由于导言非常有利于提高学生的学习兴趣、效率，使学习主动性也得以提高，是十分必要的。

所以，在编写教案时一定要好好考虑，尽量达到精、巧、准。正文的

主要环节部分往往会对本次课的教学内容的顺序、什么时候采用什么教学措施、什么时候要用哪种教具等进行设计。

正文的最后一个环节是利用部分时间进行课堂总结和反思，将本次课所教的东西，特别是教学的重点，进行总结叙述，让学生对所学知识的了解更加系统化，并掌握重点。

同时，也要依照教学实施情况，做好课后分析的安排。

（三）实施深度辅导

一般我们常说的深度辅导，也可以被认为在更深层次了解大学生具体状况的基础上，按照教育规律和大学生成长发展的需求，运用合理的措施，有目的地对学生展开思想、学业、心理等方面的深入辅导。

显而易见，深度课程化辅导既并非很普通的师生交谈，也并非求新，而是有着相当专业化、科学化要求的思想政治类相关的教育活动之一。

高质量地做好深度课程化辅导工作，把思想政治教育工作实实在在贯彻下去，我们要在实践的过程中，依照科学的原则，进行前期准备，并实施适当措施，做好跟进式的教育。

1. 深度辅导的前期准备

细致的前期准备是深度课程化辅导取得成绩和效果的基础，是把握好辅导思路、选择辅导方式的必要环节。

（1）了解被辅导者。首先要充分了解被辅导者，做到心里有底。

在深度辅导前，辅导员可以经由电话家访、看学生资料、其宿舍同学侧面对其进行认知等，更深层次调查了解被辅导者的思想、学习、生活等状况与个性特征，分析其现在存在的基本思想问题和产生问题的缘由，从而把控谈心的主动权，也为以后的深度辅导打好必要基础。

（2）制订辅导提纲。调查了解环节之后，一般辅导员需要针对被辅导者的具体情况制定一个合理的、有针对性的辅导提纲，其应依照辅导的具体进程灵活修改。

制定提纲一方面结合学生的具体特征，另一方面要找到切入点，如大一谈"适应"、大四谈"就业"等，尽量和学生各时期的不同需求相匹配，加强深度辅导的吸引力与现实价值。

不过，辅导提纲仅仅是深度辅导时的一个借鉴，不应成为一个约束性的思想牢笼。

（3）选择适当时间。谈话的时间对深度辅导效果有十分重要的影响。辅导员应该依照谈话对象的性格特征和谈话的主题找一个恰当的时间、地点。

①表扬性的谈话。应当在事件一经发生就进行，地点没有太大要求。

②问答类的谈话。因为谈话时间也许并不短，应找一个在学生有充裕的时间时展开，地点应当找一个在相对安静的环境。

③批评性的谈话。最好是在学生情绪波动不大，地点最好选择非公开场合，让学生能理解辅导员对自己的一定程度上的尊重，并更好地去接受批评。

2. 深度辅导的措施

进行深度课程化辅导最好可以找准学生的主体地位，思忖学生的实际情况，采用合适的措施。常用的措施有以下几种。

（1）面谈法。当面谈话往往是深度辅导中最常见的措施。在面对面谈心时，采取以下方式能够得到更好的效果。

①"听"的方式。在谈心时，聆听是对学生最基本的尊重。辅导员仔细地听学生讲话，往往会拉近二者的情感距离，常常可以让学生说出自己的确切感受。所以谈心的过程里得用心去听，还要配以主动的回应，给学生以主动的反馈，让他们愿意继续说下去，让辅导员可以很好了解学生的思想状况，找出学生思想方面的问题。

②"说"的方式。在深度辅导中，辅导员不仅要会"听"，更得会"说"。首先，要对谈话节奏有控制力。一次非常愉快的谈话一方面除了要有切入点、重点，还需要慢慢展开，有序进行。其次，要充分拿捏好自己的语气。辅导员真诚、柔和的语气能够让学生感受自己受他人的关爱，更容易使学生认可教育里的具体内容。最后，要有恰当的措辞。措辞得当能够让学生更快知道辅导员想要表达什么，从细节上让学生可以更快考虑自己接下来的言行。

③"看"的方式。辅导员在与学生谈心时，"看"也非常重要，除了要擅长观察学生的反应，猜测其心理感受，迅速调整谈话的方式等，还要正确利用好我们的目光，这样能够有效地促进二者的沟通，拉近二者的心理距离。所以，辅导员要拥有眼睛会"说话"的能力，并以此使谈心进行得顺当。

除了这些，在谈心时辅导员表情、动作等体态语言的运用，全都要配合谈话的主题，恰当表达沟通的意图，以达成良好的谈话效果。

（2）网聊法。当代大学生是运用网络的庞大群体，其对网络通信也是非常熟悉。深度辅导类教育活动的进行当然也可以通过网络媒体进行，当今网络为深度辅导提供了一个更加灵活的选择，变为面谈之外的又一个重要方式。网聊法的开展，可尝试的具体方法包括以下几点：

①建立辅导员校内网主页，对学生日志等的浏览和查看，对学生具体状态深入了解，作为有针对性地进行深度辅导的参考依照。

②通过 QQ、微信等不同类型的交流媒介，以学生常用的、不会排斥的方式展开对话。

③开设辅导员博客，把本人工作中的心得、深度辅导的主题内容以文章的形式让学生阅读。

（3）体验法。对于在心理方面有自闭倾向的学生来说，仅仅凭简单的说教也许并不能完全有益于他们心理问题的处理，以致于辅导员后续都难以与之进行有效的沟通。

对于这些个案，在进行深度辅导的过程中最好运用"体验法"这种特殊的方式。

一般我们常说的体验法，也可以被认为是让学生通过角色扮演、素质拓展训练等亲身体验的活动，获得教育的一种教育手段。

这种措施依据思想政治教育内化与外化辩证统一的规律：第一，辅导员要主动促使内化过程，通过正面教育灌输和社会实践活动让学生有相对正确的自我认知和了解；第二，辅导员还要擅长引导外化过程，通过各样形式引导学生陶冶情操、磨炼意志、展现才能，以此为条件培养学生良好的适应社会的能力。

运用这种方式的过程中，要为学生创造或者找一个恰当的场所，其次在学生体验时要进行亲身引领。

（4）深入学生生活，增加和学生接触的可能。作为辅导员，经常与学生一起开展活动，能够对学生的兴趣、爱好等有所把握。尤其是对大一学生，熟悉学生的兴趣、爱好，对更好地培养学生非常有帮助。生活可以表现出学生真实一面的环境，辅导员对学生生活的深入，例如，与学生在宿舍这样相对比较自由的环境中面对面谈话，并做好相应的记录，对找出深层次问题也会有一定帮助，更有益于使工作变得主动。

（5）经常与专业课教师交流，从课堂侧面了解学生。辅导员应多与第一课堂的专业课教师交流，从专业课教师的立场对学生进行把握，对学生的全面了解很有成效。且对教师思想政治工作的顺利展开来说是非常重要的。

（6）经常与家长沟通，达成共识。孩子进入大学后的具体情况，家长往往并非特别清楚。作为辅导员有时可以把学生在学校的具体情况反映给家长，这也是对家长负责的表现。与家长进行沟通可以通过电话沟通，也可以用电子邮件或开家长会等进行，家长与学校一起努力，将孩子造就为国家需要的栋梁。

以上仅仅是深度课程化辅导中常用的措施。在实际课程化工作中，只要能达到深度辅导的目的，措施的选择往往没有太大限制。

3. 深度辅导的跟进教育

辅导员每一年对所有学生进行至少一次深度辅导，虽然能够达到课程化的教育要求，但一次辅导的作用太小。除此之外，深度辅导中注意到的问题，也得跟进解决。

因此，深度课程化辅导后还得进行必要的跟进教育，才能实实在在巩固辅导的成绩和效果。

三、高校辅导员在课程化模式下应具备的基本教学技能

（一）课程化模式下的普适性技能

1. 教学技能的含义

教学技能就是教师在各教学环节中，依照课程化教学理论对学科知识进行相应的思考，在课程化教学经验基础上结合教学措施，将知识教给学生，让学生了解知识和提升学生文化素质等相关教学行为方式的总和。

课程化模式下的教学技能反映在教学的全部过程中，反映在教学的各个环节，是教学理念的最直接呈现，也是教学水平上升、教学风格形成的基础。

课程化模式下的教学技能强，教学氛围就好，教学效果就会好，教学目标达成得就好。所以，教学技能常常被认为是教师最重要的一个素质，在教学时可展现出必要的功效，对教学质量有直接影响，关系到教育质量和人才培养的好坏。

2. 教学技能分类

课程化模式下教学技能的分类研究随着时代和教育理论的发展而发展。或按教学环节，或按教学功能，或按传统教学方式，都有其各自的分类要求。

基本上会把课堂教学技能分为以下几种：

（1）演示。

（2）讲授。

(3) 导入。

(4) 提问。

(5) 诊断。

(6) 结束。

(7) 讨论。

(8) 补救。

从其实际内容方面看，大致上是按照教学的层面来分类。《教师教学基本功全书》对教师教学技能的分析重点在教学期间，学生和老师的沟通上，以沟通的想法、措施作为教学技能分类的参考，把沟通时的各要素确立为不同的教学技能。

其具体内容如下：

(1) 导入方面的技能，引起关注、阐明意图、进行沟通。

(2) 教学语言方面的技能，用适宜的语言描述事实、合理论证，进行沟通。

(3) 板书的技能，有重点有脉络、对语言沟通进行辅助。

(4) 教态变化技能，活跃气氛、提升感情、辅助语言沟通。

(5) 教学演示技能，提升感知、加强沟通。

(6) 讲解技能，形成概念、了解原理和规律、认识沟通本质。

(7) 提问技能，获得沟通反馈。

(8) 反馈强化技能，巩固沟通成果。

(9) 总结技能，总结归纳，结束沟通。

(10) 组织教学技能，保证沟通顺利展开。

（二）课程化模式下的特殊专业技能

除了基本教学技能外，课程化工作模式下，还要求辅导员拥有部分特殊的专业技能。

各项特殊专业技能常常被认为是高校辅导员工作课程模式平稳进行的保障，一定程度上可以最有效地带动辅导员工作课程化模式的施行，推动辅导员队伍的建设和不断发展。

下面我们对其内容予以具体论述。

1. 心理咨询技能

心理咨询是指咨询者和来访者在拥有良好的人际关系的基础上，通过专业咨询者的专业技能更好地去应对来访者本人及其生活中遇到的难题。

心理咨询技能主要表示的是在进行心理咨询时，咨询者通过与来访者建立一种非常适宜的人际关系，对来访者产生某些影响的技能。

高校辅导员日常管理工作的对象基本全都是学生，这是一种既一般又很不一般的人际关系。因为心理咨询技能在高校辅导员谈话时在某些层面会产生深刻的影响。若辅导员能从心理咨询技能中获得灵感，将会使辅导员谈话工作的困难降低很多，使辅导员工作效率上升，对建立并改善师生关系也非常有帮助。

2. 心理行为训练技能

心理行为训练主要表示的是以特定的心理特征为目标，营造某类情境，依靠不同刺激方式，对人的生理、心理有针对地刺激，以挖掘其心理潜能、达到最佳心理状态的活动过程。

心理行为训练的产生非常有帮助，为高校心理健康教育提供了一种可行而高效的方式措施。

3. 学习指导技能

学习指导的思想观点早在20世纪五六十年代就出现了。美国心理学家哈鲁通过对动物实验的分析，认为在学习进行的阶段，我们能够学会去如何学习；他又从认知策略的视角对学会学习进行说明，表示学会学习的根本是有效处理解决的策略。20世纪50年代以来，这一观点使学习指导的研究成为教育理论研究中不可缺少的一部分。

（1）学会学习。可表示成一个由不会到会的过程，是学习的高级阶段，表达的是学习过程，反映的是学习的状态和动态。

（2）学习指导。

①学习指导简述。一般我们常说的学习指导，也可以被认为是教师指导学生学习，教师应用有关学习研究的基本理论对学生的学习实践活动进行一系列指导，解决学生学习时产生的各种各样的实际问题，也就是我们一般讲的教会学生学习，让学生爱学、会学，培养出其良好的学习素质。通常为对学习过程的重点关注。对于学生学习过程的在意和相对看重学生考试成绩来说必要得多，因为过程胜于结果。此处的学习指导包括学习的内容与方法指导，但都是对学习活动本身的指导，对象主要是学习活动。

②学习指导的功能。学习指导是提高教与学互动、促进教学改革的有效方式。实践证明，对大学生学习的指导提高力度、优化大学生的学习素质是使全体学生素质提升的基础性工作，是不用加大教育投资就能直接使大多数学生质量提升的有效措施。

③学习指导的目的。学习指导的根本目的是指导学生学会学习，使学生学习的效率和学习的质量可以迅速提升。

4．职业指导技能

职业指导随着社会经济及职业的向前发展产生，但什么是职业指导，不少学者从相异的角度出发进行了分析，总结后主要有以下几种。

（1）服务论。把职业指导当作是一种帮助求职者的社会服务活动，把为企业推荐人才、向求职者介绍恰当的职业当作职业指导的核心目标：

其主要包括的内容有以下几点：

①对人才需求动态进行研究观察。

②组织人才与人才之间的沟通。

③组织各种和劳动就业有联系的综合性社会咨询服务活动。

④汇总并传递就业方面相关信息。

（2）过程论。认为职业指导是一个动态的过程。倡议要有意识地使学生的职业意识、能力等得到锻炼，并通过系统地教育，使学生可以依照社会需要和个人特征自觉地找到自己的生活目标，找准自己的升学就业方向，并在毕业前打好升学就业的基础。

（3）发展论。指出职业指导是有阶段性的，认为职业指导是一个很长时间的、系统的工程，并贯穿于人的一生。把人的职业意识、职业选择、职业适应等当作是延续的阶段，而并非面临择业时的单一时刻。

总的来看，职业指导是一个过程。对于职业指导，站在不同的立场有不同的认识，不过对于职业指导内涵的认识却非常统一。其内容可分成以下几点来看。

①职业指导的主体：社会职业指导机构和学校。

②职业指导的措施和方式：职业评价分析、心理测试。

③职业指导的依据：学生的自身条件、学生的求职意愿、用人单位的要求。

④职业指导的目的：提供咨询和指导；帮助学生清楚社会人才需求大体结构，清楚本人的职业志趣和独特个性，培养其正确的职业价值观和综合的职业能力；帮助学生自主找寻适合本人的职业发展道路，最终取得职业成功并达到人—职合理、科学匹配。

职业指导和学校教育联系特别密切，但可不是只有学校才有职业方面的指导，职业指导包括学校在内的全部的社会教育。

和社会职业指导相互对比后可以发现，高校的大学生职业指导特别强调育人功能，不仅是对求职者实际困难的解决，而且更加重视的是给大学生必要的择业、就业、创业的措施，最终目的是希望可以大学生的综合素质和能力得到质的飞越。

高校辅导员的职业指导工作是一架桥梁，起着联系毕业生、用人单位和学校彼此的相应作用，具有指导咨询、沟通学校和社会需求、信息传递的功能。

在课程化工作模式下，结合新时期、新情况，高校辅导员一定要了解职业指导技能，实际内容包括以下几个方面。

①职业规划指导。即依照大学生的身心特征，考虑社会需要，指导大学生合理制定职业发展的具体计划。

②政策导向指导。政策导向指导是对毕业生进行充分的政策帮助，使学生清楚劳动人事制度与就业政策，认识择业误区，帮助他们少犯一些错误、少走一些曲折之路。

③需求信息指导。了解社会需求信息是毕业生进行自主择业的重要的环节。信息缺乏往往表示缺少选择的机会，信息的丰富程度象征着可供选择机会是否丰富。所以，能为毕业生挖掘社会需求信息就多提供社会需求信息，是职业指导的重要内容。

④职业观念指导。即指导学生从国家的利益和社会的需要出发，依照个人的总体素质和技能水平，找一个自己可以尽快上手的工作，在平凡岁月里为国家和社会奉献自己的一份力。

⑤择业心理咨询。针对大学生就业中出现的攀比、自卑等心理提供迅速的咨询类服务。使大学生择业时的心理障碍得以消除，提升应对挑战的信心，并做好充分准备参与到即将到来的一系列竞争中。

⑥个人特征把握。即在心理学基本理论的基础之上，依靠心理测试方法，对学生进行个体性或集体性评价。这种方式有益于学生认识自身的职业适应性，不盲目从众，并能更好地确定职业的适应领域和职业规划。

⑦求职技能训练。即对大学生进行求职技能训练，使学生的择业水平提升。包括：求职材料的准备、获得面试机会的方式、把握面试的方法、职业的决策技能水平。

⑧创业素质培养。为了培养学生的创业意识和创业技能而实施的教育。其可以使大学生发现自己不仅是一个就业者，还能够成为职业领域或新职业的开拓者。

上述8项特殊专业技能也是高校辅导员工作课程化模式下顺利推进的保障。

（三）课程化模式下的特殊专业技能教学实例

1. 教学理念和要点

为了最有效推进辅导员工作课程化模式实施，加强辅导员队伍的建设和发展，国内某大学提出了辅导员队伍建设"四百工程"的工作目标。

计划在"十二五"期间，在辅导员队伍中，努力培养出100名学习指导师、100名职业指导师、100名心理咨询师、100名行为训练师，从而不断提高辅导员的专业化素质，建设专家型辅导员工作队伍。

为了践行上述课程化教学中的教学理念，自2011年开始，该大学将辅导员队伍建设"四百工程"列入学校的学生教学要点，作为辅导员队伍建设的重点工作深入推进。具体采取的方法如下。

2. 教学方法和成果

（1）于2011年年初开始与当地职业培训学校合作，联合开展心理咨询师的培训培养工作。

截至2013年12月全校共有52名辅导员获得了国家二级以上心理咨询师职业资格。

（2）自2011年7月开始与心理学教育研究中心合作，联合开展心理行为训练师的培训培养工作。

截至2013年12月，全校共有26名辅导员获得了国家高级心理行为训练师职业资格。

（3）积极选派辅导员骨干参加职业指导师培训和研修。

截至2013年12月，全校一共有15名辅导员获得了职业指导师职业资格。

（4）2014年，学校在继续加大辅导员考取心理咨询师、心理行为训练师、职业指导师等职业资格培训力度的同时，适时启动学习指导师职业资格培训工作。

参考文献

[1] 李蔺，许培栓. 高校辅导员工作"课程化"构建 [J]. 课程教育研究，2017 (49).

[2] 王阿凡、罗邻球、肖洒. 辅导员工作课程化在辅导员考核中的应用 [J]. 教育现代化，2017，4 (47).

[3] 罗邻球、王阿凡、肖洒. 高校辅导员工作课程化调查分析——以海南省为例 [J]. 高教论坛，2017 (09).

[4] 闫莉冰、蔡邵. 高校辅导员工作课程化的理论初探 [J]. 教育现代化，2017，4 (23).

[5] 邢宝君. 高校辅导员工作课程化模式的价值创新与实施路径 [J]. 高校辅导员，2017 (02).

[6] 钟世华、叶芫为. 再论高校辅导员工作课程化——兼谈高校通识课程教学与辅导员实际工作融合 [J]. 赣南师范大学学报，2017，38 (02).

[7] 尹大伟. 新时期高校辅导员工作课程化探讨 [J]. 新西部 (理论版)，2017 (04).

[8] 孙作青、郑昊. 高校辅导员工作课程化体系构建 [J]. 沈阳建筑大学学报 (社会科学版)，2017，19 (01).

[9] 贾超. 思想政治教育视域下高校辅导员工作课程化体系构建 [J]. 高教学刊，2016 (18).

[10] 何燕、曾慧. 课程化模式下高校辅导员教学能力的提升 [J]. 亚太教育，2016 (18).

[11] 白博、陈永华. 课程化模式下高校辅导员工作研究 [J]. 内蒙古师范大学学报 (教育科学版)，2016，29 (06).

[12] 李艳梅、苏志. 对课程化模式下辅导员工作能力提升的研究 [J]. 学周刊，2016 (14).

[13] 张勇志、杜菲. 从人力资源管理视角研究高校辅导员工作课程化模式下绩效评价体系 [J]. 佳木斯职业学院学报，2016 (04).

[14] 徐春明、刘旭、王璨. 高校辅导员工作课程化研究 [J]. 人力

资源管理，2016（04）.

[15] 钟萍. 基于学生软实力培养的高职辅导员工作课程化研究[D]. 湖南师范大学，2015.

[16] 郭娜. 高校辅导员工作课程化在我校的应用研究——以鞍山师范学院为例[J]. 湖北函授大学学报，2015，28（12）.

[17] 张勇志、杜菲. 论高校辅导员工作课程化模式下绩效评价体系建设[J]. 学理论，2015（15）.

[18] 宋梅. 高校实施辅导员工作"课程化"模式的必要性探究[J]. 鞍山师范学院学报，2015，17（01）.

[19] 钟健雄、杨冠球. 论高校辅导员的善治——高校辅导员工作课程化策略探讨[J]. 职业，2014（36）.

[20] 陈永华、叶玉清. 工作课程化模式下高校辅导员的活力提升[J]. 高校辅导员，2014（06）.

[21] 陈永华. 工作课程化模式下高校辅导员工作实效性提升研究[J]. 湘潮（下半月），2014（10）.

[22] 崔秀玲、陈爱军. 项目管理：高校辅导员工作课程化的路径选择[J]. 科技视界，2014（23）.

[23] 王俊、索文斌、施林淼. 辅导员工作"课程化"模式的内涵、定位和课程资源开发[J]. 高校辅导员，2013（04）.

[24] 李军、沈志华. 以工作课程化提升高校辅导员执行力[J]. 重庆与世界（学术版），2013，30（05）.

[25] 王禹、肖文学. 高校辅导员工作课程化的现实条件及原则[J]. 江苏师范大学学报（教育科学版），2013，4（S2）.

[26] 陈永华. 工作课程化视角下高校辅导员职业化建设探究[J]. 吉林省教育学院学报（上旬），2013，29（03）.

[27] 陈永华、肖文学. 高等学校实施辅导员工作课程化的必要性及可行性[J]. 社科纵横（新理论版），2012，27（04）.

[28] 叶玉清、肖文学. 高校辅导员工作课程化模式下绩效评价论[J]. 新远见，2011（05）.

[29] 肖文学. 高校辅导员工作课程化模式下绩效评价体系构建略论[J]. 现代企业教育，2010（14）.

[30] 肖文学、叶玉清. 高校辅导员工作课程化的实现途经[J]. 辽宁工程技术大学学报（社会科学版），2010，12（03）.

[31] 冯刚. 辅导员队伍专业化建设理论与实务[M]. 北京：中国人民大学出版社，2010.

［32］张再兴. 高校辅导员队伍建设理论与实践［M］. 北京：人民出版社，2010.

［33］刘贵芹. 高校辅导员工作手册［M］. 北京：中国知识出版社，2009.

［34］张耀灿，郑永廷，吴潜涛. 现代思想政治教育学［M］. 北京：人民出版社，2006.

后记

对于辅导员的工作和实践,党和国家都非常重视。高校辅导员工作不仅极具挑战性,同时也极具专业性和科学性,需要我们将其作为一门学科去积累和建设,最终形成系统的专业知识;同时也需要将其作为一项事业是维护和推动发展,只有使辅导员工作的科学内涵不断完善和更新,框架结构更加专业,才能使辅导员更加适应所在的岗位,培育出来的学生也更能适应社会的发展。

辅导员作为高校一线的思想政治教育工作者,不仅要面对角色转变带来的挑战,还要对辅导员的岗位知识有一定的了解与认知,因此,一定要在课程化方面有所注重与创新。这也是编写这样一本关于辅导员实践参考书的必要性和紧迫性所在。

编写《高校辅导员工作课程化建设的实践与研究》就是进一步贯彻落实中共中央、国务院《关于进一步加强和改进大学生思想政治教育的意见》,从实践经验中提炼和理论成果升华的角度为辅导员工作科学化、专业化建设,提供更有帮助的参考与尝试。

本书为作者魏俊玲,2016年承担的河北省社会科学基金项目,项目名称:《辅导员工作课程化的实践与研究》,项目编号:HB16JY031。

在这本书的写作过程中,最困难的地方在于高校辅导员理论教育实践的创新部分,在此要特别感谢相关辅导员工作课程化教育者所提供的关于辅导员工作课程化实践上的优秀工作方法及相关资料,为本书在实践上的创新提供了有力支持。

当然,本书的成书过程中参考了很多相关文献资料,对近几年高校辅导员工作课程化在理论和实践上的优缺点、创新点都做了相应的梳理和归纳,并提出了自己微不足道的见解。本书在撰写作过程中得到了诸多专业人士和同仁悉心的指导和无私的帮助,在此表示不尽的感谢。希望通过我们的共同努力,共同促进高校辅导员工作课程化的前进与发展。

此外,还要要感谢众多从事高校辅导员工作课程化研究的专家和学者多年来进行着孜孜不倦的探索和研究,也深深为有这样一批志同道合的同事而感到庆幸和感动。

最后，还要感激支持我的家人、朋友和学生，感谢他们对我的帮助与理解！

关于这本《高校辅导员工作课程化建设的实践与研究》，后记于此。

作者

2018 年 3 月